KB153793

〈개정증보판〉

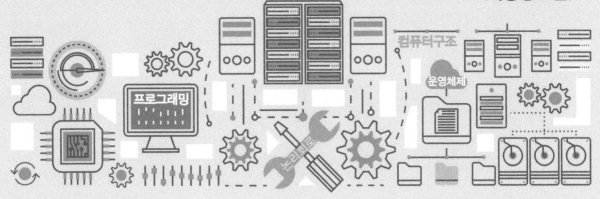

정보·컴퓨터
전공 B

강오한 지음

21세기사

PREFACE

정보·컴퓨터 표시과목의 임용고시 시험은 전공과목의 수가 많고 범위가 넓어서 학생들이 임용시험 준비에 많은 어려움을 느끼고 있다. 이러한 문제점을 해결하기 위하여 한국교육과정평가원과 컴퓨터교육학회에서는 컴퓨터교육과 교수들을 중심으로 정보·컴퓨터 표시과목 임용시험 표준화 작업을 수행하여 결과를 발표하였으며, 이를 근거로 컴퓨터교육 관련학과의 교육과정 편성과 임용시험 출제에 참고하도록 권고하고 있다. 필자는 이를 기반으로 대학에게 전공과목의 강의와 정보·컴퓨터 표시과목의 임용고시 특강을 하면서 임용고시에 대비하여 체계적으로 교육하고 학습할 수 있는 교재의 필요성을 느끼게 되었다.

이 책은 임용시험 공부를 체계적이고 효율적으로 준비할 수 있도록 정보·컴퓨터 표시과목의 임용시험 표준화 작업의 연구결과를 기준으로 전공교과목에 대한 핵심 내용을 문제풀이 형식으로 수록하였다. 이 책의 구성과 내용 측면에서 중요한 특징은 다음과 같이 요약할 수 있다.

정보·컴퓨터 표시과목의 기본이수과목(영역)에서 다루는 주요 개념을 학습할 수 있도록 과목별로 문제를 출제하고 풀이하였다. 이 책에서 다루는 내용은 정보·컴퓨터 표시과목의 13개 기본이수과목 중에서 프로그래밍, 논리회로, 컴퓨터구조, 운영체제, 인공지능, 이산수학 과목에 대한 핵심 개념들이다.

이와 함께 이 책에서는 임용고시 기출문제의 과목별 출제 경향을 반영하여 내용을 수록하였다. 과목별로 기출문제의 평가영역과 평가내용요소의 구성 비율을 분석한 후 이를 참조하여 내용을 구성하고 문항을 수록하였다.

임용고시 준비를 위해서는 전공과목의 주요 내용을 요약하여 정리하고 문제의 답안을 직접 작성해 보는 것이 매우 중요하다. 이 책을 사용하여 학습함으로써 임용고시에 대비한 실전연습과 함께 심화학습을 통해 전공지식을 넓히고 문제풀이 능력을 키울 수 있기를 기대한다. 끝으로 이 책을 사용하여 학습한 후 예비 교사들이 교직의 꿈을 실현하는 데 도움이 되기를 바란다.

2023년 2월
저자

CONTENTS

프로그래밍

※ 프로그래밍 과목의 평가 영역 및 평가 내용 요소

평가 영역	평가 내용 요소
C 언어의 기본	C프로그램의 기본구성
	자료형의 종류
	연산자의 종류와 우선순위
	제어문의 종류
배열과 구조체 활용	포인터와 배열
	문자열과 배열
	포인터와 구조체
함수	일반함수의 의미
	함수의 정의 및 호출
	재귀함수의 정의
	수명과 참조범위에 따른 변수 활용
라이브러리 활용	표준입출력
	텍스트 파일과 이진 파일의 입출력
	문자열 처리
	동적메모리 활용

1.1 C언어의 기본

다음 순서도(flow-chart)의 기능을 설명하시오.

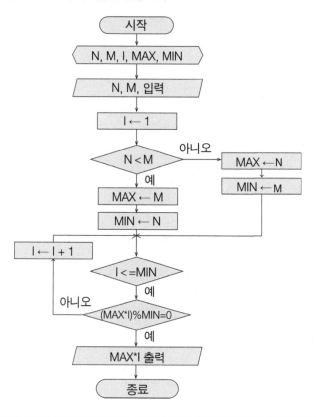

풀이

두 개의 수를 입력받아 최소공배수를 구하여 출력한다.

다음은 C언어로 작성된 프로그램 일부를 나타낸 것이다.

```
① x = 0 ;
② for (i = 0 ; i ≤ n ; i++)
③     if (i % 2)
④         x += 2 ;
```

(1) 수행이 완료된 상태에서 변수 i와 x의 값은 얼마인가?

(2) 각 문장(①, ②, ③, ④)의 수행 빈도수의 합은 얼마인가?

풀이 (1) n = 0 1 2 3 4 5 6 7 8 ······ n

  i = 1 2 3 4 5 6 7 8 9 ······ n+1

  x = 0 2 2 4 4 6 6 8 8

  따라서 i = n + 1이며, x = n이 홀수일 때는 n + 1, n이 짝수일 때는 n이다.

(2) $\frac{5}{2}n + 4$ $\left(\text{홀수 때는 } \frac{5}{2}n + \frac{9}{2}\right)$

```
x = 0 ;                        ➡ 1
for (i = 0 ; i <= n ; i++)     ➡ n + 2
    if (i % 2)                 ➡ n + 1
        x += 2 ;               ➡ n / 2 (n이 홀수이면 (n + 1) / 2)
```

다음 기능의 프로그램을 C언어로 작성하시오.

(1) 다음 각각의 명령문을 사용하여 1부터 100까지의 정수의 합을 구하여 출력한다.

  ① do while

  ② for

  ③ while

(2) 반복문과 순환문을 사용하여 다음 식의 값을 구하는 프로그램을 작성하시오.

> n! = n×(n-1)×(n-2)× ... ×1 (단, n=0일 때 n! = 1이고, $n \geq 0$이다.)

풀이 (1) ① do while

```
do {                      do {
    sum += n ;                문장 ;
} while(n++ < 100) ;      } while(조건)
```

  ② for

```
for(n=1 ; n <= 100 ; n++)    for(초깃값 ; 조건 ; 변환 값)
    sum += n ;                   문장
```

③ while

```
while(n <= 100) {
    sum += n ;
    n++ ;
}
```

```
while(조건) {
    문장 ;
    변환 값 ;
}
```

(2)

반복문	순환문
```#include <stdio.h>main() { long int n, fact = 1 ; scanf("%ld", &n) ; while(n) { fact = fact * n ; n-- ; }}```	```long int fact(long int n) { if (n == 0) return(1) ; else return(n * fact(n - 1)) ;}```

다음 C언어 프로그램의 수행결과 j 값은 무엇인가? j 값 계산에 사용된 연산자를 순서대로 나열하고, 이런 연산 순서 결정에 적용된 법칙을 모두 적고, 각 과정의 중간 값도 적으시오.

```
{
    int i, j ;
    i = 9 ;
    j = i / 8 * 8 > i - 1 ;
}
```

풀이 산술연산자(*, /), 산술연산자(-), 논리연산자(>), 배정연산자(=) 순서로 수행된다. 같은 우선순위인 산술연산자인 *와 /는 결합법칙(associativity)에 따라 순서가 정해진다. 즉, 수행 순서는 다음과 같다.

순서	연산자	연산적용 법칙	결괏값
①	/	'i / 8 * 8'이 연산 우선순위에 의해 선택된다. 그리고 왼쪽 결합법칙에 따라 i / 8이 먼저 수행된다.	1 (정수 연산으로 소수점 이하 제거)
②	*	연산 우선순위	8
③	−	연산 우선순위	8
④	>	논리연산 수행	false (또는 0)
⑤	=	false(또는 0)를 j에 배정	false (또는 0)

배열에 저장된 정수의 최댓값과 최솟값을 구하고자 한다. C언어로 작성된 다음 두 개의 함수
는 배열의 주소를 전달받아 각각 최댓값과 최솟값을 구하여 되돌려준다. ①~④에 들어갈 내
용을 나열하시오.

```c
int getMin(int *ary) {
    int min = ary[0] ;
    for(int i = 1 ; i < N ; i++) {
        if(min > ary[i]) {
            _____①_____ ;
        }
    }
    _____②_____ ;
}
```

```c
int getMax(int *ary) {
    int max = ary[0] ;
    for(int i = 0 ; i < N ; i++) {
        if(max < ary[i]) {
            _____③_____ ;
        }
    }
    _____④_____ ;
}
```

풀이 ① min = ary[i] ② return min
③ max = ary[i] ④ return max

다음 C언어 프로그램을 실행하였을 때 문장 ①, ②, ③의 실행결과는 무엇인가?

```c
# include <stdio.h>

int sub(void) {
    int x = 1 ;
    static int y = 1 ;
    y = x + y ;
    return(y) ;
}

int main(void) {
    int a = 1, b = 2, c = 3 ;
    a += b += ++c ;
    printf("%5d %5d %5d %5d\n", a, b, c, sub()) ;  ← ①
    {
        float b = 4.0 ; int c ;
        a += c = 5 * b ;
```

```
        printf("%d %5.1f %5d %5d\n", a, b, c, sub()) ;  ← ②
    }
    printf("%5d %5d %5d %5d\n", a, b, c, sub()) ;  ← ③
}
```

풀이 ①   7   6   4   2
     ② 27   4.0   20   3
     ③   27   6   4   4

다음 프로그램에서 문장 ㉠과 ㉡이 실행되었을 때 출력 결과를 쓰시오. 그리고 이때 참조되는 x, y, z를 영역 규칙(scope rule)에 근거하여 설명하시오.

```c
#include <stdio.h>

int x = 0, y = 2 ;

void calc() {
    int x = 1 ;
    static int z = 3 ;
    x = x + 1 ;
    y = y + 2 ;
    z = z + 3 ;
    printf("calc: %d, %d, %d\n", x, y, z) ;  ← ㉠
}

int main() {
    int x, z ;
    x = 10 ;
    y = 20 ;
    z = 30 ;
    calc() ;
    printf("main: %d, %d, %d\n", x, y, z) ;  ← ㉡
    calc() ;
}
```

풀이 ㉠ calc : 2, 22, 6 (x는 calc의 지역변수, y는 전역변수, z는 calc의 지역변수)

ⓛ main : 10, 22, 30 (x는 main의 지역변수, y는 전역변수, z는 main의 지역변수)

ⓒ calc : 2, 24, 9 (x는 calc의 지역변수, y는 전역변수, z는 calc의 지역변수)

다음 C언어 프로그램을 수행하였을 때 xsum, ysum은 각각 어떤 값을 갖는가?

```c
#include <stdio.h>

struct POINT {
    int x ;
    int y ;
} p1, *p2, *p3 ;

int main() {
    int xsum, ysum ;
    p2 = &p1 ;
    p3 = &p1 ;
    p2 -> x = 3 ;
    p2 -> y = 4 ;
    p3 -> x = 5 ;
    p3 -> y = 6 ;
    xsum = p1.x + p2 -> x + p3 -> x ;
    ysum = p1.y + p2 -> y + p3 -> y ;
}
```

풀이   ① xsum = 15

② ysum = 18

다음 C언어 프로그램에 대한 물음에 답하시오.

```c
#include <stdio.h>

int fun(int a, int b) {
    int big, sml, temp ;
```

```
        big = a > b ? a : b ;
        sml = a > b ? b : a ;
        while (big % sml != 0) {
            temp = big ;
            big = sml ;
            sml = temp % sml ;
        }
        return sml ;
}

int main() {
    int m, n ;
    printf("두 개의 자연수 입력: ") ;
    scanf_s("%d %d", &m, &n) ;
    printf("Sol1 : %d,", fun(m, n)) ;
    printf("Sol2 : %d", (m * n) / fun(m, n)) ;
    return 0 ;
}
```

(1) '6 8'이 입력되었을 때 출력 결과는 무엇인가?
(2) '12 15'가 입력되었을 때 출력 결과는 무엇인가?

 (1) Sol1 : 2, Sol2 : 24
(2) Sol1 : 3, Sol2 : 60

다음 C언어 프로그램에 대한 물음에 답하시오. 단, 입력되는 자연수는 127보다 작거나 같다.

```
#include <stdio.h>

void main() {
    int num, i, p = 1, bit[8] ;
    printf("자연수 입력: ") ;
    scanf("%d", &num) ;
    for (i = 0 ; num > 0 ; i++) {
        if (num&p) bit[i] = 1 ;
        else bit[i] = 0 ;
```

```
        num = num >> 1 ;
    }
    while(i > 0) printf("%d", bit[--i]) ;
}
```

(1) '85'가 입력되었을 때 출력 결과는 무엇인가?

(2) 프로그램의 기능을 설명하시오.

풀이 (1) 1010101

(2) 입력받은 십진수를 이진수로 변환하여 출력한다.

다음 표에 제시한 4가지 매개변수 전달방법(호출방법)으로 프로그램이 실행되는 경우, swap 함수를 세 번 호출한 후의 변수 value와 list 값을 구하시오.

	value	list[0]	list[1]	list[2]
① 값에 의한 호출				
② 값-결과에 의한 호출				
③ 참조에 의한 호출				
④ 이름에 의한 호출				

```
void main() {
    int value = 1, list[3] = {0, 2, 4} ;
    swap(value, list[0]) ;
    swap(list[0], list[1]) ;
    swap(value, list[value]) ;
}

void swap(int a, int b) {
    int temp ;
    temp = a ;
    a = b ;
    b = temp ;
}
```

· 값에 의한 호출 후에는 변수의 값이 불변이다.

· 값-결과에 의한 호출은 swap 함수 수행 중에는 참조에 의한 호출과 차이가 나지만 결과는 같다.

· 이름에 의한 호출은 변수명이 그대로 복사되어 수행되는 것과 같다. 세 번째 호출 시, value = 0, list[0] = 2, list[1] = 1, list[2] = 4로 호출되어 다음을 실행한다.

```
temp = value ;
value = list[value] ;
list[value] = temp ;
```

	value	list[0]	list[1]	list[2]
① 값에 의한 호출	1	0	2	4
② 값-결과에 의한 호출	2	0	1	4
③ 참조에 의한 호출	2	0	1	4
④ 이름에 의한 호출	2	2	1	0

다음 C언어 프로그램은 문자열을 정렬하는 것이다. 물음에 답하시오.

```
#include <stdio.h>
#define LEN 9

void sort(char *ptr, int cnt) ;

void main() {
    char str[] = "excellent" ;
    sort(str, LEN) ;
}

void sort(char *ptr, int num) {
    int i, j ;
    char temp ;
    for(i = 1 ; i < num ; i++) {
        temp = ptr[i] ;
        j = i - 1 ;
        while(j >= 0 && temp < ptr[j]) {
            ptr[j+1] = ptr[j] ;
            j-- ;
```

```
        }
            ⓐ        ;
        printf("%s \n", ptr) ; ← ⓑ
    }
    printf("%s \n", ptr) ; ← ⓒ
}
```

(1) ㉠에 들어갈 내용은 무엇인가?

(2) for문에서 i가 4일 때 문장 ㉡의 출력 결과는 무엇인가?

(3) 문장 ㉢의 출력 결과는 무엇인가?

 풀이

(1) ptr[j+1] = temp

(2) ceelxlent

(3) ceeellntx

 다음 C언어 프로그램의 출력 결과는 무엇인가?

```
#include <stdio.h>

void main(void) {
    int i, j, k, mta[4][4], mtb[4][4] ;
    char word[8] = {'o', 'p', 'y', 'a', 'i', 's', 'e', 's'} ;
    k = 0 ;
    for(i = 0 ; i <= 3  ; i++) {
        for(j = 0 ; j <= 3 ; j++) {
            mta[i][j] = k ;
            k++ ;
        }
    }
    for(i = 0 ; i <= 3  ; i++) {
        for(j = 0 ; j <= 3 ; j++) {
            mtb[j][i] = mta[i][j] ;
            k++ ;
        }
    }
    for(i = 0 ; i <= 3  ; i++) {
```

```
        j = mtb[2][i] / 2 ;
        printf("%c", word[j]) ;
    }
}
```

---

 pass

다음 C언어 프로그램의 입력이 "2 3"일 때 출력 결과는 무엇인가?

```c
#include <stdio.h>

void remix_str(int p, int q) ;
void prt_stc() ;

static char sta[] = "redo";
static char stb[] = "mixing";
static char stc[10] ;

void main(void) {
    int p, q ;
    scanf("%d %d", &p, &q) ;
    remix_str(p, q) ;
    prt_stc() ;
}

void remix_str(int p, int q) {
    int i, j, k ;

    for(i = 0 ; i < p ; i++) stc[i] = sta[i] ;
    k = i ;
    for(j = 0 ; j < q ; j++) {
        stc[i] = stb[j] ;
        i++ ;
    }
    while(sta[k] != '\0') {
        stc[i] = sta[k] ;
```

```
        i++ ;
        k++ ;
    }
    stc[i] = '\0' ;
}
void prt_stc() {
    int i = 0 ;
    while(stc[i] != '\0') {
        printf("%c ", stc[i]) ;
        i++ ;
    }
}
```

풀이   r e m i x d o

다음 C언어 프로그램은 8개의 동전 중에서 무게가 다른 1개를 찾는 것이다. 물음에 답하시오.

```
#include <stdio.h>

void comp(int x, int y, int z) {
    if(x > z) printf("%d : heavy", x) ;
    else printf("%d : light", y) ;
}

char compare(int x, int y) {
    if (x > y) return '>' ;
    else if (x < y) return '<' ;
    else return '=' ;
}

int main() {
    int a, b, c, d, e, f, g, h ;
    scanf_s("%d %d %d %d %d %d %d %d", &a, &b, &c, &d, &e, &f, &g, &h) ;
    switch (compare(a+b+c, d+e+f)) {
    case '=':
        if (g > h) comp(g, h, a) ;
```

```
        else _____㉠_____ ;
        break ;
    case '>':
        switch (compare(a+d, b+e)) {
            case '=': comp(c, f, a); break ;
            case '>': _____㉡_____ ; break ;
            case '<': comp(b, d, a); break ;
        }
        break ;
    case '<':
        switch (compare(a+d, b+e)) {
            case '=': comp(f, c, a); break ;
            case '>': comp(d, b, a); break ;
            case '<': _____㉢_____ ; break ;
        }
        break ;
    }
}
```

(1) ㉠~㉢에 들어갈 내용을 나열하시오.

(2) 무게가 다른 동전을 찾는 데 필요한 최대 비교 횟수는?

(3) 입력이 '5 5 5 7 5 5 5 5'일 때 출력은 무엇인가?

---

  (1) ㉠ : comp(h, g, a), ㉡ : comp(a, e, b), ㉢ : comp(e, a, b)

(2) 3회

(3) 7 : heavy

다음 C언어 프로그램에 대한 물음에 답하시오.

```
#include <stdio.h>

int main(void) {
    char data[50] ;
    int i, length = 0 ;
    bool flag = true ;
```

```
        printf("데이터 입력 : ") ;
        scanf("%s", data) ;
        while (data[length] != '\0') length++ ;
        for (i = 0 ; i < length / 2 ; i++) {
            if(data[i] != data[length - i - 1]) {
                flag = false ;
                break ;
            }
        }
        if (flag == true) printf("\nPalindrome ? : yes") ;
        else printf("\nPalindrome ? : no") ;
    }
```

(1) 'abcdcba'가 입력되었을 때 출력 결과는 무엇인가?

(2) 'abcdefg'가 입력되었을 때 출력 결과는 무엇인가?

───────────────────────────────

풀이   (1) Palindrome ? : yes

(2) Palindrome ? : no

다음 C언어 프로그램은 자연수를 입력받고 1부터 입력받은 자연수까지 존재하는 완전수를 구하는 것이다. 물음에 답하시오.

```
#include <stdio.h>

int main() {
    int i, j, num, sum = 0 ;
    printf("자연수 입력 : ") ;
    scanf_s("%d", &num) ;
    for(i = 1 ; i <= num ; i++) {
        sum = 0 ;
        for(j = 1 ; j < i ; j++)
            if (_____㉠_____) sum += j ;
        if(sum == i) printf("%d ", i) ;
    }
}
```

(1) ㉠에 들어갈 내용은 무엇인가?
(2) '10'이 입력되었을 때 출력 결과는 무엇인가?

풀이 (1) i % j == 0
(2) 6

다음 C언어 프로그램은 암스트롱수를 구하는 것이다. 물음에 답하시오.

```c
#include <stdio.h>

int main(void) {
    int num, temp, sum;
    for (num = 100 ; num <= 999 ; num++) {
        temp = num ;
        sum = 0 ;
        while (temp > 0) {
            sum += (temp % 10)*(temp % 10)*(temp % 10) ;
            _____㉠_____ ;
        }
        if (sum == num) printf("%3d ", num) ;
    }
    return 0 ;
}
```

(1) ㉠에 들어갈 내용은 무엇인가?
(2) 프로그램의 출력 결과는 무엇인가?

풀이 (1) temp = temp / 10
(2) 153 370 371 407

다음은 특정 형태로 숫자를 출력하는 C 프로그램이다. 물음에 답하시오. [중등교사 임용시험 2023-B-8]

```c
#include <stdio.h>

int main(void) {
int i, k, m, row, n = 0 ;
printf("층수를 입력하세요:") ;
scanf("%d", &row) ;
for (i = 0 ; i < row ; k = 0, i++) {

      for (k = 0 ; k < row - i - 1 ; k++)
ㄱ        printf("*") ;

    for (m = 0 ; m < (2 * i) + 1 ; m++) {
       printf("%d", n) ;
       n++ ;
       if(n >= 10)
         n = 0 ; ← ㄴ
    }

      for (k += m ; k < 2 * row - 1 ; k++)
ㄷ        printf("*") ;

    printf("\n") ;
  }
  return 0 ;
}
```

(1) 프로그램 입력이 4인 경우 문장 ㄴ이 실행되는 횟수를 구하시오.

(2) 프로그램 입력이 3인 경우 출력은 무엇인가?

(3) 프로그램 입력이 3인 경우 ㄱ을 제거한 후 프로그램을 실행할 때 출력되는 결과는 무엇인가?

(4) 프로그램 입력이 3인 경우 ㄱ과 ㄷ을 모두 제거한 후 프로그램을 실행할 때 출력되는 결과는 무엇인가?

풀이

(1) 1

    n이 10 이상일 때 실행된다.

(2)

    0

```
    *123*
   45678
```

(3)

```
   0****
   123**
   45678
```

(4)

```
    0
   123
   45678
```

 다음 C언어 프로그램은 지정한 범위에 있는 소수(prime number)를 구하는 것이다. 물음에 답하시오.

```c
#include <stdio.h>

int main(void) {
    int i, j, m, n, PN_flag ;
    scanf_s("%d %d", &m, &n) ;
    for (i = m ; i <= n ; i++) {
        PN_flag = 1 ;
        for (j = 2 ; j * j <= i ; j++) {
            if (i == 1 || _____㉠_____) {
            PN_flag = 0 ;
            break ;
            }
        }
        if (prim_flag == 1) printf("%d ", i) ;
    }
}
```

(1) ㉠에 들어갈 내용은 무엇인가?

(2) '10 30'이 입력되었을 때 출력 결과는 무엇인가?

풀이 (1) i % j == 0

(2) 11 13 17 19 23 29

아스키코드(ASCII)로 구성된 문자열을 입력받고, 문자열에 포함된 숫자의 합을 구하는 프로그램을 작성한다. 숫자 앞에는 +(양수)와 −(음수) 부호가 올 수 있다. 프로그램에 대한 다음 물음에 답하시오.

```c
#include <stdio.h>
#include <stdbool.h>

int get_digit_by_char(char ch) {
    return ch - '0' ;
}

int main(void) {
    int sum = 0 ;
    int num = 0 ;
    bool isNegative = false ;
    char str[] = "7ab-12cde$/-34+fg+50" ;
    for (int i = 0 ; str[i] != '\0' ; ++i) {
        if (str[i] < '0' || str[i] >'9') {
            sum += _____ㄱ_____ ;
            num = 0 ;
            isNegative = false ;
            if (str[i] == '-') isNegative = true ;
            continue ;
        }
        num *= 10 ;
        num += get_digit_by_char(str[i]) ;
        if (str[i + 1] == '\0') sum += _____ㄱ_____ ;
    }
    printf("%d", sum) ;
    return 0 ;
}
```

(1) ㉠에 들어갈 내용은 무엇인가?

(2) 입력이 '7ab-12cde$/-34+fg+50'일 때 프로그램의 출력은 무엇인가?

풀이 (1) isNegative ? -num : num
(2) 11

두 수를 입력받아 다음 예시와 같이 출력하는 프로그램을 작성하고자 한다. 즉, 1부터 시작하여 첫 번째 입력받은 수까지 각 줄에 수를 출력한다. 각 줄에 출력하는 수의 개수는 두 번째 입력받은 수와 같다. 이를 위해 아래 프로그램에서 ㉠에 들어갈 코드를 작성하시오.

입력 예시	출력 예시
5	111
3	222
	333
	444
	555

```c
#include <stdio.h>

main() {
    int num1, num2 ;
    int i, j ;
    scanf("%d %d", &num1, &num2) ;

    for (i = 1 ; i <= num1 ; i++) {
        ┌─────────────────────┐
        │          ㉠          │
        └─────────────────────┘
        printf("\n") ;
    }
}
```

풀이

```c
for (j = 0 ; j < num2 ; j++)
    printf("%d", i) ;
```

자연수 3개를 입력받은 후 다음 예시와 같이 중간값을 출력하는 프로그램을 작성하고자 한다. 이를 위해 ㉠, ㉡에 들어갈 코드를 작성하시오.

입력 예시	출력 예시
3 9 9	9
19 4 23	19

```c
#include <stdio.h>

main() {
    int x, y, z ;
    int mid ;
    scanf("%d %d %d", &x, &y, &z) ;

    if (x > y)
      if (y > z) mid = y ;
      else
            ㉠
    else
      if (y > z)
            ㉡
      else mid = y ;
    printf("%d", mid) ;
}
```

풀이 ㉠ :

```c
if (x > z) mid = z ;
else mid = x ;
```

㉡ :

```c
if (x > z) mid = x ;
else mid = z ;
```

다음 C 프로그램은 변수의 영역 규칙을 알아보기 위한 것이다. 프로그램 수행 결과에 관한 물음에 답하시오.

```c
#include <stdio.h>
#include <stdlib.h>

int *fun1(int, int *) ;
int main(void) {
    int *tmp = NULL ;
    tmp = fun1(0, tmp) ;
    *tmp = *tmp + 20 ;
    tmp = fun1(1, tmp) ;
    free(tmp) ;
}

int *fun1(int tag, int *ptr) {
    int val = 0 ;  ← ㉠
    int sum = 0 ;
    if(tag == 0) {
        ptr = (int *)malloc(sizeof(int)) ;
        *ptr = 0 ;
    }
    val = val + 2 ;
    sum = sum + val ;
    printf("%d ", sum) ;
    *ptr = *ptr + 10 ;
    sum = sum + *ptr ;
    printf("%d ", sum) ;
    return ptr ;
}
```

(1) 프로그램의 출력을 순서대로 나열하시오.

(2) 문장 ㉠의 정수형 변수 val을 static으로 선언할 때 프로그램의 출력을 순서대로 나열하시오.

풀이 (1) 2 12 2 42

	프로그램 실행에 따른 변수의 값									
val	0	2					2			
sum	0	2	출력 2	12 (10+2)	출력 12		2	출력 2	42 (40+2)	출력 42
*tmp						30 (10+20)				
*ptr	0		10						40	

(2) 2 12 4 44

- 변수를 static으로 선언하면 초기화가 한 번만 이루어지며, 프로그램이 종료될 때까지 기억장치에서 소멸하지 않고 값이 계속 유지된다.

	프로그램 실행에 따른 변수의 값									
val	0	2					4			
sum	0	2	출력 2	12 (10+2)	출력 12		4	출력 4	44 (40+4)	출력 44
*tmp						30 (10+20)				
*ptr	0		10						40	

입력받은 수가 완전수인지 아닌지 판단하는 프로그램을 작성하고자 한다. 완전수는 자신의 약수 중에서 자신을 제외한 나머지 수의 합이 자신과 같은 수를 말한다. 이때 합이 자신보다 작은 수이면 부족수, 자신보다 큰 수이면 과잉수로 출력한다. 단, 입력받는 수의 범위는 0~500이다. 이를 위해 ㉠에 들어갈 코드를 작성하시오.

```
#include <stdio.h>

int divnum(int n) {
    int i, r = 0 ;
    ┌─────────────────────────────┐
    │              ㉠              │
    └─────────────────────────────┘

    return r ;
}

void main() {
    int n, r ;
    scanf("%d", &n) ;
    if (n >= 0 && n <= 500) {
        r = divnum(n) ;
        if (r == n) printf("완전수\n") ;
        else if (r > n) printf("과잉수\n") ;
        else printf("부족수\n") ;
    }
    else printf("입력 오류 : 0~500 값을 입력\n") ;
}
```

풀이

```
for (i = 1 ; i < n ; i++)
    if (n % i == 0) r += i ;
```

시작 시각이 00:00:00인 디지털 시계가 있다. 시각 n을 입력받고, 00:00:00부터 n:59:59 까지 시간에서 5가 존재하는 시간의 개수를 출력한다. 단, n의 범위는 (0≤n≤23)이다. 이를 위해 ㉠에 들어갈 코드를 작성하시오.

입력 예시	출력 예시
1	3150
2	4725

```c
#include <stdio.h>

void main() {
    int n, i, j, k, count = 0 ;
    scanf("%d", &n) ;
    if (n == 0) {
        for (j = 0 ; j < 60 ; j++) {
            for (k = 0 ; k < 60 ; k++) {
                if (j == 5 || j / 10 == 5 || j % 10 == 5 || k == 5 ||
                k / 10 == 5 || k % 10 == 5) {
                    count++ ;
                }
            }
        }
    }
    else if (n > 0 && n <= 23) {
        for (i = 0 ; i <= n ; i++) {
            for (j = 0 ; j < 60 ; j++) {
                for (k = 0 ; k < 60 ; k++) {
                    ┌─────────────────────────────┐
                    │              ㉠              │
                    └─────────────────────────────┘
                }
            }
        }
    }
    else printf("입력 오류 : 0~23의 시간 입력\n") ;
    printf("%d\n", count) ;
}
```

풀이

```c
if (i == 5 || i / 10 == 5 || i % 10 == 5 || j == 5 || j / 10 == 5 ||
 j % 10 == 5 || k == 5 || k / 10 == 5 || k % 10 == 5) {
    count++ ;
}
```

정수들을 입력받고 이들 중에서 기준 수보다 큰 수와 작은 수의 개수를 출력하는 프로그램을
작성하고자 한다. 〈조건〉을 고려하여 ㉠, ㉡에 들어갈 코드를 작성하시오.

조건

① 첫째 줄에는 기준 수가 입력된다.

② 둘째 줄에는 비교할 정수들이 입력된다.

③ 입력된 정수는 중복되지 않는다.

④ 비교할 정수들의 끝을 알리기 위해 마지막에 기준 수가 입력된다.

입력 예시	출력 예시
20 10 15 30 18 20	3 1
30 10 20 30	2 0
40 55 50 25 26 30 35 45 42 41 40	4 5

```c
#include <stdio.h>
#include <stdlib.h>
#include <math.h>

int no1_up(int*a[], int data) {
    int result = 0 ;
    ┌─────────────────────────┐
    │            ㉠            │
    └─────────────────────────┘
    return result ;
}

int no1_down(int*a[], int data) {
    int result = 0, i ;
    ┌─────────────────────────┐
    │            ㉡            │
    └─────────────────────────┘
    return result ;
}

main() {
    int data = 0 ;
    int compare[100] = {0,} ;
    int cmd = -999 ;
    int i = 0 ;
```

```
    printf("기준 수 입력: ") ;
    scanf("%d", &data) ;
    printf("임의의 수 입력(최대 100개) : \n") ;
    printf("입력 종료[비교 기준 수 입력] : ") ;

    while (i < 100) {
        scanf("%d", &cmd) ;
        if (cmd == data) break ;
        else compare[i] = cmd ;
        i++ ;
    }
    printf("up : %d down : %d", no1_up(compare, data),
    no1_down(compare, data)) ;
}
```

풀이   ㉠ :

```
for (i = 0 ; a[i] ; i++)
    if (a[i] < data) result++ ;
```

㉡ :

```
for (i = 0 ; a[i] ; i++)
    if (a[i] > data) result++ ;
```

영문 문자열을 입력받고 런 길이 인코딩(run length encoding) 압축 결과를 출력하는 프로
그램을 작성하고자 한다. 이를 위해 아래 프로그램에서 ㉠에 들어갈 코드를 작성하시오.

입력 예시	출력 예시
aabbbccccdd	2a3b4c2d

```c
#include <stdio.h>
#include <stdlib.h>
#include <string.h>
#define MAX 30

incoding(char *input) {
    int i = 1, j = 0 ;
    char compare = input[0] ;
    char result[MAX], cnt = '1' ;

    while(input[i]) {
        if (compare == input[i])
            cnt++ ;
        else {
            ┌─────────────────────────────┐
            │              ㉠              │
            └─────────────────────────────┘
        }
        i++ ;
    }
    result[j++] = cnt ;
    result[j++] = compare ;
    result[j] = '\0' ;
    printf("%s", result) ;
}

main() {
    char input[MAX], result[MAX] ;
    scanf("%s", input) ;
    incoding(input) ;
}
```

풀이

```c
result[j++] = cnt ;
result[j++] = compare ;
compare = input[i] ;
cnt = '1' ;
```

1.2 배열과 구조체 활용

5×4 크기의 집합저장소 T에 다음과 같이 수를 넣을 수 있도록 순서도를 그리시오.

1	2	3	4
5	6	7	8
9	10	11	12
13	14	15	16
17	18	19	20

풀이

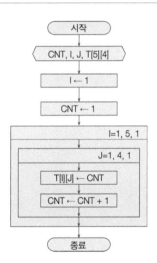

C언어에서 아래와 같이 포인터를 사용하는 경우에 포인터와 데이터의 관계를 그림으로 나타내시오. 그림에서는 임의의 메모리 주소와 데이터를 사용한다.

(1) int *pt[10]　　　　　　　　(2) int (*pt)[10]　　　　　　　　(3) int *pt[2][3]

풀이 (1)

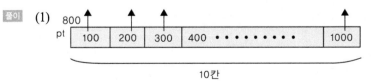

⟨pt라는 포인트 변수 배열 10개⟩

(2)

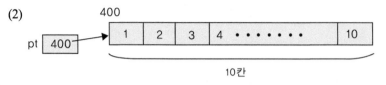

⟨pt가 가리키는 것이 10칸⟩

(3)

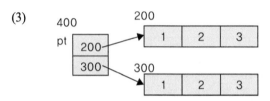

⟨pt 포인터 배열이 2칸, 각 칸이 가리키는 것이 3칸⟩

다음 C언어 프로그램은 방정식을 풀기 위해 계수를 행렬로 표현하고 행렬의 곱셈을 구하는 것이다. 물음에 답하시오.

```c
#include <stdio.h>

void make_array(int a[][10], int m, int n) {
    int i, j ;
        for(i = 0 ; i < m ; i ++)
            for(j = 0 ; j < n ; j++) scanf_s("%d", &a[i][j]) ;
}

void multiply(int c[][10], int a[][10], int m, int n, int b[][10], int o, int
    p) {
    int i, j, k ;
    if(n != o) {
        printf("input error\n") ;
        return ;
    }
    for(i = 0 ; i < m ; i++)
        for(j = 0 ; j < p ; j++) {
            c[i][j] = 0 ;
            for(k = 0 ; k < n ; k++) _____ ㉠ _____ ;
        }
}
```

```
int main() {
    int a[10][10], b[10][10], c[10][10] ;
    int i, j, m, n, o, p ;
    printf("배열 A의 행과 열의 수 입력 : ") ;
    scanf_s("%d %d", &m, &n) ;
    printf("A의 원소 값 %d개 입력 : ", m*n) ;
    make_array(a, m, n) ;
    printf("배열 B의 행과 열의 수 입력 : ") ;
    scanf_s("%d %d", &o, &p) ;
    printf("B의 원소 값 %d개 입력 : ", o*p) ;
    make_array(b, o, p) ;
    multiply(c, a, m, n, b, o, p) ;
    for(i = 0 ; i < m ; i++) {
        for(j= 0 ; j < p ; j++) printf("%3d ", c[i][j]) ;
        printf("\n") ;
    }
}
```

(1) ㉠에 들어갈 내용은 무엇인가?

(2) 프로그램의 입력이 아래와 같을 때 실행 결과는 무엇인가?

　　배열 A의 행과 열의 수 입력 : 3 3

　　A의 원소 값 9개 입력 : 2 5 1 3 4 2 7 1 3

　　배열 B의 행과 열의 수 입력 : 3 1

　　B의 원소 값 3개 입력 : 2 1 3

풀이　(1) c[i][j] += a[i][k] * b[k][j]

　　(2) 12

　　　 16

　　　 24

다음 C언어 프로그램에 대한 물음에 답하시오.

```
#include <stdio.h>

int posit[] = {3, 6, 4, 5, 1, 2, 0, 7} ;
```

```
char conts[] = {'l','m', 'k', 'e', 's', 'h', 'i' 'b'} ;
char message[10] ;

int cntJump(int idx, int key) {
    int njumps = 0 ;
    while (idx != key) {
        idx = posit[idx] ;
        message[njumps] = conts[idx] ;
        njumps++ ;
    }
    return njumps ;
}

int main(void) {
    printf("%d", cntJump(2, 3)) ;   ← ㉠
    printf("%s", message) ;   ← ㉡
    return 0;
}
```

(1) 문장 ㉠이 실행되었을 때 출력 결과는 무엇인가?
(2) 문장 ㉡이 실행되었을 때 출력 결과는 무엇인가?

풀이 (1) 5

   - idx: 2 4 1 6 0 3, njumps: 0 1 2 3 4 5

(2) smile

다음 C언어 프로그램은 배열을 90도 회전하여 출력하는 것이다. 물음에 답하시오.

```
#include <stdio.h>
#include <stdio.h>

int main() {
    int num, i, j ;
    int map[5][5] = { {0, 0, 0, 0, 0}, {0, 1, 1, 1, 0}, {0, 0, 1, 0, 0},
                {0, 0, 1, 0, 0}, {0, 0, 0, 0, 0} } ;
    int map2[5][5] = { 0 } ;
```

```
    scanf_s("%d", &num) ;
    if(num == 0) {
        for (i = 0 ; i < 5 ; i++) {
            for (j = 0 ; j < 5 ; j++) _____㉠_____ ;
        }
    }
    else if(num == 1) {
        for (i = 0 ; i < 5 ; i++) {
            for (j = 0 ; j < 5 ; j++) _____㉡_____ ;
        }
    }
    for (i = 0 ; i < 5 ; i++) {
        for (j = 0 ; j < 5 ; j++) printf("%d ", map2[i][j]) ;
        printf("\n") ;
    }
}
```

(1) 배열을 왼쪽으로 90도 회전하도록 ㉠에 들어갈 내용을 쓰시오.

(2) 배열을 오른쪽으로 90도 회전하도록 ㉡에 들어갈 내용을 쓰시오.

(3) 프로그램의 입력이 0, 1일 때 각각 출력 결과는 무엇인가?

풀이 (1) $map2[i][j] = map[j][4 - i]$

(2) $map2[i][j] = map[4 - j][i]$

(3)

입력이 0인 경우	입력이 1인 경우
0 0 0 0 0	0 0 0 0 0
0 1 0 0 0	0 0 0 1 0
0 1 1 1 0	0 1 1 1 0
0 1 0 0 0	0 0 0 1 0
0 0 0 0 0	0 0 0 0 0

다음 C언어 프로그램에서 입력이 5일 때 출력 결과는 무엇인가?

```c
#include <stdio.h>

int main() {
    int map[10][10], i, j, size, temp ;
```

```
int k = 1 ;
int x = 0 ;
int y = -1 ;
while(1) {
    printf("input(1~10) : ") ;
    scanf_s("%d", &size) ;
    if(size == 0) return 0 ;
    if(size > 10) {printf("Error!\n") ; continue ;}
    temp = size ;
    while(1) {
        for(i = 0 ; i < size ; i++) {y++ ; map[x][y] = k++ ;}
        size-- ;
        if(size < 1)  break ;
        for(i = 0 ; i < size ; i++) {x++ ; map[x][y] = k++ ;}
        for(i = 0 ; i < size ; i++) {y-- ; map[x][y] = k++ ;}
        size-- ;
        for(i = 0 ; i < size ; i++) {x-- ; map[x][y] = k++ ;}
    }
    for(i = 0 ; i < temp ; i++) {
        for(j = 0 ; j < temp ; j++)
            printf("%3d ", map[i][j]) ;
        printf("\n") ;
    }
    k = 1 ;
}
}
```

풀이

```
 1  2  3  4 5
16 17 18 19 6
15 24 25 20 7
14 23 22 21 8
13 12 11 10 9
```

다음 C언어 프로그램에서 'NUM'이 5일 때 출력 결과는 무엇인가?

```c
#include <stdio.h>

int main() {
    int data[NUM][NUM] = {0} ;
    int i, j, rt, k = 0 ;

    for(rt = 2 ; rt <= (NUM * 2) ; rt++ ) {
        for(i = 1 ; i <= NUM ; i++) {
            j = rt - i ;
            if(j <= NUM && j > 0) {
                ++k ;
                data[i - 1][j - 1] = k ;
            }
        }
    }

    for(i = 0 ; i < NUM ; i++) {
        for(j = 0 ; j < NUM ; j++) {
                printf("%d ", data[i][j]) ;
        }
    printf("\n") ;
    }
return 0 ;
}
```

풀이

1	2	4	7	11
3	5	8	12	16
6	9	13	17	20
10	14	18	21	23
15	19	22	24	25

다음 C언어 프로그램은 문자열에서 팰린드롬(palindrome)의 최대 길이를 구하는 것이다.
물음에 답하시오.

```c
#include <stdio.h>
#include <string>

int calc(char *pt) {
    int i, j, sol = 0 ;
    int cnt = strlen(pt) ;
    int low, high ;

    for(i = 0 ; i < cnt ; i++) {
        for(j = cnt ; j > sol ; j--) {
            low = i ;
            high = low + j - 1 ;
            while(pt[low] == pt[high] && low < high) {
                low++ ;
                high-- ;
            }
            if(low >= high) {
                if(sol < j) {
                    sol = j ;
                    break ;
                }
            }
        }
    }
    return sol ;
}

int main() {
    char data[50] ;
    int pal_length = 0 ;

    printf("데이터 입력 : ") ;
    scanf("%s", data) ;
    pal_length = calc(data) ;
    if (pal_length == 1) printf("Palindrome ? : no") ;
    else printf("Palindrome length ? : %d", pal_length) ;
}
```

(1) '1123321'가 입력되었을 때 출력 결과는 무엇인가?

(2) 'abcdefg'가 입력되었을 때 출력 결과는 무엇인가?

(3) 'abc123324cba'가 입력되었을 때 출력 결과는 무엇인가?

(4) 'abbacdc122'가 입력되었을 때 출력 결과는 무엇인가?

풀이   (1) Palindrome length ? : 6

(2) Palindrome ? : no

(3) Palindrome length ? : 4

(4) Palindrome length ? : 4

다음 C언어 프로그램은 배열 원소를 정렬하는 것이다. 물음에 답하시오.

```c
#include <stdio.h>

void fun1(int *x, int *y) {
    int temp ;
    [      ㉠      ]
}

void main() {
    int i, j, k, key ;
    int data[6] = {5, 7, 3, 8, 4, 1} ;
    for(i = 0 ; i <= 5 ; i++) {
        key = i ;
        for(j = i + 1 ; j <= 5 ; j++)
            key = (data[j] > data[key]) ? j : key ;  ← ㉣
        if(key != i)
            fun1(&data[i], &data[key]) ;
        if(i == 2)
            for(k = 0 ; k <= 5 ; k++)  ← ㉡
                printf("%2d", data[k]) ;
    }
    for(k = 0 ; k <= 5 ; k++)  ← ㉢
        printf("%2d", data[k]) ;
}
```

(1) ㉠에 들어갈 코드를 쓰시오.

(2) 문장 ㉡이 실행되었을 때 출력 결과는 무엇인가?

(3) 문장 ㉢이 실행되었을 때 출력 결과는 무엇인가?

(4) 프로그램이 실행되는 동안 fun1 함수의 호출 횟수는?

(5) 오름차순 정렬이 되도록 하는 경우 문장 ㉣을 수정하시오.

---

 (1)
```
temp = *x ;
*x = *y ;
*y = temp ;
```

(2) 8 7 5 3 4 1

(3) 8 7 5 4 3 1

(4) 3회

(5) if(data[j] < data[key]) key = j ;

또는 (data[j] < data[key]) ? key = j : key ;

다음 C언어 프로그램에 대한 물음에 답하시오.

```
#include <stdio.h>
#define cnt 5

struct city_info {
    char name[10] ;
    char city[10] ;
    int tempe ;
} city_item[] = {{"세종", "Sejeong", 31}, {"여수", "Yeosu", 35},
            {"전주", "Jeongju", 34}, {"제주", "Jeju", 32},
            {"보길도", "bogildo", 33}} ;

int main(void) {
    int i ;
    int sum = 0 ;
    char new_city[cnt + 1] ;
    city_info *pt ;
```

```
    for (i = 0 ; i < cnt ; i++) {
                    ㉮           ;
        sum += city_item[i].tempe ;
    }
    new_city[i] = '\0' ;
    pt = city_item ;
    for (i = 0 ; i < cnt ; i++) printf("%s ", (pt + i) -> name) ;  ← ㉠
    printf("\n") ;
    printf("%s", new_city) ;  ← ㉡
    printf("%3.1f", (float)sum / cnt) ;  ← ㉢
    return 0 ;
}
```

(1) 문장 ㉠의 for문이 실행되었을 때 출력 결과는 무엇인가?

(2) 문장 ㉡이 실행되었을 때 'Seoul'이 출력되도록 ㉮에 들어갈 내용을 쓰시오.

(3) 문장 ㉢이 실행되었을 때 출력 결과는 무엇인가?

풀이 (1) 세종, 여수, 전주, 제주, 보길도

(2) new_city[i] = city_item[i].city[i]

(3) 33.0

다음 C언어 프로그램에 대한 물음에 답하시오.

```
#include <stdio.h>
#define MAXSIZE 10
#define EMPTY -1

int trans_pos(int dt) {
int magic[] = {4, 0, 6, 3, 2, 1, 8, 7, 9, 0} ;
return magic[dt / MAXSIZE] ;
}

void main(void) {
    int i, ptr, ptr1, loc_value, data[MAXSIZE] ;
    bool slot_full = false ;
    int loc[] = {16, 52, 27, 79, 37, 13, 88} ;
```

```
for(i = 0 ; i < MAXSIZE ; i++) data[i] = -1 ;
for(i = 0 ; i < sizeof(loc) / sizeof(int) ; i++) {
    loc_value = loc[i] ;
    ptr = ptr1 = trans_pos(loc_value) ;
    while (data[ptr] != EMPTY) {
        if (loc_value < 50) ptr = (ptr + 1) % MAXSIZE ;   ← ㉢
        else ptr = (ptr + 2) % MAXSIZE ;
        if (ptr == ptr1) {
        printf("slot full, %d\n", loc_value) ;
        slot_full = true ;
        break ;
        }
    }
    if(slot_full != true) {
        data[ptr] = loc_value ;
        printf("%d ", ptr) ;   ← ㉠
    }
}
for(i = 0 ; i < MAXSIZE ; i++) printf("%d ", data[i]) ;   ← ㉡
}
```

(1) 프로그램 실행이 종료되었을 때 문장 ㉠의 출력 결과를 쓰시오.

(2) 문장 ㉡을 수행한 후 출력 결과를 쓰시오.

(3) 문장 ㉢이 수행될 때 loc[]의 원소를 각각 나열하시오.

(4) loc[]의 끝에 '11, 12, 13, 14'가 추가되어 프로그램이 실행되었을 때 data의 내용을 쓰시오.

풀이 (1) 0 1 6 7 3 2 9

(2) 16 52 13 37 −1 −1 27 79 −1 88

(3) 13

(4) 16 52 13 37 11 12 27 79 13 88

다음 C언어 프로그램에 대한 물음에 답하시오.

```c
#include <stdio.h>
#include <stdlib.h>
#define RANGE 4

int *mod_cnt(int *new_value, int start, int end, int length) {
    int i ;
    int *count ;

    count = (int *) malloc(length * sizeof(int)) ;
    for (i = 0 ; i < length ; i++) count[i] = 0 ;
    for (i = start ; i <= end ; i++) {
        count[new_value[i] % length]++ ;
        new_value[i] = new_value[i] % length ;
    }
    for(i = start ; i <= end ; i++) printf("%d ", new_value[i]) ;   ← ㉠
    return count ;
}

int main(void) {
    int i ;
    int org_value[] = {22, 13, 31, 16, 25, 19, 27, 32, 15, 18, 22} ;
    int *cnt = mod_cnt(org_value, 1, 9, RANGE) ;
    for(i = 0 ; i < RANGE ; i++) printf("%d ", cnt[i]) ;    ← ㉡
    return 0 ;
}
```

(1) 문장 ㉠이 실행되었을 때 출력 결과는 무엇인가?

(2) 문장 ㉡이 실행되었을 때 출력 결과는 무엇인가?

풀이 　(1) 1, 3, 0, 1, 3, 3, 0, 3, 2

　　　(2) 2 2 1 4

다음 C언어 프로그램에 대한 물음에 답하시오.

```c
#include <stdio.h>

int node[] = {3, 2, 6, 5, 1, 4, 0} ;

int f1_stat(int base) {
    static int fx_pos = 2 ;
    fx_pos = node[fx_pos] ;
    return (fx_pos + base) % 7 ;
}

int f2_stat(int base) {
    static int fx_value = 6 ;
    return (fx_value += base) % 7 ;
}

int main(void) {
    f2_stat(2) ;
    printf("%d ", f2_stat(f1_stat(5))) ;  ← ㉠
    printf("%d ", f1_stat(3)) ;  ← ㉡
    return 0;
}
```

(1) 문장 ㉠을 실행하였을 때 출력 결과는 무엇인가?

(2) 문장 ㉡을 실행하였을 때 출력 결과는 무엇인가?

풀이 (1) 5

- f2_stat(2) = (6 + 2) % 7 = 1

- f1_stat(5) = (6 + 5) % 7 = 4

- f2_stat(f1_stat(5)) = f2_stat(4) = (1 + 4) % 7 = 5

(2) 3

- f1_stat(3) = (0 + 3) % 7 = 3

다음 C언어 프로그램은 파스칼의 삼각형을 만드는 것이다. 물음에 답하시오.

```c
#include <stdio.h>

int main() {
    int i, j, k, length, Ptri[50][50] ;

    printf("변의 길이 : ") ;
    scanf_s("%d", &length) ;
        if(length >= 1) {
            Ptri[0][0] = 1 ;
            for(i = 1 ; i < length ; i++) {
                Ptri[i][0] = 1 ;
                for(j = 1 ; j < length-1 ; j++) {
                    _____㉠_____ ;
                }
                Ptri[i][i] = 1 ;
            }
        }
    for(i = 0 ; i < length ; i++) {
        for(j = 0; j <= i ; j++) {
            printf("%4d", Ptri[i][j]) ;
        }
        printf("\n") ;
    }
}
```

(1) ㉠에 들어갈 내용은 무엇인가?

(2) 8이 입력되었을 때 프로그램의 실행 결과는 무엇인가?

(3) 아래와 같이 두 가지 모양이 출력되도록 코드를 추가하시오.

```
               1                    1   7  21  35  35  21   7   1
              1  1                    1   6  15  20  15   6   1
             1  2  1                    1   5  10  10   5   1
            1  3  3  1                    1   4   6   4   1
           1  4  6  4  1                    1   3   3   1
          1  5 10 10  5  1                    1   2   1
         1  6 15 20 15  6  1                    1   1
        1  7 21 35 35 21  7  1                    1
```

풀이 (1) Ptri[i][j] = Ptri[i − 1][j] + Ptri[i − 1][j − 1]

(2)
```
1
1   1
1   2   1
1   3   3   1
1   4   6   4   1
1   5   10  10   5   1
1   6   15  20  15   6   1
1   7   21  35  35  21   7   1
```

(3)
```c
for(i = 0 ; i < length ; i++) {
    for(k = 1 ; k < (length - i) * 4 / 2 ; k++) printf("%c", ' ') ;
        for(j = 0; j <= i ; j++) {
            printf("%4d", Ptri[i][j]) ;
        }
        printf("\n") ;
}

for(i = 1 ; i <= length ; i++) {
    for(k = 1 ; k < i * 4 / 2 - 1 ; k++) printf("%c", ' ') ;
        for(j = 0 ; j <= length-i ; j++) {
            printf("%4d", Ptri[length-i][j]) ;
        }
        printf("\n");
}
```

📇 참고   **파스칼의 삼각형**

파스칼의 삼각형은 다음과 같은 수와 모양으로 구성된다. 삼각형에서 각 행의 처음과 끝은 1이며, 다른 수들은 바로 위행의 왼쪽과 오른쪽에 있는 두 수의 합이 된다. 예를 들면, 15와 35는 각각 (5+10)과 (15+20)으로 만들 수 있다. 파스칼의 삼각형에서 각 행에 있는 수들을 합하면 첫 번째 행부터 1, 2, 4, 8, 16, …이 된다. 따라서 각 행에 있는 수를 합한 값은 이전 행 값의 두 배가 된다.

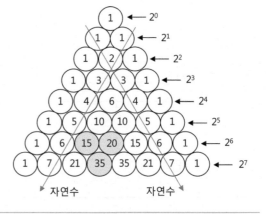

다음 C언어 프로그램은 구조체 데이터의 일부를 기준으로 정렬하는 것이다. 물음에 답하시오.

```c
#include <stdio.h>
#include <string.h>
#define N 4

typedef struct list {
    char name[10] ;
    char grade;
    int score;
    struct list *next ;
} node ;

node stu[] = {{"한라산", 'A', 95, NULL}, {"내장산", 'B', 85, NULL},
              {"지리산", 'B', 88, NULL}, {"설악산", 'A', 99, NULL}

void main(void) {
    int i, j ;
    node *sort[N], *tmp ;

    for(i = 0 ; i < N ; i++) stu[i].next = NULL ;
    for(i = 0 ; i < N ; i++) sort[i] = &stu[i] ;
    for(i = 0 ; i < N-1 ; i++) stu[i].next = sort[i+1] ;
    for(i = 0 ; i < N ; ++i)
        for(_____㉠_____)
            if(strcmp(sort[i] -> name, sort[j] -> name) > 0) {
                tmp = sort[i] ;
                sort[i] = sort[j] ;
                sort[j] = tmp ;
            }
    for(i = 0 ; i < N ; ++i)  ← ㉡
        printf("%s %c %d, ", sort[i] -> name, sort[i] -> grade,
            sort[i] -> score) ;
}
```

(1) ㉠에 들어갈 내용은 무엇인가?

(2) for문 ㉡의 실행 결과는 무엇인가?

풀이 (1) j = i + 1 ; j < N ; ++j

(2) 내장산 B 85, 설악산 A 99, 지리산 B 88, 한라산 A 95

다음은 배열을 사용하여 문자열을 처리하는 C 프로그램이다. 물음에 답하시오.

```c
#include <stdio.h>
#include <string.h>

int palin(char *) ;
int main(void) {
    int i, numitem ;
    char *data[] = {"welcome", "good", "deed", "luck", "notebook",
        "level", "syntax", "civic", "reviver", "madam"} ;
    numitem = sizeof(data) / sizeof(char*) ;  ← ㉠
    for(i = 0 ; i < numitem ; i++)
        printf(_____ ㉡ _____) ;
    for(i = 0 ; i < numitem ; i++)
        if(palin(data[i])) printf("%s ", *(data + i)) ← ㉢
}

int palin(char *word) {
    int pt = 0 ;
    int len = strlen(word) ;
    while(pt < (int)(len / 2)) {
        ┌─────────────────────────┐
        │             ㉣           │
        └─────────────────────────┘
    }
    return 1 ;
}
```

(1) 문장 ㉠을 수행하였을 때 numitem에 저장되는 값은 무엇인가?

(2) data[]를 통해 접근할 수 있는 내용을 모두 출력하도록 ㉡에 들어갈 문장을 쓰시오.

(3) 문장 ㉢의 출력 결과를 쓰시오.

(4) word의 단어가 회문(palindrome)인지 판단할 수 있도록 ㉣에 들어갈 코드를 쓰시오.

풀이 ▸ 배열 *data[]는 포인터 배열로 포인터 변수를 저장한다. data[]의 구조는 다음과 같다.

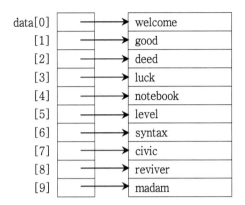

(1) 10

문장 ㉠은 배열에서 항목의 수를 계산하여 변수에 저장한다.

(2) "%s \n", *(data + i)

(3) deed level civic reviver madam

똑바로 읽는 것과 거꾸로 읽는 것이 같은 단어를 회문(palindrome)이라고 한다. ㉢에
서는 입력된 10개의 단어에서 회문인 것들을 출력한다.

(4)

```
if(word[pt] != word[len − pt − 1]) return 0 ;
  pt++ ;
```

2차원 배열을 영역으로 구분하고 각 영역에서 가장 큰 수를 찾는 프로그램을 작성하고자 한
다. 〈조건〉을 고려하여 ㉠, ㉡에 들어갈 코드를 작성하시오.

조건
① 첫째 줄에서 정수 n을 입력받는다.
② 배열은 $n^2 \times n^2$의 크기를 갖는다$(1 \le n \le 10)$.
③ 둘째 줄부터 배열의 값을 입력받는다.
④ 배열을 n×n의 크기로 영역을 나누고 각 영역에서 가장 큰 수를 찾는다.
⑤ 각 영역에서 찾은 가장 큰 수들을 n×n의 배열로 출력한다.

입력 예시1	출력 예시1	입력 예시2	출력 예시2
2	5 7	3	5 6 7
2 3 6 7	7 6	1 1 1 1 1 1 1 1 1	8 9 8
3 5 4 2		1 1 1 1 1 1 1 1 1	7 6 5
5 5 2 4		1 1 5 1 6 1 7 1 1	
1 7 3 6		1 1 1 1 1 1 1 1 1	
		1 1 8 1 9 1 8 1 1	
		1 1 1 1 1 1 1 1 1	
		1 1 7 1 6 1 5 1 1	
		1 1 1 1 1 1 1 1 1	
		1 1 1 1 1 1 1 1 1	

```c
#include <stdio.h>
#include <math.h>
#define MAX 30

main() {
    int max[MAX] ;
    int n, i = 0, j, sqr, row = 0, col = 0, cnt = 0 ;
    int array[MAX][MAX] ;

    scanf("%d", &n) ;
    n = n * n ;
    for (i = 0 ; i < n ; i++)
        for (j = 0 ; j < n ; j++)
            scanf("%d", &array[i][j]) ;
    sqr = sqrt(n) ;
    for (col = 0 ; col < n ; col = col + sqr)
        for (row = 0 ; row < n ; row = row + sqr)
            _____ ㉠ _____
    cnt = 0 ;
    for (col = sqr ; col <= n ; col = col + sqr) {
        for (row = sqr ; row <= n ; row = row + sqr) {
            for (i = col - sqr ; i < col ; i++) {
                for (j = row - sqr ; j < row ; j++) {
                    sqr = sqrt(n) ;
                    _____ ㉡ _____
                }
            }
        }
        cnt++ ;
```

```
        }
    }

    for (i = 0 ; i < n ; i++) {
        printf("%d\t", max[i]) ;
        if ((i + 1) % sqr == 0)
            printf("\n") ;
    }
}
```

풀이

㉠ : max[cnt++] = array[col][row] ;

㉡ : if (max[cnt] < array[i][j]) max[cnt] = array[i][j] ;

입력 예시1	출력 예시1	입력 예시2			출력 예시2
2	5 7	3			5 6 7
	7 6				8 9 8
2 3 6 7		1 1 1	1 1 1	1 1 1	7 6 5
3 5 4 2		1 1 1	1 1 1	1 1 1	
5 5 2 4		1 1 5	1 6 1	7 1 1	
1 7 3 6		1 1 1	1 1 1	1 1 1	
		1 1 8	1 9 1	8 1 1	
		1 1 1	1 1 1	1 1 1	
		1 1 7	1 6 1	5 1 1	
		1 1 1	1 1 1	1 1 1	
		1 1 1	1 1 1	1 1 1	

1.3 함수

프로그램에 다음과 같이 함수 fun이 정의되어 있고, main 함수에서 사용되었다고 가정한다. 물음에 답하시오.

(1) 프로그램의 수행 결과로 결정된 sum1과 sum2의 값은 무엇인가?

(2) main 함수에서 sum1과 sum2의 계산식은 수학적으로 볼 때 차이가 없으나 프로그램 실행 결과는 다르다. 그 이유를 설명하시오.

```c
int fun(int *k) {
    *k += 4 ;
    return 2 * (*k) ;
}

void main() {
    int i = 10, j = 10, sum1, sum2 ;
    sum1 = (i / 2) + fun(&i) ;
    sum2 = fun(&j) + (j / 2) ;
}
```

풀이 (1) sum1 = 33

sum2 = 35 (j 값이 fun 함수 호출 후 14로 바뀌고 값이 더해진다.)

(2) 부작용(side effect) 현상 : fun 함수 수행 후 매개변수 k의 값이 변경되는 부작용 현상이다.

재귀함수를 사용하는 다음 C언어 프로그램에 대한 물음에 답하시오.

```c
#include <stdio.h>

void remix(char *str) ;
void main(void) {
    char str[20] ;
    gets(str) ;
    remix(str) ;
```

```
    }

void remix(char *str) {
    char addr = *str ;
    if(addr) {
        remix(++str) ;
        printf("%c", addr) ;
    }
}
```

(1) 'Hello C 2019'이 입력되었을 때 스택을 사용하여 프로그램의 실행과정을 나타내시오.

(2) 프로그램의 기능을 설명하시오.

풀이 (1) 'Hello C 2019'이 입력되어 reverse 함수가 실행된다. if(addr) 구문에서 문자열의 끝이
될 때까지 이전 문자가 스택에 저장되고 마지막에 역순으로 출력된다.

	H		olleH		2' 'C' 'olleH
스택의	eH	⇒	' 'olleH	⇒	02' 'C' 'olleH
변화	leH		C' 'olleH		102' 'C' 'olleH
	lleH		' 'C' 'olleH		9102' 'C' 'olleH

(2) 문자열을 입력받아 역순으로 출력한다.

C언어를 사용하여 다음 피보나치수열을 구하는 기능을 순환함수와 반복함수를 사용하여 구
현하시오.

$$f_0 = f_1 = 1, \ f_n = f_{n-2} + f_{n-1} \ (n \geq 2)$$

풀이 ▪ 순환함수

```
int fibo(int n)
{
    if(n ≤ 1) return 1 ;
    return fibo(n - 1) + fibo(n - 2) ;
}
```

■ 반복함수

```c
int fibo(int n)
{
    int i, pre, now, tmp ;
    pre = now = 1 ;
    for(i = 2 ; i ≤ n ; i++) {
        tmp = now ;
        now = now + pre ;
        pre = tmp ;
    }
    return now ;
}
```

다음 C언어 프로그램은 배열에서 자료 탐색 기능을 재귀함수로 구현한 것이다. 물음에 답하시오.

```c
#include <stdio.h>

int range = 0 ;
int search(int ary[], int p1, int p2, int fd) {
    int cnt, pt ;
    cnt = p2 - p1 ;
    if(cnt < 0) return -1 ;
    if(cnt == 0) {
        if(fd == ary[p2]) return p2 ;
        else return -1 ;
    }
    pt = cnt * (fd - ary[p1]) / (ary[p2] - ary[p1]) + p1 ;
    range += ary[pt] ;
    if(fd == ary[pt]) return pt ;
    else {
        if(fd < ary[pt]) return search(ary, p1, pt-1, fd) ;
        else return search(ary, pt+1, p2, fd) ;
    }
}

void main() {
    int ary[11] = {1, 3, 7, 15, 20, 33, 45, 56, 67, 77, 100} ;
```

```
    int idx, f_data = 33 ;
    idx = search(ary, 0, 10, f_data) ;

    if(idx != -1) printf("%d\n", range) ;  ← ㉮
    else printf("fail\n") ;
    printf("%d, %d\n", idx, ary[idx]) ;  ← ㉯
}
```

(1) 프로그램이 실행되어 search 함수가 순서에 따라 호출될 때 아래 표의 ㉠~㉮에 들어갈 내용을 쓰시오.

	f_data	p1	p2	cnt	pt	range
search(ary, 0, 10, 33)	33	0	10	10	㉠	15
search(ary, 4, 10, 33)	33	4	10	6	㉡	㉣
search(ary, 5, 10, 33)	33	5	10	5	㉢	㉤

(2) 문장 ㉮가 실행되었을 때 출력 결과는 무엇인가?

(3) 문장 ㉯가 실행되었을 때 출력 결과는 무엇인가?

풀이 (1) 배열에서 탐색할 위치를 나타내는 pt는 다음과 같이 계산한다.

　　㉠ : $10 \times (33 - 1) / (100 - 1) + 0 = 3$

　　㉡ : $6 \times (33 - 20) / (100 - 20) + 4 = 4$

　　㉢ : $5 \times (33 - 33) / (100 - 33) + 5 = 5$

　　range는 전역변수이므로 재귀함수를 포함한 프로그램의 모든 함수에서 변경된 값이 공유되고 유지된다.

　　㉣ : $15 + 20 = 35$

　　㉤ : $35 + 33 = 68$

(2) 68

(3) 5, 33

다음 C언어 프로그램은 하노이타워(Towers of Hanoi) 문제를 구현한 것이다. 3개의 기둥 A, B, C가 있고, 초기에 원반들은 A에 쌓여 있다. 원반은 1, 2, 3, ...의 숫자로 구분하며, 숫자가 큰 것이 크기가 크다. 물음에 답하시오.

```c
#include <stdio.h>

int cnt = 0 ;

void moveHanoi(char a, char b, char c, int n) ;

int main(void) {
    int n ;
    printf("원반의 수 : ") ;
    scanf("%d", &n) ;
    moveHanoi('A', 'B', 'C', n) ;
    return 0 ;
}

void moveHanoi(char from, char temp, char to, int n) {
    if(n == 1) {
        ++cnt ;
        printf("%3d: (from→to) %c → %c   원반 : %d \n", cnt, from, to, 1) ;
    }
    else {
        _____㉠_____ ;
        ++cnt ;
        printf("%d: (from→to) %c → %c   원반: %d \n", cnt, from, to, n) ;
        _____㉡_____ ;
    }
}
```

(1) ㉠에 들어갈 내용은 무엇인가?

(2) ㉡에 들어갈 내용은 무엇인가?

(3) 입력이 3일 때 출력 결과는 무엇인가?

풀이   (1) moveHanoi(from, to, temp, n−1)

(2) moveHanoi(temp, from, to, n−1)

(3) 1: (from→to) A → C 원반 : 1
     2: (from→to) A → B 원반 : 2
     3: (from→to) C → B 원반 : 1
     4: (from→to) A → C 원반 : 3
     5: (from→to) B → A 원반 : 1
     6: (from→to) B → C 원반 : 2
     7: (from→to) A → C 원반 : 1

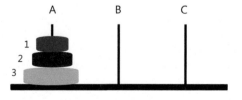

다음 프로그램은 수열을 구하는 것으로 재귀문을 사용하여 서로 다른 두 가지 방법으로 구현한 것이다. 아래 물음에 답하시오.

$$S_1 = 1, \ S_2 = 2, \ S_n = S_{n-1} + S_{n-2} + 1 \ (n \geq 3)$$

```c
#include <stdio.h>
#include <stdlib.h>
#define N 7

int divProg(int n) {
    if (n <= 2) return n ;
    return divProg(n - 1) + divProg(n - 2) + 1 ;
}

int malRecur(int *seq, int n) {
    if (seq[n] == 0) {
        if (n <= 2) seq[n] = n ;
        else
            seq[n] = _____㉠_____ + 1 ; ← ㉡
    }
    return seq[n] ;
}

int malProg(int n)
    int i, result, *seq ;
    if (n <= 2) return n ;
    seq = (int *) malloc((n + 1) * sizeof(int)) ;
    for (i = 1 ; i <= n ; i++) seq[i] = 0 ;
    result = malRecur(seq, n) ;
    for (i = 1 ; i <= n ; i++) printf("%d ", seq[i]) ; ← ㉢
    free(seq) ;
    return result ;
}

int main(void) {
    printf("%d ", divProg(N)) ;
    printf("%d ", malProg(N)) ; ← ㉣
}
```

(1) divProg(7)이 실행되었을 때 다음의 divProg(n)이 호출되는 횟수를 각각 구하시오.

divProg(6)	divProg(5)	divProg(4)	divProg(3)	divProg(2)	divProg(1)

(2) (1)에서 구한 divProg(n)을 호출되는 순서대로 나열하시오.

(3) ㉠에 들어갈 내용을 쓰시오.

(4) malProg(7)이 실행되었을 때 문장 ㉡이 실행되는 횟수를 구하시오.

(5) 문장 ㉢이 실행되었을 때 출력 결과는 무엇인가?

(6) 문장 ㉣이 실행되었을 때 출력 결과는 무엇인가?

---

 (1)

divProg(6)	divProg(5)	divProg(4)	divProg(3)	divProg(2)	divProg(1)
1	2	3	5	8	5

(2) 6 5 4 3 2 1 2 3 2 1 4 3 2 1 2 5 4 3 2 1 2 3 2 1

(3) malRecur(seq, n − 1) + malRecur(seq, n − 2)

(4) 5회

(5) 1 2 4 7 12 20 33

(5) 33

다음 C언어 프로그램은 스택(stack) 기능을 구현한 것이다. 물음에 답하시오.

```c
#include <stdio.h>
#define stacksize 5

int top = -1 ;
int stack[stacksize] ;

int isEmpty() {
    if (top == -1) return 1 ;
    else return 0 ;
}

int isFull() {
    if (top == stacksize-1) return 1 ;
    else return 0 ;
}
```

```
int push(int x) {
    if (isFull()) {
        printf("stack is full \n") ;
        return 0 ;
    }
    else {
        ⓐ
        return 1 ;
    }
}

int pop() {
    if (isEmpty()) {
        printf("stack is empty \n") ;
        return 0 ;
    }
    else return (        ⓑ        ) ;
}

int main() {
    int i ;
    push(11) ; push(33) ; push(44) ; push(22) ; pop() ; pop() ;
    push(50) ; push(22) ; push(60) ; push(70) ;
    for (i = 0 ; i <= top ; i++)
        printf("%d ", stack[i]) ; ← ⓒ
}
```

(1) ⓐ에 들어갈 내용은 무엇인가?

(2) ⓑ에 들어갈 내용은 무엇인가?

(3) 문장 ⓒ이 실행될 때 top의 값은 무엇인가?

(4) 프로그램의 실행 결과를 쓰시오.

풀이 (1)
```
++top ;
stack[top] = x ;
```

(2) stack[top--]

(3) 4

(4) stack is full

11 33 50 22 60

다음 C언어 프로그램은 큐(queue) 기능을 구현한 것이다. 물음에 답하시오.

```c
#include <stdio.h>
#define queuesize 5

int num = 0, front = 0, rear = -1 ;
int queue[queuesize] ;

int isEmpty() {
    if (num) return 0 ;
    else return 1 ;
}

int isFull() {
    if (num < queuesize) return 0 ;
    else return 1 ;
}

int enqueue(int dt) {
    if (isFull()) {
        printf("queue is full \n") ;
        return 0 ;
    }
    else {
        rear = (rear + 1) % queuesize ;
        _____ㄱ_____ ;
        num++ ;
        return 1 ;
    }
}

int dequeue(int *dt) {
    if (isEmpty()) {
        printf("queue is empty \n") ;
        return 0 ;
    }
    else {
        _____ㄴ_____ ;
        front = (front + 1) % queuesize ;
```

```
        num-- ;
        return 1 ;
    }
}

int main() {
    int i, data ;
    enqueue(30) ; enqueue(10) ; enqueue(20) ; dequeue(&data) ;
    enqueue(70) ; enqueue(30) ; enqueue(50) ; enqueue(60) ; enqueue(40) ;
    for (i = 0 ; i < num ; i++)
        printf("%d ", queue[(front + i) % queuesize]) ;  ← ©
}
```

(1) ㉠에 들어갈 내용은 무엇인가?

(2) ㉡에 들어갈 내용은 무엇인가?

(3) 문장 ㉢이 실행될 때 front와 rear의 값은 무엇인가?

(4) 프로그램의 실행 결과를 쓰시오.

풀이 (1) queue[rear] = dt

(2) *dt = queue[front]

(3) front : 1, rear : 0

(4) queue is full

　　 queue is full

　　 10 20 70 30 50

다음 프로그램은 IP 주소를 입력받고, 이 주소의 클래스와 서브넷 마스크를 출력하는 것이다.
아래 IP 주소 형식을 참조하여 프로그램에 대한 물음에 답하시오.

클래스	주소 범위	네트워크/호스트 주소
A	0.0.0.0 ~ 127.255.255.255	8비트/24비트
B	128.0.0.0 ~ 191.255.255.255	16비트/16비트
C	192.0.0.0 ~ 223.255.255.255	24비트/8비트

```
#include <assert.h>
#include <stdio.h>

int main(void) {
    int ip[4] ;
    FILE *in = fopen("input.txt", "r") ;
    fscanf(in, "%d.%d.%d.%d", &ip[0], &ip[1], &ip[2], &ip[3]) ;
    fclose(in) ;

    FILE *out = fopen("output.txt", "w") ;
    if (ip[0] >= 0 && ip[0] < 128) {
        fprintf(out, "A\n") ;
        fprintf(out, "%d.0.0.0", ip[0]) ;
    }
    else if (_____ㄱ_____) {
        fprintf(out, "B\n") ;
        fprintf(out, "%d.%d.0.0", ip[0], ip[1]) ;
    }
    else if (_____ㄴ_____) {
        fprintf(out, "C\n") ;
        fprintf(out, "%d.%d.%d.0", ip[0], ip[1], ip[2]) ;
    }
    else assert(0 && "invalid result") ;
    return 0 ;
}
```

(1) ㄱ에 들어갈 내용은 무엇인가?

(2) ㄴ에 들어갈 내용은 무엇인가?

(3) 입력이 1.2.3.4일 때 프로그램의 출력은 무엇인가?

(4) 입력이 215.17.96.250일 때 프로그램의 출력은 무엇인가?

풀이 (1) ip[0] >= 128 && ip[0] < 192

(2) ip[0] >= 192 && ip[0] < 224

(3) A

1.0.0.0

(4) C

215.17.96.0

식별자를 입력받고 해시 테이블에 삽입하여 출력하는 해싱(hashing) 프로그램을 작성하고자 한다. 〈조건〉을 고려하여 ㉠, ㉡에 들어갈 코드를 작성하시오.

조건

① 첫째 줄에는 식별자의 개수가 입력된다.
② 둘째 줄에는 최대 2문자 길이의 식별자가 입력된다.
③ 해시함수는 식별자의 첫 번째 문자이다.
④ 해시 테이블은 버켓(bucket)이 12개이고, 각 버켓은 슬롯이 2개로 구성된다.
⑤ 오버플로우(overflow)를 해결하기 위해 선형 탐색법(linear search)을 사용한다.

입력 예시	출력 예시		
	A	A	A1
	B	A2	A3
11	C	C	B
K5 F F1 A F2 A1 A2 D C A3 B	D	D	
	E		
	F	F	F1
	G	F2	
	H		
	I		
	J		
	K	K5	
	L		

```c
#include <stdio.h>
#include <stdlib.h>
#include <string.h>

#define MAX 5
#define RNUM 12 // 행의 개수
#define SLOT 2

typedef struct Hash {
        char data[MAX] ;
        struct Hash *next ;
} Hash ;

Hash *hash_table[RNUM] ;
```

```
set() {
    int i ;
    char alpha = 'A' ;
    for (i = 0 ; i < RNUM ; i++) {
        Hash *tmp = (Hash *)malloc(sizeof(Hash)) ;
        tmp->data[0] = alpha ;
        tmp->data[1] = '\0' ;
        tmp->next = NULL ;
        hash_table[i] = tmp ;
        alpha++ ;
    }
}


insert(int i, Hash *tmp) {
    Hash *start = hash_table[i] ;
    int cnt = 0 ;
    if (start->next) {
        while (start->next) {
            ┌─────────────────────────────┐
            │              ㉠             │
            └─────────────────────────────┘
        }
        if (cnt < SLOT)
            start->next = tmp ;
        else
            insert(i + 1, tmp) ;
    }
    else
        start->next = tmp ;
}

hash(char *input) {
    int i, cnt ;
    Hash *tmp = (Hash *)malloc(sizeof(Hash)) ;
    Hash *start ;
    strcpy(tmp->data, input) ;          // 식별자의 값 복사
    tmp->next = NULL ;
    ┌─────────────────────────────┐
    │              ㉡             │              // key값 찾기 및 식별자 추가
    └─────────────────────────────┘
}

main() {
    int n, i ;
    char input[MAX] ;
```

```
    char cnt = 'A' ;
    Hash *start ;

    scanf("%d", &n) ;
    set() ;             // key 값 설정

    for (i = 0 ; i < n ; i++) {         // 해싱
        scanf("%s", input) ;
        hash(input) ;
    }
    for (i = 0 ; i < RNUM ; i++) {
        start = hash_table[i] ;
        while (start) {
            printf("%s\t", start->data) ;
            start = start->next ;
        }
        printf("\n") ;
    }
}
```

풀이　㉠ :

```
start = start->next ;
cnt++ ;
```

㉡ :

```
for (i = 0 ; i < RNUM ; i++) {
  if (tmp->data[0] == hash_table[i]->data[0])
    break ;
}
insert(i, tmp) ;
```

 출발지에서 도착지까지 이동하는 동안 보물찾기를 한다. 〈조건〉을 고려하여 가장 많은 보물을 찾을 수 있도록 ㉠, ㉡에 들어갈 코드를 작성하시오.

조건

① 첫째 줄에 n×m의 행렬 크기를 입력한다(1≤n≤10, 1≤m≤10).
② 둘째 줄부터 (1, 1)에서 (n, m)까지 행렬의 원소를 입력한다.
③ 행렬의 원소는 그 지점을 통과할 때 획득할 수 있는 보물의 숫자이다.
④ 출발지와 도착지는 각각 (n, 1)과 (1, m)이며, 원소는 모두 0이다.
⑤ 이동은 오른쪽과 위쪽으로만 가능하다.

입력 예시	출력 예시
5 5 1 1 2 4 0 1 0 3 2 3 2 1 1 2 2 3 0 2 1 3 0 1 2 2 1	보물의 최대 개수 : 16

```c
#include <stdio.h>
#include <stdlib.h>
#include <string.h>
#define MAX 10

int map[MAX][MAX] = {0} ;
int n, m ;

int candy(int x, int y) {
    int result = map[x][y] ;

    if (x > n || y < 1)
        return 0 ;
    else {
        if (candy(x, y - 1) > candy(x + 1, y))
            _____㉠_____
        else
            _____㉡_____
    }
}

main() {
    int i, j, result ;
    scanf("%d %d", &n, &m) ;
```

```
    for (i = 1 ; i <= n ; i++)
        for (j = 1 ; j <= m ; j++)
            scanf("%d", &map[i][j]) ;

    result = candy(1, m) ;
    printf("\n보물의 최대 개수 : %d", result) ;
}
```

풀이 ㉠ : return candy(x, y - 1) + result ;

㉡ : return candy(x + 1, y) + result ;

문제 해결 방법 중 하나는 다음 위치로 이동하는 시점에서 획득하는 보물의 수를 최대로 하는 것이다. 출발지에서 도착지까지 모든 이동에 대해 이 기준을 적용하면 도착지에서 가장 많은 보물을 획득할 수 있다. 이를 위해서 모든 위치로 이동할 때 그 지점까지 누적된 보물의 수를 저장해야 한다.

주어진 행렬에서 다음에 이동할 위치(x, y)에 대한 누적 보물의 수는 (x, y - 1)과 (x + 1, y) 위치의 값 중에서 큰 값을 선택하고, 이것과 (x, y) 위치의 값을 합하면 된다. 누적 합계를 통해 각 위치에서 취득할 수 있는 최대 보물의 수를 구할 수 있으며, 주어진 행렬에서 최종적으로 찾을 수 있는 최대 보물의 수는 16(3 + 2 + 1 + 1 + 3 + 2 + 4)개이다. 행렬의 각 지점에서 찾을 수 있는 최대 보물의 수는 다음과 같다.

7	8	12	16	16
6	6	10	12	15
5	6	7	9	11
3	3	5	6	9
0	1	3	5	6

이진탐색 알고리즘을 적용할 때 탐색 횟수를 구하는 프로그램을 재귀함수를 사용하여 작성하고자 한다. 〈조건〉을 고려하여 ㉠, ㉡에 들어갈 코드를 작성하시오.

조건

① 첫째 줄에는 탐색에 사용될 데이터의 개수(1≤n≤100)를 입력받는다.
② 둘째 줄에는 탐색을 위해 정렬된 데이터를 입력받는다.
③ 셋째 줄에는 찾을 데이터를 입력받는다.
④ 데이터를 찾을 때까지의 탐색 횟수를 출력한다.
⑤ 탐색 데이터에 찾을 데이터가 없으면 −1을 출력한다.

입력 예시1	출력 예시1	입력 예시2	출력 예시2
6 4 7 9 12 20 53 53	2	6 4 7 9 12 20 53 4	3

```c
#include <stdio.h>
#define DATA 100

int cnt = 0 ;
int cnt_binary_search(int array[], int value, int left, int right) {
   if (left <= right) {
      cnt++ ;
      int mid = (left + right) / 2 ;
      printf("mid = %d\n", array[mid]) ;
      if (array[mid] > value)
         return _____㉠_____
      else if (array[mid] < value)
         return _____㉡_____
      else
         return cnt ;
   }
   else
      return -1 ;
}

main() {
   int num, array[DATA], i, search_value ;

   scanf("%d", &num) ;
   for (i = 0 ; i < num ; i++) scanf("%d ", &array[i]) ;
   scanf("%d", &search_value) ;
   printf("%d", cnt_binary_search(array, search_value, 0, num)) ;
}
```

풀이 ㉠ : cnt_binary_search(array, value, left, mid - 1) ;

㉡ : cnt_binary_search(array, value, mid + 1, right) ;

1.4 라이브러리 활용

다음 프로그램에 대한 물음에 답하시오.

```c
#include<stdio.h>
int main() {
    FILE *fin, *fout ;
    fopen_s(&fin, "C:/temp/input.txt", "r") ;
    fopen_s(&fout, "C:/temp/output.txt", "w") ;
    int i, j, n, number ;
    int a[101], b[101] = { 0 } ;

    fscanf_s(fin, "%d", &n) ;
    for (i = 0 ; i < n - 1 ; i++)
        fscanf_s(fin, "%d", &a[i]) ;
    for (i = 1 ; i <= n ; i++) {
        for (j = 0 ; j < n - 1 ; j++)
            if (a[j] == i) b[i] = 1 ;
    }
    for (i = 1 ; i <= n ; i++)
        if (b[i] == 0) fprintf(fout, "%d", i) ;

    fclose(fin) ;
    fclose(fout) ;
    return 0 ;
}
```

(1) 입력이 아래와 같을 때 출력 결과는 무엇인가?

10

1 7 4 5 6 9 3 2 10

(2) 프로그램의 기능을 설명하시오.

풀이 (1) 8

(2) 1부터 지정한 수까지의 정수들 중에서 입력 데이터에 없는 정수를 찾아 출력한다. 이를 위해 먼저 한 개 정수(n)를 입력받는다. 이어서 1~n 범위의 정수 중에서 (n-1)개를 입력받는다. 1부터 n까지의 정수들 중에서 입력받은 (n-1)개 정수에 없는 것을 찾아 출력한다.

다음 프로그램에 대한 물음에 답하시오.

```c
#include <stdio.h>
int main() {
    FILE *fin, *fout ;
    fopen_s(&fin, "C:/temp/input.txt", "r") ;
    fopen_s(&fout, "C:/temp/output.txt", "w") ;
    int turn = 1 ;
    char c ;

    while ((c = fgetc(fin)) != EOF) {
        if ((c == ' ') || (c == ',') || (c == '!') || (c == '.')) {
            if (turn == 0) {
                turn = 1 ;
                fprintf(fout, "\n") ;
            }
        }
        else {
            turn = 0;
            fprintf(fout, "%c", c) ;
        }
    }
    fclose(fin) ;
    fclose(fout) ;
    return 0 ;
}
```

(1) 입력이 아래와 같을 때 출력 결과는 무엇인가?

wow, do it. excellent!

(2) 프로그램의 기능을 설명하시오.

풀이 (1) wow

　　do

　　it

　　excellent

(2) 파일에서 문자열 데이터를 읽어서 출력하며, 특수문자인 ' ', '!', ',', '.'이 나오면 제
　　거하고 다음 라인으로 넘어간다.

다음 프로그램은 정렬 시간을 단축할 수 있는 효율적인 정렬 알고리즘을 구현한 것이다. 아래 물음에 답하시오.

```c
#include <stdio.h>
#include <stdbool.h>
#define MAX_N (10)

void bubble_sort(int arr[], int length) {
    bool hasSwapped ;
    for (int i = 0 ; i < length - 1 ; i++) {
        hasSwapped = false ;
        for (int j = 0 ; j < length - 1 - i ; j++) {
            if (arr[j] > arr[j + 1]) {
                hasSwapped = true ;
                int temp = arr[j] ;
                arr[j] = arr[j + 1] ;
                arr[j + 1] = temp ;
            }
        }
        if (!hasSwapped) {
            printf("%d", i) ;
            return ;
        }
    }
    FILE *out = fopen("output.txt", "w") ;
    fprintf(out, "%d", length - 1) ;
    fclose(out) ;
}

int main(void) {
    int n, arr[MAX_N] ;
    FILE *in = fopen("input.txt", "r") ;
    fscanf(in, "%d", &n) ;
    for (int i = 0 ; i < n ; i++) fscanf(in, "%d", &arr[i]) ;
    fclose(in) ;
    bubble_sort(arr, n) ;
    return 0 ;
}
```

(1) 정렬 알고리즘의 이름은 무엇인가?

(2) 입력이 ⓐ, ⓑ일 때 각각에 대한 프로그램의 출력은 무엇인가?

ⓐ	ⓑ
5 35 7 20 11 15	7 2 4 7 11 25 46 78

(3) 프로그램의 출력이 의미하는 것을 설명하시오.

풀이 (1) 버블정렬

(2) ⓐ : 2, ⓑ : 0

(3) 기본적인 버블정렬 알고리즘에서는 n개의 숫자를 정렬하기 위해서 (n-1)번의 단계를 거치게 된다. 그러나 (n-1)번의 단계가 되기 전에 모든 데이터가 정렬되었다면 정렬 시간 단축을 위해 다음 단계들을 생략할 수 있다. 위 프로그램은 이러한 기능을 구현한 것이며, 입력 데이터에 대해 정렬이 종료되는 단계를 출력한다.

학생들의 두 과목 점수를 입력받아 합산한 후 상위 성적 학생들의 학번을 출력하는 프로그램을 작성하고자 한다. 조건을 고려하여 물음에 답하시오.

> **조건**
> ① 입력받을 데이터는 학생 총원, 상위 성적 인원, 학번, 정보와 수학 과목의 성적이다.
> ② 성적은 두 과목 점수의 합계이며, 성적이 같으면 정보 점수가 높은 학생, 정보 점수까지 같으면 학번이 큰 순서로 우선순위를 갖는다.
> ③ 입력과 출력의 형태가 아래와 같다.
>
> | 입력 | | 출력 | |
> |---|---|---|---|
> | 5 3 | ← 총인원(n), 상위 성적 인원(k) | 201
204
203 | ← 학번 |
> | 201 90 80
202 80 80
203 80 80
204 80 90
205 50 90 | ← 학번, 정보 점수, 수학 점수 | | |

```
#include <stdio.h>
struct student {
        int number, com, math, sum, score ;
} ;

int main() {
    struct student stu[100] ;
    FILE *fin, *fout ;
    fopen_s(&fin, "C:/temp/input.txt", "r") ;
    fopen_s(&fout, "C:/temp/output.txt", "w") ;
    int i, j, n, k ;
    fscanf_s(fin, "%d %d", &n, &k) ;
    for (i = 0 ; i < n ; i++) {
        fscanf_s(fin, "%d %d %d", _____㉠_____) ;
        stu[i].sum = stu[i].com + stu[i].math ;
        stu[i].score = 1 ;
    }
    for (i = 0 ; i < n ; i++) {
        for (j = 0 ; j < n ; j++) {
            if (j == i) continue ;
            if (stu[i].sum < stu[j].sum) stu[i].score++ ;
            else if (stu[i].sum == stu[j].sum) {
                if (stu[i].com < stu[j].com) stu[i].score++ ;
                else if (_____㉡_____) stu[i].score++ ;
            }
        }
    }
    for (i = 1 ; i <= k ; i++)
        for (j = 0 ; j < n ; j++) {
            if (_____㉢_____) fprintf(fout, "%d\n", stu[j].number) ;
        }
    fclose(fin) ;
    fclose(fout) ;
    return 0 ;
}
```

(1) ㉠에 들어갈 코드는 무엇인가?

(2) ㉡에 들어갈 코드는 무엇인가?

(3) ㉢에 들어갈 코드는 무엇인가?

풀이 (1) &stu[i].number, &stu[i].com, &stu[i].math

(2) (stu[i].com == stu[j].com) && (stu[i].number > stu[j].number)

(3) stu[j].score == i

다음 C언어 프로그램은 단일 연결리스트의 노드 구조와 노드의 삽입 함수를 나타낸 것이다. 물음에 답하시오. 단, head는 리스트의 첫 번째 노드를 가리키며, 노드는 idkey를 기준으로 오름차순으로 정렬한다.

```c
#include <stdio.h>
#include <stdlib.h>

struct node {
    int idkey ;
    char grade ;
    struct node *link ;
} ;

void insertNode(struct node **head, int idkey, int grade) {
    struct node *prevptr, *ptr, *newnd;
    newnd = _____ㄱ_____ ;
    newnd -> idkey = idkey ;
    newnd -> grade = grade ;
    newnd -> link = NULL ;
    if ((*head) == NULL) {
        (*head) = newnd ;
        return ;
    }
    prevptr = NULL ;
    ptr = (*head) ;
    while(ptr != NULL) {
        if(_____ㄴ_____) {
            prevptr = ptr ;
            ptr = ptr -> link ;
        }
        else {
            if(prevptr == NULL) (*head) = newnd ;
```

```
        else _____ⓒ_____ ;
                _____ⓔ_____ ;
                return ;
        }
    }
    _____ⓒ_____ ;
    return ;
}
```

(1) 노드의 메모리 할당을 위해 ㉠에 들어갈 내용을 쓰시오.

(2) ⓒ~ⓔ에 들어갈 내용을 쓰시오.

(3) ⓒ~ⓔ 문장의 기능을 각각 설명하시오.

---

 (1) (struct node *) malloc(sizeof(struct node))

　　　(2) ⓒ : ptr –> idkey < idkey

　　　　　ⓒ : prevptr –> link = newnd

　　　　　ⓔ : newnd –> link = ptr

　　　(3) ⓒ : 연결리스트에서 노드의 삽입 위치를 찾기 위한 조건이다.

　　　　　ⓒ : 삽입 노드의 바로 앞에 있는 노드가 삽입 노드를 가리키도록 포인터를 설정한다.

　　　　　ⓔ : 삽입 노드가 자신의 바로 다음에 있는 노드를 가리키도록 포인터를 설정한다.

다음 C언어 프로그램은 단방향 연결리스트로 구현한 스택에서 삽입 연산을 수행하는 함수이다. 물음에 답하시오. 단, 스택에서 최하위 노드의 next는 NULL이다.

```c
#include <stdio.h>
#include <stlib.h>

struct node {
    int data ;
    struct node *link ;
} ;

struct node *top = NULL ;
```

```
int push(int item) {
    struct node *ptr ;
    ptr = (struct node *) malloc(sizeof(struct node)) ;
    if (ptr == NULL) return -1 ;
    ptr -> data = item ;
    if (top == NULL) ptr -> link = NULL ;
    else _____ㄱ_____ ;
         _____ㄴ_____ ;
  return 0 ;
}


void main() {
    push(77) ;
    push(55) ;
    while(top != NULL) {  ← ㄷ
        printf("%d ", top -> data) ;
        top = top -> link ;
    }
}
```

(1) ㉠에 들어갈 내용은 무엇인가?

(2) ㉡에 들어갈 내용은 무엇인가?

(3) while문 ㉢의 실행결과는 무엇인가?

풀이 (1) ptr -> link = top

(2) top = ptr

(3) 55 77

다음 C언어 프로그램은 key 값을 기준으로 오름차순 정렬이 되도록 이중 연결리스트에 노드를 삽입하는 것이다. 물음에 답하시오.

```
#include <stdio.h>
#include <stdlib.h>


typedef struct double_node {
```

```
    int key;
    struct double_node *left ;
    struct double_node *right ;
} dbNode ;

void insertNode(int) ;
dbNode *head, *tail ;

void main(void) {
    dbNode *pt1 ;
    head = (dbNode*) malloc(sizeof(dbNode)) ;
    tail = (dbNode*) malloc(sizeof(dbNode)) ;
    head -> right = tail ;
    head -> left = head ;
    tail -> right = tail ;
    tail -> left = head ;
    insertNode(7) ;
    insertNode(3) ;
    insertNode(9) ;
    pt1 = head ;
    [        ㉠        ] ;
void insertNode(int value) {
    dbNode *pt, *newnode ;
    pt = head -> right ;
    while (pt -> key <= value && pt != tail) pt = pt -> right ; ← ㉡
    newnode = (dbNode*) malloc(sizeof(dbNode)) ;
    newnode -> key = value ;
    pt -> left -> right = newnode ;
    _____㉢_____ ;
    pt -> left = newnode ;
    _____㉣_____ ;
}
```

(1) 삽입된 3개 노드의 key 값이 출력되도록 ㉠에 들어갈 코드를 작성하시오.

(2) while문 ㉡의 기능을 설명하시오.

(3) ㉢에 들어갈 내용은 무엇인가?

(4) ㉣에 들어갈 내용은 무엇인가?

(1)

```
while(pt1 -> right != tail) {
      pt1 = pt1 -> right ;
      printf("%d ", pt1 -> key) ;
}
```

(2) 새로 삽입될 값인 value보다 큰 key 값을 갖는 노드를 찾았거나, 리스트의 끝이 될 때까지 포인터를 다음 노드로 이동시킨다.

(3) newnode -> left = pt -> left

(4) newnode -> right = pt

다음 C언어 프로그램은 배열 값을 사용하여 연결리스트를 만드는 기능을 갖는다. 물음에 답하시오.

```c
#include <stdio.h>
#include <stdlib.h>

struct node {
    int pos ;
    struct node *link ;
} ;

void main() {
    int ary[5][5] = {{0, 1, 1, 0, 1}, {1, 1, 0, 1, 0}, {0, 1, 0, 1, 0},
                {0, 0, 1, 1, 0}, {1, 0, 0, 0, 1}} ;
    struct node *hd[5], *newnd ;
    int i, j ;
    for(i = 0 ; i < 5 ; i++) {
        hd[i] = NULL ;
        for(j = 0 ; j < 5 ; j++) {
            if(ary[i][j]) {
                newnd = (struct node *) malloc(sizeof(struct node)) ;
                newnd -> pos = j ;
                newnd -> link = hd[i] ;
                hd[i] = newnd ;
            }
        }
    }
```

```
for(i = 0 ; i < 5 ; i++) {  ← ㉠
    newnd = hd[i] ;
    while(newnd) {
        printf("(%d, %d) ", i, newnd -> pos) ;
        newnd = newnd -> link ;
    }
    printf("\n") ;
}
}
```

(1) 프로그램 실행 결과로 만들어지는 연결리스트를 그림으로 나타내시오.

(2) ㉠의 for문이 실행되었을 때 출력 결과는 무엇인가?

풀이 (1) 배열 ary와 이것을 사용하여 만들어지는 연결리스트는 다음과 같다. 연결리스트에서 각 노드의 pos는 배열 ary에서 값이 1인 원소의 열 인덱스를 저장한다.

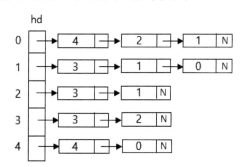

(2) (0, 4) (0, 2) (0, 1)

    (1, 3) (1, 1) (1, 0)

    (2, 3) (2, 1)

    (3, 3) (3, 2)

    (4, 4) (4, 0)

정수를 입력받고 삽입정렬 알고리즘으로 정렬하는 프로그램을 작성하고자 한다. 정렬은 1의 자릿수 값을 기준으로 오름차순으로 진행하며, 1의 자리가 같다면 먼저 입력된 값이 앞쪽에 위치한다. 〈조건〉을 고려하여 프로그램을 작성하시오.

조건

① 첫째 줄에는 정렬할 데이터의 개수 n(2≤n≤100)이 입력된다.

② 둘째 줄에는 정렬할 데이터가 입력된다.

③ 프로그램의 출력은 두 번째 데이터부터 각 데이터가 삽입될 위치이다.

입력 예시	출력 예시
6 97 101 3943 84 1111 5791	1 2 3 2 3
8 39 24 12 987 214 324 228 1239	1 1 3 3 4 6 8
4 392934 293913 28492 48301	1 1 1

풀이 예를 들면, 입력되는 정수가 97, 101, 3943, 84, 1111, 5791일 때 정렬되는 과정은 아래와 같다.

입력값	97	101	3943	84	1111	5791
	101	97	3943	84	1111	5791
	101	3943	97	84	1111	5791
	101	3943	84	97	1111	5791
	101	1111	3943	84	97	5791
	101	1111	5791	3943	84	97

```
#include <stdio.h>
#include <stdlib.h>
#include <math.h>

void no4_sort(int* sort[], int n) {
    int k = 0, i = 0, j = 0, y, temp = 0 ;
    for (i = 1 ; i < n ; i++) {
        k = sort[i] ;
        j = 0 ;
        for (y = sort[j] ; (y % 10) <= (k % 10) && j < i ; j++) { }
        temp = sort[j] ;
        sort[j] = k ;
        sort[i] = temp ;
```

```
        printf("%d", j + 1) ;
    }
    printf("\n") ;
    for (int x = 0 ; x < n ; x++)
        printf("%d ", sort[x]) ;
}


main() {
    int n = 0, a = 0, data = 0, i, j, k, temp ;
    int sort[100] ;
    printf("데이터 개수 입력 (2 <= 개수 <= 100) :") ;
    scanf("%d", &n) ;
    if (n < 2 && n > 100) {
        printf("범위 초과\n") ;
        exit(1) ;
    }
    printf("데이터 입력(0 <= 데이터 <= 1,000,000) : ") ;
    for (int i = 0 ; i < n ; i++)
        scanf("%d", &sort[i]) ;
    for (i = 1 ; i < n ; i++) {
        k = sort[i] ;
        for (j=0 ; (sort[j] % 10) <= (k % 10) && j < i ; j++) {  }
        temp = sort[j] ;
        sort[j] = k ;
        sort[i] = temp ;
        printf("%d ", j + 1) ;
    }
    printf("\n") ;
    for (int x = 0 ; x < n ; x++)
        printf("%d ", sort[x]) ;
}
```

1.5 프로그래밍 실기

 다음 사다리타기 프로그램에 대한 물음에 답하시오. 1~5의 다섯 명이 게임에 참여하며, 결과는 A~E 중에 한 개가 선택된다. 사다리는 왼쪽, 오른쪽, 아래 방향으로 타고 내려갈 수 있다.

```c
#include <stdio.h>
#include <string.h>

int main() {
    int n, i, j ;
    int r = 0, c ;
    char Map[15][15] = { {' ', '+', ' ', '+', ' ', '+', ' ', '+', ' ', '+', ' '},
        {' ', '+', '+', '+', ' ', '+', '+', '+', ' ', '+', ' '},
        {' ', '+', ' ', '+', '+', '+', ' ', '+', ' ', '+', ' '},
        {' ', '+', ' ', '+', ' ', '+', ' ', '+', '+', '+', ' '},
        {' ', '+', '+', '+', ' ', '+', '+', '+', ' ', '+', ' '},
        {' ', '+', ' ', '+', ' ', '+', ' ', '+', ' ', '+', ' '} } ;

    scanf_s("%d", &n) ;
    c = n * 2 - 1 ;

    while (1) {
        if (r == 5) break ;
        if (Map[r][c - 1] == '+') {
            Map[r][c] = '<' ;
            c = c - 1 ; }
        else if (Map[r][c + 1] == '+') {
            Map[r][c] = '>' ;
            c = c + 1 ; }
        else {
            Map[r][c] = '¦' ;
            r = r + 1 ; }
    }
    printf("%c \n", 'A' + (c / 2)) ;
    for (i = 0 ; i < 5 ; i++) {
        for (j = 0 ; j < 12 ; j++) printf("%c  ", Map[i][j]) ;
        printf("\n") ;
    }
}
```

(1) 5가 입력되었을 때 A~E 중에서 어떤 것이 출력되는가?

(2) 3이 입력되었을 때 프로그램의 출력은 무엇인가?

---

 (1) C

(2) E

```
1     2     3     4     5
+     +     |     +     +
+  +  +     >  >  |     +
+     +  +  +     |     +
+     +     +     >  >  |
+  +  +     +  +  +     |
A     B     C     D     E
```

다음 정렬 프로그램에 대한 물음에 답하시오.

```c
#include <stdio.h>
#include <stdbool.h>

int main() {
    bool flag ;
    int i, n, temp ;
    int num[100] ;
    scanf_s("%d", &n) ;
    for(i = 0 ; i < n ; i++) {
        scanf_s("%d", &num[i]) ;
    }
    do {
        flag = false;
        for (i = 0 ; i < n – 1 ; i++) {
            if(num[i] > num[i + 1]) {
                temp = num[i] ;
                num[i] = num[i + 1] ;
                num[i + 1] = temp ;
                flag = true ;
            }
        }
```

```
    if (flag == false) break ;
  } while (1) ;
  for(i = 0 ; i < n ; i++) printf("%d ", num[i]) ;
}
```

(1) 프로그램 입력이 "6 10 5 2 7 3 9"일 때 출력은 무엇인가?

(2) 프로그램에서 구현한 알고리즘의 이름은 무엇인가?

(3) 프로그램에서 flag의 역할을 설명하시오.

풀이 (1) 2 3 5 7 6 9 10

(2) 오름차순의 버블정렬 알고리즘

(3) 이웃한 수를 비교하는 과정에서 더 이상 교환이 일어나지 않으면 이들 숫자는 이미 정렬된 것이다. 따라서 다음 단계의 비교와 교환을 생략하고 프로그램을 종료한다. 프로그램의 실행 시간을 단축하기 위한 것으로 기본 버블정렬 알고리즘을 개선한 것이다.

다음 정렬 프로그램에 대한 물음에 답하시오. 단, 프로그램에서 data[0]는 정렬할 원소로 사용되지 않는다.

```
#include <stdio.h>

void swap(int *x, int *y) {
    int temp = *x ; *x = *y ; *y = temp ;
}

void adjust(int data[], int j, int n) {
    int k, buf = data[j] ;
    for (k = 2*j ; k <= n ; k = k*2) {
        if (k < n && data[k] > data[k+1]) k++ ;
        if (_____㉠_____) break ;
        data[k/2] = data[k] ; ← ㉡
    }
    data[k/2] = buf ;
}

void new_sort(int data[], int n) {
```

```
    int j ;
    for (j = n/2 ; j > 1 ; j--) adjust(data, j, n) ;  ← ㉢
    for (j = n ; j > 1 ; j--) {  ← ㉣
        adjust(data, 1, j) ;
        swap(&data[1], &data[j]) ;
    }
}

int main(void) {
    int data[] = {0, 22, 15, 3, 35, 11, 8, 7} ;
    new_sort(data, (sizeof(data) / sizeof(int)) - 1) ;
}
```

(1) ㉠에 들어갈 내용은 무엇인가?

(2) for문 ㉢이 실행되었을 때 data[]의 원소를 순서대로 나열하시오.

(3) j가 5일 때 for문 ㉣을 실행한 후 data[]의 원소를 순서대로 나열하시오.

(4) 프로그램 실행이 종료되었을 때, for문 ㉢과 ㉣에 의한 ㉡의 수행 횟수를 각각 구하시오.

	순서	k, j	data[]								㉡ 수행
			0	1	2	3	4	5	6	7	
㉢ for문	①	k = 3	0	22	15	3	35	11	8	7	0
	②	k = 2	0	22	11	3	35	15	8	7	1
㉣ for문	③	j = 7	0	22	11	7	35	15	8	3	2
	④	j = 6	0	22	11	8	35	15	7	3	2
	⑤	j = 5	0	15	11	22	35	8	7	3	1
	⑥	j = 4	0	35	15	22	11	8	7	3	1
	⑦	j = 3	0	22	35	15	11	8	7	3	1
	⑧	j = 2	0	35	22	15	11	8	7	3	0

(1) buf <= data[k]

(2) 0, 22, 11, 3, 35, 15, 8, 7

(3) 0, 15, 11, 22, 35, 8, 7, 3

(4) 8회, ㉢에 의한 수행 : 1회, ㉣에 의한 수행 : 7회

다음 이진탐색 프로그램에 대한 물음에 답하시오.

```c
#include <stdio.h>

int main() {
    FILE *fin ;
    int n, i, key, mid, count = 0 ;
    int arr[100] ;
    bool flag = false ;

    fopen_s(&fin, "C:/temp/input.txt", "r") ;
    fscanf_s(fin, "%d", &n) ;
    for (i = 0 ; i < n ; i++) _____㉠_____ ;
    fscanf_s(fin, "%d", &key) ;
    int left = 0, right = n - 1 ;
    while(left < right) {
        mid = (left + right) / 2 ;
        count++ ;
        if(key == arr[mid]) {
            flag = true ;
            break ;
        }
        else if (key < arr[mid]) right = mid - 1 ;
        else left = mid + 1 ;
    }
    printf("탐색 횟수 : %d회\n", count) ;
    if(flag == true) printf("찾은 위치 : %d번째", mid+1) ;
    else printf("찾는 수 %d가 없음", key) ;
    fclose(fin) ;
    return 0 ;
}
```

(1) ㉠에 들어갈 내용은 무엇인가?

(2) 입력이 아래와 같을 때 실행 결과는 무엇인가?

　　10

　　3 5 8 12 23 45 55 79 82 88

　　82

(1) fscanf_s(fin, "%d", &arr[i])

(2) 탐색 횟수 : 3회

　　　찾은 위치 : 9번째

다음 C언어 프로그램은 퀵 정렬 알고리즘을 구현한 것이다. 물음에 답하시오.

```c
#include <stdio.h>
#define Num 8

int partition(int data[], int n, int p, int q) {
    int i, j, temp, pivot ;
    i = p ;
    j = q + 1 ;
    pivot = data[p] ;
    do {
        do
            i++ ;
        while (data[i] < pivot) ;
        do
            j-- ;
        while (data[j] > pivot) ;
        if (i < j) {
            ㉠            ;
        }
    } while (i < j) ;

    data[p] = data[j] ;
            ㉡            ;
    return j ;
}

void q_sort(int data[], int n, int p, int q) {
    int k ;
    if (p < q) {
        k = partition(data, n, p, q) ;  ← ㉢
        q_sort(data, n, p, k - 1) ;
```

```
        q_sort(data, n, k + 1, q) ;
    }
}

int main() {
    int data[] = {39, 77, 13, 46, 35, 23, 95, 58, 100} ;
    q_sort(data, Num, 0, 7) ;
}
```

(1) ㉠에 들어갈 코드를 쓰시오.

(2) ㉡에 들어갈 내용은 무엇인가?

(3) 문장 ㉢의 실행 직후 k 값을 순서대로 나열하시오.

(4) 문장 ㉢의 실행 직후 data 값을 순서대로 나열하시오.

(5) data 값이 내림차순으로 정렬되도록 프로그램을 수정하시오.

풀이 (1)
```
temp = data[i] ;
data[i] = data[j] ;
data[j] = temp ;
```

(2) data[j] = pivot

(3) 3 2 0 4 6

(4) 35 23 13 39 46 77 95 58

  13 23 35 39 46 77 95 58

  13 23 35 39 46 77 95 58

  13 23 35 39 46 77 95 58

  13 23 35 39 46 58 77 95

(5) while (data[i] < pivot) => while (data[i] > pivot)

  while (data[j] > pivot) => while (data[j] < pivot)

  int data[] = {39, 77, 13, 46, 35, 23, 95, 58, 0}

다음 C언어 프로그램은 조립식 로봇을 만드는데 필요한 부품의 개수를 구하는 것이다. 조건을 고려하여 물음에 답하시오.

조건	<입력 데이터>
① 입력 파일의 데이터 구성은 오른쪽과 같다.	
② 데이터의 첫째 줄과 둘째 줄에 각각 정수 N, M이 있으며, 이어서	7
M개 줄에 부품 간의 관계가 저장되어 있다.	8
③ 입력 데이터에서 N은 완제품 번호이며 1~(N-1)은 기본 부품이나	5 1 2
중간 부품의 번호를 나타낸다.	5 3 2
④ 셋째 줄부터 M개 줄에는 각각 부품을 완성하는데 필요한 부품 간	6 2 1
의 관계가 3개의 정수 A, B, C로 주어진다. 이것은 중간 부품이나	6 4 2
완제품 A를 만드는데 필요한 중간 부품 혹은 기본 부품 B가 C개	6 5 1
필요하다는 것을 의미한다.	7 4 3
⑤ 예를 들면, 중간 부품 5는 기본 부품 1과 3을 2개씩 사용하여 조립	7 5 1
한다.	7 6 2

```c
#include <stdio.h>
#include <string.h>

int sub_cnt[5] = {0, 0, 0, 0, 0} ;
int **asmb, M ;

void add_item(int itemID, int num) ;

int main() {
    int i, N ;
    FILE *fpin, *fpout ;

    fopen_s(&fpin, "C:/temp/input.txt", "r") ;
    fopen_s(&fpout, "C:/temp/output.txt", "w") ;
    fscanf_s(fpin, "%d %d", &N, &M) ;
    asmb = new int *[M] ;
    for (i = 0 ; i < M ; i++) {
        asmb[i] = new int[3] ;
        fscanf(fpin, "%d %d %d", &asmb[i][0], &asmb[i][1], &asmb[i][2]) ;
    }
    add_item(N, 1) ;
    for (i = 1 ; i <= 4 ; i++) fprintf(fpout, "%d : %d개\n", i, sub_cnt[i]) ;
    for (i = 0 ; i < M ; i++) delete asmb[i] ;
    delete []asmb ;
    fclose(fpin) ;
    fclose(fpout) ;
```

```
    }

    void add_item(int itemID, int num) {
        int i ;

        if(itemID <= 4) {
            sub_cnt[itemID] = sub_cnt[itemID] + num ;
        }
        else {
            for (i = 0 ; i < M ; i++) {
                if (asmb[i][0] == itemID) {
                    _____ㄱ_____ ;
                }
            }
        }
    }
```

(1) ㉠에 들어갈 내용은 무엇인가?

(2) input.txt 파일의 내용이 위의 예시와 같을 때 프로그램의 실행 결과는 무엇인가?

풀이 (1) add_item(asmb[i][1], num*asmb[i][2])

(2) 출력의 각 줄에는 완제품을 만드는데 필요한 기본 부품의 번호와 개수를 나타낸다.

    1 : 6개

    2 : 2개

    3 : 6개

    4 : 7개

📑 참고 **로봇 조립 문제**

부품들을 조립하여 로봇을 만들려고 한다. 로봇을 만들기 위해서는 기본 부품과 그 기본 부품들을 조립하여 만든 중간 부품이 사용된다. 중간 부품은 또 다른 중간 부품이나 기본 부품을 이용하여 만들어지는 부품이다. 하나의 로봇을 만드는데 필요한 기본 부품의 종류별 개수를 구해야 한다.

예를 들어, 기본 부품으로 1, 2, 3, 4가 있다. 중간 부품 5는 기본 부품 1과 2를 각각 2개씩 사용하여 만든다. 그리고 중간 부품 6은 기본 부품 3, 기본 부품 4, 중간 부품 5를 각각 3개, 4개, 2개씩 사용하여 만든다. 로봇 완제품 7은 기본 부품 4, 중간 부품 5, 중간 부품 6을 각각 5개, 2개, 3개씩 사용하여 만든다. 이런 경우에 완제품 7에 사용된 기본 부품의 개수는 1, 2, 3, 4가 각각 16개, 16개, 9개, 17개인 것을 알 수 있다.

다음 C언어 프로그램은 배낭 채우기 문제(knapsack problem)를 나타낸 것이다. 물음에 답하시오.

```c
#include <stdio.h>
#define MAX 50

void main(void) {
    int w[MAX], v[MAX], value[MAX], item[MAX] ;
    int n, i, j, knapsack ;

    FILE *fp ;
    fopen_s(&fp, "C:/temp/input.txt", "r") ;
    fscanf_s(fp, "%d", &knapsack) ;
    fscanf_s(fp, "%d", &n) ;
    for (i = 0 ; i < n ; i++)
        fscanf_s(fp, "%d %d", &w[i], &v[i]) ;
    fclose(fp) ;
    for (i = 0 ; i <= knapsack ; i++) {
        value[i] = 0 ;
        item[i] = -1 ;
    }

    for (j = 0 ; j < n ; j++)
    for (i = 1 ; i <= knapsack ; i++)
    if (i >= w[j])
        if (value[i] < value[i - w[j]] + v[j]) {
            _____㉠_____ ;
            item[i] = j ;
        }
    fopen_s(&fp, "C:/temp/output.txt", "w") ;
    i = knapsack ;
    fprintf(fp, "%d\n", value[i]) ;
    do {
        fprintf(fp, "%d %d\n", w[item[i]], v[item[i]]) ;
        i -= w[item[i]] ;
    } while (i > 0) ;
    fclose(fp) ;
}
```

(1) ㉠에 들어갈 내용은 무엇인가?

(2) input.txt 파일의 내용이 다음과 같을 때 프로그램의 실행 결과는 무엇인가?

    16

    5

    3 4

    4 5

    7 10

    8 11

    9 13

풀이 (1) value[i] = value[i − w[j]] + v[j]

    (2) 23

      9 13

      7 10

참고   배낭 채우기 문제

여행을 위해 여러 가지 물품으로 가방을 채우고자 한다. 가방에 넣을 수 있는 물품의 무게는 제한되어 있으며, 가능하면 활용도가 높은 물품으로 가방을 채워야 한다. 예를 들면, 무게가 최대 16으로 제한된 가방과 A~E의 5종류 물품이 있으며, 각 물품의 무게와 활용도는 다음과 같다. 이때 어떤 물품으로 가방을 채우는 것이 물품의 활용도를 최대로 할 수 있는가?

물품	A	B	C	D	E
무게	3	4	7	8	9
활용도	4	5	10	11	13

알고리즘

① 주어진 문제를 작은 문제로 분할한다. 가방의 무게를 1~16까지 변화시키면서 각 무게에 대한 물품 A를 적용시킨다.

② 이어서 B를 적용시키며, 이때 A를 적용하는 것과 비교해서 활용도가 큰 것을 선택한다.

③ 위와 같은 방법으로 C, D, E까지 순서대로 적용시킨다. 이때 각각 활용도가 더 높은 것을 선택하여 저장한다.

처리과정

① 물품 A를 적용시킨다. A의 무게가 3이므로 3부터 16까지 다음을 반복한다. 현재 가치와 이전의 가치를 비교하여 가치가 큰 것을 선택한다.

현재 가치 = (현재 판단할 무게-3)의 가치 + A의 가치

무게	0	1	2	3	4	5	6	7	8	9	10	11	12	13	14	15	16
활용도	0	0	0	4	4	4	8	8	8	12	12	12	16	16	16	20	20
물품				A	A	A	A	A	A	A	A	A	A	A	A	A	A

↑   ↑

시작 위치   현재 판단할 무게 = 6
무게(6-3)의 활용도 + 4(A의 활용도) = 4+4 = 8

② B를 적용시킨다. B의 무게가 4이므로 4부터 16까지 반복한다.

무게	0	1	2	3	4	5	6	7	8	9	10	11	12	13	14	15	16
활용도	0	0	0	4	5	5	8	9	10	12	13	14	16	17	18	20	21
물품				A	B	B	A	B	B	A	B	B	A	B	B	A	B

↑

현재 판단할 무게 = 4
무게(4-4)의 가치 + 5(B의 활용도) > 4(이전 활용도) 이므로 갱신

③ C를 적용시킨다. C의 무게가 7이므로 7부터 16까지 반복한다.

무게	0	1	2	3	4	5	6	7	8	9	10	11	12	13	14	15	16
활용도	0	0	0	4	5	5	8	10	10	12	14	15	16	18	20	20	22
물품				A	B	B	A	C	B	A	C	C	A	C	C	A	C

↑

현재 판단할 무게 = 7
무게(7-7)+10(C의 활용도) > 9(이전 활용도) 이므로 갱신

④ D를 적용시킨다. D의 무게가 8이므로 8부터 16까지 반복한다.

무게	0	1	2	3	4	5	6	7	8	9	10	11	12	13	14	15	16
활용도	0	0	0	4	5	5	8	10	11	12	14	15	16	18	20	21	22
물품				A	B	B	A	C	D	A	C	C	A	C	C	D	C

↑

현재 판단할 무게 = 8
무게(8-8)+11(D의 활용도) > 10(이전 활용도) 이므로 갱신

⑤ E를 적용시킨다. E의 무게가 9이므로 9부터 16까지 반복한다.

무게	0	1	2	3	4	5	6	7	8	9	10	11	12	13	14	15	16
활용도	0	0	0	4	5	5	8	10	11	13	14	15	17	18	20	21	23
물품				A	B	B	A	C	D	E	C	C	E	C	C	D	E

↑

현재 판단할 무게 = 9
무게(9-9)+13(E의 활용도) > 10(이전 활용도) 이므로 갱신

위의 표에서 아래와 같은 방법으로 가방을 채울 물품을 선택할 수 있다.

ⓐ 최대 활용도는 무게(16)일 때 23이 된다.
ⓑ 무게 16 위치에서 23의 활용도를 얻기 위해 E를 선택하였다. 이어서 16-9(E의 무게)인 7 위치로 이동한다.
ⓒ 무게 7 위치에서 10의 활용도를 얻기 위해 C를 선택하였다. 이어서 7-7(C의 무게)인 0 위치로 이동한다.
ⓓ 무게 0 위치에서 추가로 물품을 선택할 수 없으므로 종료한다.

다음 C언어 프로그램은 잔액 지급에 필요한 동전의 수를 구하는 것이다. 물음에 답하시오.

```c
#include <stdio.h>
#include <memory.h>
#define MAX 100000

int change, n, m, res[MAX+1][5] ;

void dynamic(void) {
    int i, j, dyn[MAX+1] ;
    int mon[5] = {100, 50, 10, 5, 1} ;  ← ㉠
    memset(dyn, 127, sizeof(dyn)) ;
    dyn[0] = 0 ;
    memset(res[0], 0, sizeof(int)*5) ;
    for (i = 1 ; i <= change ; i++)
        for (j = 0 ; j < 5 ; j++)
            if (mon[j] <= i && dyn[i - mon[j]] + 1 < dyn[i]) {
                dyn[i] = dyn[i - mon[j]] + 1 ;
                memcpy(res[i], res[i - mon[j]], sizeof(int)*5) ;
                _____㉡_____ ;
```

```
                    }
    }

    int main(void) {
        FILE *fp ;
        fopen_s(&fp, "C:/temp/input.txt", "r") ;
        fscanf_s(fp, "%d %d", &n, &m) ;
        change = n - m ;
        fclose(fp) ;
        dynamic() ;
        FILE *fp ;
        fopen_s(&fp, "C:/temp/output.txt", "w") ;
        fprintf(fp, "%d %d %d %d %d", res[change][0], res[change][1],
            res[change][2], res[change][3], res[change][4]) ;  ← ©
        fclose(fp) ;
        return 0 ;
    }
```

(1) ⓛ에 들어갈 내용은 무엇인가?

(2) 파일 input.txt에 저장된 데이터가 '1000 753'일 때 문장 ©을 실행한 후 출력 파일 output.txt에 저장되는 내용은 무엇인가?

(3) 문장 ㉠의 50을 40으로 대치하고, input.txt에 저장된 데이터가 '1000 863'일 때 output.txt에 저장되는 내용은 무엇인가?

(4) 위 프로그램이 교환되는 동전의 개수를 최소로 한다는 것을 설명하시오.

풀이 (1) res[i][j]++

(2) 2 0 4 1 2

100원 2개, 50원 0개, 10원 4개, 5원 1개, 1원 2개(247원: 1,000−753)

(3) 1 0 3 1 2

(4) 일반적으로 동전교환 문제는 그리디(Greedy) 알고리즘을 사용하여 최소 동전의 개수를 계산할 수 있다. 사용할 수 있는 동전의 종류가 1원, 5원, 10원, 50원이 있을 때 137원을 동전으로 교환하는 방법은 다음과 같다. 동전 중에서 금액이 가장 큰 50원짜리로 거슬러 줄 수 있는 만큼 계산하고, 다음은 10원짜리 동전을 같은 방법으로 계산하고, 이어서 5원짜리와 1원짜리 순으로 남은 돈을 계산하면 된다. 이 방법을 적용하면 총 8개의 동전이 필요하며, 최소의 동전 수가 된다. 여기서 모든 동전은 배수 관계가 성립된다.

종류	1	5	10	50	합계
수량	2	1	3	2	8
금액	2	5	30	100	137

이번에 새로운 동전으로 40원짜리가 사용될 수 있다고 가정해보자. 이 경우에 그리디 알고리즘을 사용하는 경우 8개의 동전이 필요하다. 그러나 동적(Dynamic) 알고리즘을 사용하면 6개의 동전으로 해법을 찾을 수 있다. 따라서 그리디 알고리즘은 항상 최적이 되는 것은 아니라는 것을 알 수 있다.

알고리즘	동전	1	5	10	40	50	합계
그리디	수량	2	1	3	0	2	8
	금액	2	5	30	0	100	137
동적	수량	2	1	0	2	1	6
	금액	2	5	0	80	50	137

참고 **동적(Dynamic) 알고리즘을 적용한 동전 교환**

동전	1	5	10	40	50	합계
수량	2	1	0	3	6	12
금액	2	5	0	120	300	427

동적 알고리즘은 동전을 거슬러줄 모든 금액에 대하여 계산을 해 보는 방법이다. 한 번 계산한 금액에 대해서는 반복하여 계산하지 않도록 그 결과를 저장하고 필요할 때 읽어서 사용한다. 예를 들어, 5원짜리와 1원짜리 동전으로 11원을 만들어보자. 11원은 6원에 5원짜리 동전 1개를 추가하여 만들거나, 6원에 1원짜리 동전 5개를 더하여 만들 수 있다. 이 경우 6원이 되기 위한 최소 동전의 수가 몇 개인지 알아보자. 6원은 5원짜리와 1원짜리 동전 각각 1개로 만들거나 1원짜리 동전 6개로 만들 수 있다. 따라서 1원과 5원짜리 동전으로 6원을 만드는 것이 최적이 된다. 이 최적의 해법인 6원(=5원+1원)을 이용하여 11원에 대한 최소 동전 개수를 구하는데 사용할 수 있다.

이제 동전 금액이 a, b, c, d가 있다고 가정하면, 위와 같은 방법을 적용하면 p원을 만들기 위해 a+(p-a), b+(p-b), c+(p-c), d+(p-d) 등으로 분류하여 생각할 수 있다. 계산의 중복을 피하도록 1원부터 p원까지 위의 방법으로 차례대로 만들어 나간다.

m원을 만들기 위해 m-a, m-b, m-c, m-d원을 만드는데 필요한 동전의 최소 개수를 구한 후 그 값에 +1을 해주면 m원을 만드는데 필요한 최소 동전의 개수를 알 수 있다.

```
1원        1개        1원×1

...
4원        4개        1원×4
5원        1개        5원×1
```

4(5-1)원, 0(5-5)원을 만들기 위한 최소 동전의 수는 각각 4개, 0개이다. 여기에 각각 1을 더하면 5개와 1개가 된다. 1개가 최소 동전의 수이므로 5원을 만들 수 있는 최소 동전의 개수는 1개이다.

```
6원        2개        1원×1, 5원×1
7원        3개        1원×2, 5원×1

...
10원       1개        10원×1
```

9(10-1)원, 5(10-5)원, 0(10-10)원을 만들기 위한 최소 동전의 개수는 각각 5개, 1개, 0개이다. 여기서 각각 1을 더하면 6개, 2개, 1개가 된다. 1개가 최소 동전의 개수이므로 10원을 만들 수 있는 최소 동전의 개수는 1개이다.

```
...
80원       2개        40원×2
```

79(80-1)원, 75(80-5)원, 70(80-10)원, 40(80-40)원, 30(80-50)원을 만들기 위한 최소 동전의 개수는 각각 8개, 4개, 3개, 1개, 3개이다. 여기서 각각 1을 더하면 9개, 5개, 4개, 2개, 4개가 된다. 2개가 최소 동전의 개수이므로 80원을 만들 수 있는 최소 동전의 개수는 2개이다.

금액	1	5	10	40	50	계
1	1					1
4	4					4
5		1				1
6	1	1				2
7	2	1				3
10			1			1
30			3			3
40				1		1
70			2		1	3
						0
75		1	2		1	4
79	4	1	2		1	8
80				2		

○ 80원 : 40×2

금액	79(80−1)	75(80−5)	70(80−10)	40(80−40)	30(80−50)
동전 수	8	4	3	1	3
최소 동전 수	8+1	4+1	3+1	1+1	3+1

금액	0	1	2	3	4	5	...	30	...	40	...	70	...	75	...	79	80	...
최소 동전 수	0	1	2	3	4	1	...	3	...	1	...	3	...	4	...	8	2	

다음 C언어 프로그램은 음료수 자판기에서 잔돈 계산 기능을 구현한 것이다. 판매하는 음료수는 100원, 150원, 200원의 3종류가 있다. 사용할 수 있는 현금의 종류는 1000원, 500원, 100원, 50원의 4종류가 있다. 물음에 답하시오.

```c
#include <stdio.h>

int main(void) {
    int i, change, cash[5], order[4] ;

    cash[4] = order[3] = 0 ;
    printf("현금 입력 : \n") ;
    for(i = 0 ; i < 4 ; i++) {
        switch(i) {
            case 0:
                printf("1000원 개수 : ") ;
                _____㉠_____ ;
                cash[i] *= 1000 ;
                break ;
            case 1:
                printf("500원 개수 : ") ;
                _____㉠_____ ;
                cash[i] *= 500 ;
                break ;
            case 2:
                printf("100원 개수 : ") ;
                _____㉠_____ ;
                cash[i] *= 100 ;
```

```
                    break ;
                case 3:
                    printf("50원 개수 : ") ;
                    _____ㄱ_____ ;
                    cash[i] *= 50 ;
                    break ;
            }
            cash[4] += cash[i] ;
        }


        for(i = 0 ; i < 3 ; i++) {
            switch(i) {
                case 0:
                    printf("100원 음료수 개수 : ") ;
                    scanf_s("%d", &order[i]) ;
                    order[i] *= 100 ;
                    break ;
                case 1:
                    printf("150원 음료수 개수 : ") ;
                    scanf_s("%d", &order[i]) ;
                    order[i] *= 150 ;
                    break ;
                case 2:
                    printf("200원 음료수 개수 : ") ;
                    scanf_s("%d", &order[i]) ;
                    order[i] *= 200 ;
                    break ;
            }
            order[3] += order[i] ;
        }
        _____ㄴ_____ ;
        printf("%d\n ", change/500) ;
        change %= 500 ;
        printf("%d\n ", change/100) ;
        change %= 100 ;
        printf("%d\n ", change/50) ;
}
```

(1) ㄱ에 들어갈 내용은 무엇인가?

(2) ㄴ에 들어갈 내용은 무엇인가?

(3) 자판기에 1000원 1장과 500원 동전 2개를 입금하였다. 음료수는 100원 7개, 150원 3개, 200원 5개를 선택하였다. 출력 결과는 무엇인가?

풀이 (1) scanf_s("%d", &cash[i])

(2) change = cash[4] − order[3]

(3) 1, 3, 1

   500원 1개, 100원 3개, 50원 1개(잔돈 850원 : 3,000 − 2,150)

다음 C언어 프로그램은 무방향 그래프에서 최소비용 신장트리(spanning tree)를 구하는 것이다. 물음에 답하시오.

```c
#include <stdio.h>

int graph[101][101], near[101], cost[101], path[101] ;
int vNum ;

void startPrim() {
    int i, j, min, next ;

    for (i = 2 ; i <= vNum ; i++) {
        near[i] = 1 ;
        cost[i] = graph[1][i] ;
    }
    for (j = 2 ; j <= vNum ; j++) {
        min = 100 ;
        for (i = 2 ; i <= vNum ; i++) {
            if (cost[i] >= 0 && cost[i] < min) {
                _____ ㉠ _____ ;
                next = i ;
            }
        }
        path[next] = near[next] ;
        cost[next] = -1 ;
        for (i = 2 ; i <= vNum ; i++)
            if (graph[next][i] < cost[i]) {
                _____ ㉡ _____ ;
```

```
                        near[i] = next ;
                }
        }
}

void trace(int i) {
    if (path[i] == 0) {
        printf("%d ", i) ;
        return ;
    }
    trace(path[i]) ;
    printf("%d ", i) ;
}

void main() {
    int i, j ;
    FILE* fp ;
    fopen_s(&fp, "C:/temp/input.txt", "r") ;
    fscanf_s(fp, "%d", &vNum) ;

    for (i = 1 ; i <= vNum ; i++)
        for (j = 1 ; j <= vNum ; j++)
            fscanf_s(fp, "%d", &graph[i][j]) ;
    fclose(fp) ;
    startPrim() ;
    for (i = 2 ; i <= vNum ; i++) {
        trace(i) ;
        printf("\n") ;
    }
}
```

(1) ㉠에 들어갈 내용은 무엇인가?

(2) ㉡에 들어갈 내용은 무엇인가?

(3) input.txt 파일의 내용이 다음과 같을 때 프로그램의 실행 결과는 무엇인가?

```
6
0     6     3     100   5     100
6     0     2     3     100   6
3     2     0     4     1     100
100   3     4     0     100   5
```

```
5    100   1    100   0    100
100   6    100   5    100   0
```

풀이

(1) min = cost[i]

(2) cost[i] = graph[next][i]

(3)
```
1 3 2
1 3
1 3 2 4
1 3 5
1 3 2 4 6
```

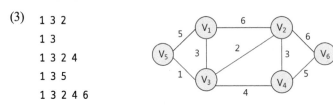

📑 참고   최소비용 신장트리(minimum cost spanning tree)

신장트리는 가중 무방향 그래프에서 모든 노드를 연결하는 트리이며, 그래프 G의 부분 그래프(minimal subgraph) G'로서 V(G) = V(G')이고 V(G')의 모든 원소가 연결된 최소 부분 그래프이다. 즉, 그래프 G의 간선의 일부 또는 전부와 모든 정점을 포함하는 트리로 정의할 수 있다. 예를 들면, 그래프 G가 n개의 정점을 가질 때 n개의 정점을 연결하기 위해 최소 (n-1)개의 간선이 필요하다. 이런 경우 n개의 정점과 그것을 연결하기 위해 필요한 (n-1)개의 간선으로 구성된 그래프는 신장트리가 된다.

일반적으로 신장트리는 각 간선에 양수의 가중 값을 가지고 있다. 이런 신장트리는 사이클을 형성해서는 안 되며, 가능한 한 가중 값이 작은 간선이 선택되는 것이 좋다. 이때 신장트리의 비용은 트리의 모든 간선에 대한 가중치를 합한 것이 된다. 또한 하나의 그래프에서 신장트리는 유일하게 존재하는 것은 아니며, 탐색의 방법이나 입력 순서에 따라 여러 가지 신장트리가 존재할 수 있다. 주어진 그래프에 대한 다수의 신장트리 중에서 트리에 있는 모든 간선의 가중치 합이 최소가 되는 신장트리를 최소비용 신장트리라고 한다.

최소비용 신장트리를 구하기 위해 프림(Prim) 알고리즘을 사용할 수 있다. 프림 알고리즘은 n개의 정점을 갖는 연결 그래프 G에서 다음과 같은 방법으로 최소비용 신장트리 T를 구할 수 있다. 먼저 임의의 한 개 정점을 선택한다. 이 정점이 트리의 루트 노드 역할을 한다. 그리고 그 정점과 연결된 간선 중 최소비용을 갖는 간선을 선택하여 이 간선을 최소비용 신장트리 T에 포함시킨다. 이어서 선택된 정점에 연결된 간선 중 최소비용을 갖는 간선을 추가하는 방법으로 트리를 구성한다. 즉, 각 단계마다 이미 형성된 트리에 인접해 있는 노드 중 가장 비용이 적은 새로운 간선과 노드를 추가하면서 트리를 확장한다. 단, 이때 사이클이 형성되지 않는 간선만 포함시켜야 한다. 이와 같은 방법으로 T가 (n-1)개의 간선을 갖거나 간선이 모두 포함될 때까지 반복한다.

다음 C언어 프로그램은 방향 그래프에서 출발지 정점에서 다른 모든 정점까지의 최단경로를 찾는 것이다. 물음에 답하시오.

```c
#include <stdio.h>

int node, graph[100][100], cost[100], visit[100], path[100] ;

void find_path() {
    int i, j, next, min = 100 ;
    for(i = 2 ; i <= node ; i++) {
        visit[i] = 1 ;
        cost[i] = graph[1][i] ;
    }
    for(j = 2 ; j <= node ; j++) {
        for(i = 2 ; i <= node ; i++) {
            if (cost[i] >= 0 && cost[i] < min ) {
                min = cost[i] ;
                next = i ;
            }
        }
        path[next] = visit[next] ;
        for(i = 2 ; i <= node ; i++)
            if (cost[next] + graph[next][i] < cost[i]) {
                _____㉠_____ ;
                visit[i] = next ;
            }
        cost[next] = -1 ;
    }
}

void prt_path(int i) {
    if (path[i] == 0) {
        printf("%d ", i) ;
        return ;
    }
    prt_path(path[i]) ;
    printf("%d ", i) ;
}

void main() {
```

```
    int i, j ; FILE *fp ;
    fopen_s(&fp, "C:/temp/input.txt", "r") ;
    fscanf_s(fp, "%d", &node) ;
    for(i = 1 ; i <= node ; i++)
        for(j=1 ; j <= node ; j++)
            fscanf_s(fp, "%d", &graph[i][j]) ;
    fclose(fp) ;
    find_path() ;
    for(i = 2 ; i <= node ; i++) {
        prt_path(i) ;
        printf("\n") ;
    }
}
```

(1) ㉠에 들어갈 내용은 무엇인가?

(2) input.txt 파일의 내용이 다음과 같을 때 프로그램의 실행 결과는 무엇인가?

```
5
  0    5   100   3   100
100    0    4    1   100
100  100    0   100   3
100  100    5    0   100
100  100  100    2    0
```

──────────────────────────────────────

풀이　(1) cost[i] = cost[next] + graph[next][i]

(2)
```
1 2
1 4 3
1 4
1 4 3 5
```

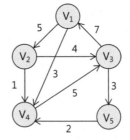

다음 C언어 프로그램은 방향 그래프에서 모든 정점 사이의 최단경로를 구하는 것이다. 물음에 답하시오.

```c
#include <stdio.h>
#define MAX 1000

void print_x2y(int i, int j) ;

int con[4][4], n = 4 ;
int cost[4][4] = {{0, 40, MAX, MAX}, {MAX, 0, 25, MAX},
            {15, MAX, 0, 10}, {MAX, 30, 20, 0}} ;

void main(void) {
    int i, j, k ;
    for(i = 0 ; i < n ; i++)
        for(j = 0 ; j < n ; j++) con[i][j] = -1 ;
    for(k = 0 ; k < n ; k++)
        for(i = 0 ; i < n ; i++)
            if(k != i) {
                for(j = 0 ; j < n ; j++)
                    if(cost[i][k] + cost[k][j] < cost[i][j]) {
                        _____㉠_____ ;
                        con[i][j] = k ;
                    }
            }
    for(i = 0 ; i < n ; i++) {
        for(j = 0 ; j < n ; j++)
            if(i != j && cost[i][j] != MAX) {
                printf("v%d →", i) ;
                if(con[i][j] != -1) print_x2y(i, j) ;
                printf("v%d : %d\n", j, cost[i][j]) ;
            }
            else if(cost[i][j] == MAX)
                printf("v%d → v%d disconnected", i, j) ;
    }
}
void print_x2y(int i, int j) {
    int k ;
    k = con[i][j] ;
```

```
        if(con[i][k] != -1) print_x2y(i, k) ;
        printf("v%d ", k) ;
}
```

(1) ㉠에 들어갈 내용은 무엇인가?

(2) 프로그램의 실행 결과는 무엇인가?

---

 (1) cost[i][j] = cost[i][k] + cost[k][j]

(2)
```
    v0 → v1 : 40
    v0 → v1 → v2 : 65
    v0 → v1 → v2 → v3 : 75
    v1 → v2 → v0 : 40
    v1 → v2 : 25
    v1 → v2 → v3 : 35
    v2 → v0 : 15
    v2 → v3 → v1 : 40
    v2 → v3 : 10
    v3 → v2 → v0 : 35
    v3 → v1 : 30
    v3 → v2 : 20
```

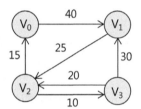

소방 대응 2단계가 발령되면 화재 발생지역 인근 지자체의 소방인력이 화재 진압을 위해 출동한다. 다음 프로그램은 각 소방서의 출동을 위해 최단 이동시간을 계산하는 것이다. 조건을 고려하여 물음에 답하시오.

> **조건**
> ① 두 지자체 사이의 이동시간은 거리와 이동 시점의 교통량을 반영한 것이다.
> ② 두 지자체 사이의 이동 형태는 양방향 통행, 단방향 통행, 통행 불가능이 있다.
> ③ 두 지자체 사이의 양방향 이동시간은 서로 다를 수 있다.
> ④ 프로그램에서는 그래프를 사용하여 문제를 해결한다. 지자체는 그래프에서 노드로 표현하며, 지자체 사이의 이동시간은 간선 위에 숫자로 나타낸다.
> ⑤ 프로그램은 각 노드에서 도착지 노드까지 왕복에 필요한 최단 시간을 출력한다.
> ⑥ 다음은 예제 그래프와 이 그래프에 대한 프로그램 입력을 나타낸 것이다. 입력 파일의 첫 번째 줄에는 그래프의 노드 수, 간선의 수, 도착지 노드 번호가 있다. 두 번째 줄부터 간선의 개수만큼 출발지 노드 번호, 도착지 노드 번호, 이동시간이 저장되어 있다.

그래프	입력 파일
	5 11 3
	1 2 1
	1 4 3
	2 1 4
	2 3 7
	2 5 2
	3 4 2
	3 5 5
	4 3 5
	4 5 1
	5 2 1
	5 3 3

```c
#include <stdio.h>
#include <limits.h>
#define MAX_NUM_EDGES (20)

int numNodes, numEdges ;
int edges[MAX_NUM_EDGES][SIZE] ;
enum {SRC, EST, WEIGHT, SIZE} ;

int get_shortest_path_recursive(int src, int dest, int depth) {
    static const int NO_AVAILABLE_PATH = -1 ;
    if (depth > numNodes) return NO_AVAILABLE_PATH ;
    if (src == dest) return 0 ;
    int minCost = INT_MAX ;
    for (int i = 0 ; i < numEdges ; ++i) {
        if (edges[i][SRC] != src) continue ;
            int cost = get_shortest_path_recursive(edges[i][DEST], dest, depth
                + 1) ;
            if (cost == NO_AVAILABLE_PATH) continue ;
            _____㉠_____ ;
            if (cost < minCost) minCost = cost ;
    }
    if (minCost == INT_MAX) return NO_AVAILABLE_PATH ;
    return minCost ;
}
int main(void) {
```

```
    int goalNode ;
    FILE *in = fopen("input.txt", "r") ;
    fscanf(in, "%d %d %d", &numNodes, &numEdges, &goalNode) ;
    for (int edge = 0 ; edge < numEdges ; ++edge) {
        fscanf(in, "%d %d %d", &edges[edge][SRC], &edges[edge][DEST],
            &edges[edge][WEIGHT]) ;
    }
    fclose(in) ;
    FILE *out = fopen("output.txt", "w") ;
    for (int node = 1 ; node <= numNodes ; ++node) {
        fprintf(out, "%d\n", get_shortest_path_recursive(node, goalNode, 0)
            + get_shortest_path_recursive(goalNode, node, 0)) ;
    }
    fclose(out) ;
    return 0 ;
}
```

(1) ㉠에 들어갈 내용은 무엇인가?

(2) 위의 예제 그래프에 대한 프로그램의 출력은 무엇인가?

---

 (1) cost += edges[i][WEIGHT]

(2) 14

9

0

6

6

다음은 N-queens 문제에서 N이 8인 경우의 프로그램을 구현한 것이다. 물음에 답하시오.

```
#include <stdio.h>
#include <stdio.h>

int sol = 0 ;
int cols[8] = {0} ;
int left_right[15] = {0} ;
int right_left[8] = {0} ;
```

```
void calcpos(int row) {
    if (row == 8) {
        sol++ ; ← ㉡
        return ;
    }
    for (int col = 0 ; col < 8 ; col++) {
        if (cols[col] || left_right[7 + row - col] || right_left[row + col])
            continue ;

        cols[col] = 1 ;
        left_right[7 + row - col] = 1 ;
        right_left[row + col] = 1 ;
        _____㉠_____ ;
        cols[col] = 0 ;
        left_right[7 + row - col] = 0 ;
        right_left[row + col] = 0 ;
    }
}

int main() {
    calcpos(0) ;
    printf("%d\n", sol) ; ← ㉢
    return 0 ;
}
```

(1) ㉠에 들어갈 내용은 무엇인가?

(2) 문장 ㉡이 처음 실행되었을 때 cols[], left_right[], right_left[]에 저장된 내용은 각각 무엇인가?

(3) 문장 ㉢이 실행되었을 때 출력 결과는 무엇인가?

(4) 배열 cols, left_right, right_left의 용도를 각각 설명하시오.

풀이 (1) calcpos(row + 1)

(2) 1 1 1 1 1 1 1 1

   0 0 1 0 1 1 1 1 0 1 0 1 1 0 0

   1 0 0 0 0 1 1 1

(3) 92

(4) 여왕을 놓을 때마다 충돌을 검사하기 위한 것으로 다음과 같이 플래그를 설정하여 사용한다.

• cols[8] : 열에 여왕을 놓을 때 1로 설정
• left_right[15] : 좌상-우하 방향의 대각선 방향에 여왕을 놓을 때 1로 설정
• right_left[15] : 우상-좌하 방향의 대각선 방향에 여왕을 놓을 때 1로 설정

참고 8-Queens 문제

8-Queens 문제는 여왕이 다른 여왕을 공격할 수 없는 8×8개의 체스판에서 8개의 여왕을 체스판 위에 놓는 문제이다. 체스판에서 여왕은 똑같은 행렬(가로와 세로)/대각선 방향에 대해 공격이 가능하다. 그러므로 이 문제에 대한 해결책은 여왕이 자기 자신을 보호하면서 새로운 위치에 여왕을 놓게 하는 것이다. 이를 위해 다음과 같은 3가지 규칙이 적용되어야 한다.

① 각 열에는 오직 하나의 여왕만 존재해야 한다.
② 각 행에는 오직 하나의 여왕만 존재해야 한다.
③ 각 여왕의 대각선에 다른 여왕이 존재해서는 안 된다.

고전적인 N-Queens은 전형적인 백트래킹 문제이다. 8-Queens 문제에서는 92를 답으로 출력한다. 각 행에는 여왕 하나만 놓을 수 있으므로 한 행에서 여왕들은 충돌하지 않는다. 첫 줄부터 여왕을 놓아서 8번째 줄까지 문제없이 여왕을 놓을 수 있으면 하나의 해결책이 된다. 이를 위해 현재 행에 새로운 여왕을 놓을 때 모든 열에 대해 놓을 수 있는지 검사하고, 놓을 수 있으면 다음 줄로 진행한다.

각 행에서는 이미 놓아둔 여왕들과 충돌하는지 확인해야 한다. 이것을 확인하는 방법은 ① 같은 열에서 충돌을 확인, ② 좌상-우하 방향의 대각 방향으로 충돌을 확인, ③ 우상-좌하 방향의 대각 방향으로 충돌이 있는지 확인해야 한다. 이 세 가지 충돌이 없으면 현재 행의 열 위치에 여왕을 놓을 수 있고, 다음 줄로 진행할 수 있다.

학생들이 선호하는 식단을 조사하기 위해 식사에 대한 만족도를 조사하고자 한다. 며칠 동안 아침, 점심, 저녁 식사를 한 후 각 식단에 대한 만족도를 기록한다. 다음 프로그램은 식단에 대한 최대 만족도를 구하는 것이다. 조건을 고려하여 물음에 답하시오.

조건
① 학생은 일자별로 3끼 식사에 대한 만족도를 모두 기록한다.
② 다음 표는 3일 동안 식사한 후 일자별 만족도를 기록한 예이다.

일자	만족도		
	아침	점심	저녁
1	50	40	20
2	30	80	60
3	70	50	40

③ 만족도의 최댓값을 구하기 위해 일자별로 1끼씩 만족도를 선택하며, 모든 일자에 대한 만족도의 합이 최댓값이 되도록 한다.

④ 만족도를 선택할 때 전날에 선택한 식사와 같은 식사를 다음 날에 선택할 수 없다.

⑤ 위의 표에 대한 만족도의 최댓값은 190(50+80+60)이 될 수 있다.

일자	만족도		
	아침	점심	저녁
1	50	40	20
2	30	80	60
3	60	70	40

```c
#include <stdio.h>
#define MAX_NUM_DAYS (10)

typedef enum meal {
    BREAKFAST, LUNCH, DINNER, NUM_MEALS
} meal_t ;

int get_best_satisfaction_recursive(const int data[][NUM_MEALS],
        const int numDays, int day, int prevChosen) {
    if (day == numDays) return 0 ;
    int maxSatisfaction = -1 ;
    for (int meal = 0 ; meal < NUM_MEALS ; meal++) {
        if (prevChosen == meal)        continue ;
        int satisfaction = data[day][meal] + _____㉠_____ ;
        if (satisfaction > maxSatisfaction) maxSatisfaction = satisfaction ;
    }
    return maxSatisfaction ;
}

int main(void) {
    FILE *in = fopen("input.txt", "r") ;
    int numDays ;
    fscanf(in, "%d", &numDays) ;
    int satisfaction[MAX_NUM_DAYS][NUM_MEALS] ;
    for (int day = 0 ; day < numDays ; ++day) {
        for (int meal = 0 ; meal < NUM_MEALS ; ++meal) {
            fscanf(in, "%d", &satisfaction[day][meal]) ;
        }
```

```
    }
    fclose(in) ;
    int maxSatisfaction = -1 ;
    for (int meal = 0 ; meal < NUM_MEALS ; meal++) {
        int result = _____ⓛ_____ ;
        if (result > maxSatisfaction) maxSatisfaction = result ;
    }
    FILE *out = fopen("output.txt", "w") ;
    fprintf(out, "%d", maxSatisfaction) ;
    fclose(out) ;
    return 0 ;
}
```

(1) ㉠에 들어갈 내용은 무엇인가?

(2) ㉡에 들어갈 내용은 무엇인가?

(3) 입력이 아래와 같을 때 출력 결과는 무엇인가?

```
5
20      100     60
70       80     90
50       50     50
40       60     80
60       50     70
```

---

 (1) get_best_satisfaction_recursive(data, numDays, day + 1, meal)

(2) get_best_satisfaction_recursive(satisfaction, numDays, 0, meal)

(3) 380

5개 프로세스 A, B, C, D, E에 대해 라운드로빈 CPU 스케줄링 알고리즘을 구현하고자 한다. 프로세스가 알파벳 순서대로 도착할 때 각 프로세스의 종료시간을 출력하시오. 단, 첫째 줄에는 시간 할당량(time slice)이 입력되고, 둘째 줄에는 알파벳 순서로 각 프로세스가 요구하는 CPU 사용시간이 입력된다.

입력 예시	출력 예시
3 5 2 7 6 3	16 5 23 22 14

```c
#include <stdio.h>

void main() {
    int i, tt = 0, ts, p[5], pt[5] = { 0 }, end ;
    scanf("%d", &ts) ;
    for (i = 0 ; i < 5 ; i++) scanf("%d", &p[i]) ;

    while (1) {
        for (i = 0 ; i < 5 ; i++) {
            if (p[i] <= ts) {
                tt += p[i] ;
                p[i] = 0 ;
            }
            else {
                tt += ts ;
                p[i] -= ts ;
            }
            if (p[i] == 0 && pt[i] == 0) pt[i] = tt ;
        }

        // 종료 조건
        end = 0 ;
        for (i = 0 ; i < 5 ; i++) end += p[i] ;
        if (end == 0) break ;
    }
    for (i = 0 ; i < 5 ; i++) printf("%d ", pt[i]) ;
}
```

3-6-9 게임에서 손뼉을 치는 횟수의 합을 출력하는 프로그램을 작성하시오. 단, 숫자 n(1≤ n≤10,000)을 입력받고, 1에서 n까지의 수에서 손뼉을 친 횟수를 구한다.

입력 예시	출력 예시
10	3
36	18
900	741

풀이

```c
#include <stdio.h>
#include <stdlib.h>
#include <math.h>

int no_3(int data) {
   int k, j ;
   int result = 0 ;
   for (int i = 0 ; i <= data ; i++) {
      j = i ;
      k = i % 10 ;
      if (k == 3 || k == 6 || k == 9) result++ ;
      if (i > 10) {
         j = i / 10 ;
         while(j) {
            k = j % 10 ;
            if (k == 3 || k == 6 || k == 9) result++ ;
            j = j / 10 ;
         }
      }
   }
   return result ;
}

main() {
   int range ;
   printf("손뼉 횟수의 범위 입력(1 <= 범위 <= 10,000) : ") ;
   scanf("%d", &range) ;
   if (range > 10000)
      printf("입력 범위 초과\n") ;
   else
      printf("손뼉 횟수 = %d", no_3(range)) ;
}
```

사과가 담긴 여러 개의 상자가 있다. 상자에서 사과를 꺼내어 (n-1)번째 상자의 사과 수가 n 번째 상자의 사과 수보다 적도록 만들고자 한다. 〈조건〉을 고려하여 프로그램을 작성하시오.

조건

① 첫째 줄에서 상자의 개수를 입력받는다.
② 둘째 줄에서 각 상자에 들어 있는 사과의 개수를 입력받는다.
③ 각 상자에는 한 개 이상의 사과가 있다.
④ 상자에서 꺼내는 사과 수를 최소로 한다.
⑤ 상자에 최소 한 개의 사과가 남지 못하면 '불가'를 출력한다.

입력 예시	출력 예시
5 5 3 6 5 9	5

풀이

```c
#include <stdio.h>

void main() {
  int i, n, *a, r = 0 ;
  scanf("%d", &n) ;
  a = (int*)malloc(sizeof(int) * n) ;
  for (i = 0 ; i < n ; i++) scanf("%d", &a[i]) ;

  for (i = 1 ; i < n ; i++) {
    if (a[i - 1] >= a[i]) {
        r += a[i - 1] - a[i] + 1 ;
    }
  }
  printf("%d\n", r) ;
}
```

크기가 n(-100≤n≤100)인 데이터 m개를 입력받고 연속된 데이터를 묶었을 때 최댓값을 구하는 프로그램을 작성하시오. 단, 첫째 줄에는 데이터의 개수를 입력받고, 둘째 줄에는 데이터를 입력받는다.

입력 예시	출력 예시
6 3 -4 5 2 -5 7	9
5 -10 -3 -1 -2 -69	-1
10 11 -33 16 42 -55 17 28 -16 -12 31	58

풀이 예를 들면, 4개의 숫자 -2, 4, -1, 3에 대한 최댓값은 6이며, 아래와 같이 구할 수 있다.

1개의 연속된 데이터 : -2, 4, -1, 3 → 4

2개의 연속된 데이터 : (-2+4), (4-1), (-1+3) → 3

3개의 연속된 데이터 : (-2+4-1), (4-1+3) → 6

4개의 연속된 데이터 : (-2+4-1+3) → 4

```c
#include <stdio.h>
#include <stdlib.h>
#include <math.h>

typedef struct node* nodelink ;
typedef struct node {
        int data ;
        nodelink link ;
} node ;

int no_5(nodelink *head, int n) {
    int result = 0 ;
    int sum = 0, y = 1, x = 0 ;
    int max = -999 ;
    nodelink temp = *head ;
    nodelink temp2 = NULL ;
    while (temp) {
        if (temp->data > max) max = temp->data ;
        temp = temp->link ;
    }
    for (int y = 2 ; y < n ; y++) {
        temp = *head ;
        for (int i = 0 ; i < n - y ; i++) {
            if(temp->link != NULL)
                temp2 = temp->link ;
            x = 0 ;
```

```
            while(x < y + 1) {
                    sum = sum + temp->data ;
                    if (temp->link != NULL) temp = temp->link ;
                    else break ;
                x++ ;
            }
        if (max < sum) max = sum ;
        temp = temp2 ;
        sum = 0 ;
        }
    }
    result = max ;
    return result ;
}

void create(nodelink *head, int a) {
    nodelink temp = (nodelink*)malloc(sizeof(node)) ;
    nodelink temp2 ;
    temp->data = a ;
    temp->link = NULL ;
    if (!*head) *head = temp ;
    else {
        temp2 = *head ;
        while (temp2->link != NULL)
            temp2 = temp2->link ;
        temp2->link = temp ;
    }
}

main() {
    int max = 0 ;
    int data = 0 ;
    nodelink head = (nodelink*)malloc(sizeof(node)) ;
    head = NULL ;

    printf("데이터 개수 입력(최대 100개) :") ;
    scanf("%d", &max) ;
    printf("정수 데이터 입력 : ") ;
    for (int i = 0 ; i < max ; i++) {
        scanf("%d", &data) ;
        create(&head, data) ;
    }
    printf("최댓값 = %d", no_5(&head, max)) ;
}
```

1.6 파이썬(Python) 프로그래밍

다음 파이썬(Python) 프로그램에 대한 물음에 답하시오.

```python
binary = [ ]
n = int(input("입력: "))
while n != 0 :
    binary.append(n % 2)
    n = n // 2
for i in range(len(binary) -1, -1, -1) :
    print(binary[i], end = " ")
```

(1) 10진수 273이 입력되었을 때 출력은 무엇인가?
(2) 프로그램의 기능은 무엇인가?

풀이 (1) 100010001
(2) 10진수를 2진수로 변환하여 출력한다.

다음 파이썬(Python) 프로그램에 대한 물음에 답하시오.

```python
binary = [1, 0, 0, 1, 1, 0, 0, 1]
n = len(binary)
decimal = 0
for i in range(0, n) :
    decimal += binary[i] * (2 ** (n - 1 - i))
print(decimal)
```

(1) 프로그램의 출력은 무엇인가?
(2) 프로그램의 기능은 무엇인가?

풀이 (1) 153
(2) 2진수를 10진수로 변환하여 출력한다.

다음 파이썬(Python) 프로그램에 대한 물음에 답하시오.

```python
def f(n):
    num = [ ]
    for i in range(1, n + 2) :
        num.append(0)
    for i in range(2, n + 1) :
        if num[i] == 0 :
            for j in range(i * 2, n + 1, i) :
                num[j] = 1
    for i in range(2, n + 1) :
        if num[i] == 0 :
            print(i, end = " ")

a = int(input("입력: "))
f(a)
```

(1) 17이 입력되었을 때 출력은 무엇인가?
(2) 프로그램의 기능은 무엇인가?

풀이 (1) 2 3 5 7 11 13 17
(2) 입력된 수까지의 소수를 구하여 출력한다.

다음 파이썬(Python) 프로그램에 대한 물음에 답하시오.

```python
def rle(data) :
    cnt = 1
    comp = ""
    length = len(data)
    i = 1
    while i < length :
        if data[i] == data[i - 1] :
            cnt = cnt + 1
        else:
            comp = comp + str(cnt) + data[i - 1]
            cnt = 1
```

```
        i = i + 1
    comp = comp + str(cnt)  + data[i - 1]
    return comp

data = input("입력: ")
result = rle(data)
print(result)
```

(1) 문자열 aabbbcccddd를 입력하였을 때 프로그램의 출력은 무엇인가?

(2) 프로그램의 기능을 설명하시오.

---

 (1) 2a3b4c2d

(2) 프로그램은 런 길이 인코딩(run length encoding) 압축 기능을 수행하여 출력한다. 이 압축 프로그램은 흑백으로 구성된 선 위주의 그래픽 파일 크기를 줄이는 데 효과적으로 사용될 수 있다. 이러한 압축 방법은 같은 색깔의 화소를 한 문자로 대치하여 효과를 낸다.

다음 조건에 따른 파이썬(Python) 프로그램에 대한 물음에 답하시오.

> **조건**
>
> ① 놀이동산에서 친구 4명이 바이킹, 청룡열차, 블랙홀, 회전목마의 4종류 놀이기구를 한 명씩 나누어 타야 한다. 친구들은 각각 자신의 좋아하는 놀이기구가 서로 다르다. 4명이 좋아하는 놀이기구의 정도는 다음 표에 별(★)로 표시되어 있다. 예를 들면, 김지수는 바이킹을 가장 좋아하고 회전목마를 가장 싫어한다.
>
> | | ★★★★ | ★★★ | ★★ | ★ |
> |---|---|---|---|---|
> | 김지수 | 바이킹 | 청룡열차 | 블랙홀 | 회전목마 |
> | 이유나 | 회전목마 | 바이킹 | 블랙홀 | 청룡열차 |
> | 정지원 | 바이킹 | 블랙홀 | 회전목마 | 청룡열차 |
> | 임지영 | 바이킹 | 블랙홀 | 회전목마 | 청룡열차 |
>
> ② 친구들은 각각 자신이 좋아하는 놀이기구를 탄 만큼 별을 받는다. 4명이 받은 별 개수의 합이 최대가 되도록 4명이 탈 놀이기구를 결정해야 한다.

```
sumStar, maxStar = 0, 0
sports = ['바이킹', '청룡열차', '블랙홀', '회전목마']
priority = [[0, 1, 2, 3], [3, 0, 2, 1], [0, 2, 3, 1], [0, 2, 3, 1]]

def happy(stud, ball) :
    for i in range(4) :
        if priority[stud][i] == ball :
            return 4-i

def caselist():
    global sumStar, maxStar
    for a in range(4) :
     for b in range(4) :
      for c in range(4) :
       for d in range(4) :
        if a == b or a == c or a == d or b == c or b == d or c == d :
            continue
        sumStar = happy(0, a) + happy(1, b) + happy(2, c) + happy(3, d)
        if sumStar >= maxStar :
            maxStar = sumStar

caselist()
print(maxStar)
```

(1) 프로그램의 출력은 무엇인가?

(2) 프로그램의 기능을 설명하시오.

풀이 (1) 14

(2) 주어진 조건에서 최적(optimal)의 해법을 찾는 기능을 수행한다. 4명의 친구가 4가지 놀이기구 중에서 하나씩을 선택할 때 가능한 경우의 수는 24(4×3×2×1)가지이다. 각각의 경우에 대해 별의 합계를 구하여 그중에 최댓값을 찾는 방법이 하나의 해법이 될 수 있다. 이 방법을 적용하였을 때 주어진 조건에서 4명이 받은 별의 최대 개수는 14개이다. 이에 대한 최적의 해법은 (김지수, 이유나, 정지원, 임지영)이 순서대로 (청룡열차, 회전목마, 바이킹, 블랙홀) 또는 (청룡열차, 회전목마, 블랙홀, 바이킹)으로 배정되는 경우이다.

다음 조건에 따른 파이썬(Python) 프로그램에 대한 물음에 답하시오.

> **조건**
>
> ① 다음 그림과 같은 출발지와 도착지가 표시된 격자 모양의 지도가 있다. 지도의 각 셀에 표시된 숫자는 그 지점을 통과할 때 획득할 수 있는 보물의 숫자이다. 출발지에서 도착지까지 갈 때 취득할 수 있는 최대 보물의 수를 구한다.
>
> | 1 | 1 | 2 | 4 | 도착 |
> |---|---|---|---|------|
> | 1 | 0 | 3 | 2 | 3 |
> | 2 | 1 | 1 | 2 | 2 |
> | 3 | 0 | 2 | 1 | 3 |
> | 출발 | 1 | 2 | 2 | 1 |
>
> ② 출발지와 도착지에는 보물이 없으며, 다음 위치로 이동은 오른쪽과 위쪽으로만 가능하다.

```python
map = [ [0, 0, 0, 0, 0, 0], 0, 1, 1, 2, 4, 0], [0, 1, 0, 3, 2, 3],
    [0, 2, 1, 1, 2, 2], [0, 3, 0, 2, 1, 3], [0, 0, 1, 2, 2, 1] ]
newMap = [[0] * 10 for i in range(10)]
def calcSum() :
    for i in range(5, 0, -1) :
      for j in range(1, 6) :
        newMap[i][j] = max(newMap[i][j - 1], newMap[i + 1][j]) + map[i][j]
    print(newMap[1][5])   ←── ㉠
    for i in range(1, 6) : ←── ㉡
        for j in range(1, 6) :
            print('%3d' %newMap[i][j], end = "")
        print("")
calcSum()
```

(1) 프로그램에서 문장 ㉠의 출력은 무엇인가?

(2) 프로그램에서 for문 ㉡의 출력은 무엇인가?

(3) 프로그램의 기능을 설명하시오.

풀이 (1) 16

(2)
7	8	12	16	16
6	6	10	12	15
5	6	7	9	11
3	3	5	6	9
0	1	3	5	6

(3) 문제를 해결하는 방법의 하나는 다음 위치로 이동하는 시점에서 획득하는 보물의 수를 최대로 하는 것이다. 출발지에서 도착지까지 모든 이동에 대해 이 기준을 적용하면 도착지에서 가장 많은 보물을 획득할 수 있다. 이를 위해서 모든 위치로 이동할 때 그 지점까지 누적된 보물의 수를 저장해야 한다.

조건에서 주어진 지도를 행렬로 생각할 때 다음에 이동할 위치 (x, y)에 대한 누적 보물의 수는 $(x, y-1)$과 $(x+1, y)$ 위치의 값 중에서 큰 값을 선택하고, 이것과 (x, y) 위치의 값을 합하면 된다. 누적 합계를 통해 각 위치에서 취득할 수 있는 최대 보물의 수를 구할 수 있으며, 위의 지도에서 최종적으로 취득할 수 있는 최대 보물의 수는 16개이다.

논리회로

※ 논리회로 과목의 평가 영역 및 평가 내용 요소

평가 영역	평가 내용 요소
데이터의 표현	데이터의 종류
	보수와 보수를 이용한 산술 연산
	고정 소숫점 표현
	부동 소숫점 표현
	이진 코드
	에러 검출 코드(패리티 검사)
디지털 논리회로	논리게이트와 진리표
	부울 대수
	부울 대수 기본 관계에 의한 간소화
	카르노 맵에 의한 간소화
조합회로	조합 회로의 분석과 설계 과정
	반가산기, 전가산기
	2진 가감산기
	디코더, 인코더,
	멀티플렉서, 디멀티플렉서
순차회로	플립플롭의 종류와 동작, 특성표, 여기표
	순차회로의 설계 방법
	레지스터와 카운터

2.1 데이터의 표현

음수의 고정소수점 표현방법에 대한 아래 물음에 답하시오.

(1) 3가지의 표현방법을 설명하고, 각각의 특징을 2가지씩 나열하시오.
(2) 각각의 표현방법에서 n비트(부호비트 제외)로 표현할 수 있는 수의 범위는 얼마인가?

풀이 (1)

부호와 절댓값	설명	부호를 제외한 나머지 부분을 절댓값으로 표현함
	특징	• 가산기와 감산기 모두 필요함 • 하드웨어 비용이 많이 듦 • +0과 -0이 존재함
부호와 1의 보수	설명	부호를 제외한 데이터 비트를 1의 보수로 표현함
	특징	• 보수 변환이 2의 보수보다 빠름 • 연산 속도는 2의 보수보다 느림 • +0과 -0이 존재함
부호와 2의 보수	설명	부호를 제외한 데이터 비트를 2의 보수로 표현함
	특징	• 보수 변환은 1의 보수보다 느림 • 연산 속도는 1의 보수보다 빠름 • 한 가지 0인 +0만 존재함 • 음수 1개를 더 표현할 수 있음

(2) ① 부호와 절댓값 : $-(2^n - 1) \sim 2^n - 1$

② 부호와 1의 보수 : $-(2^n - 1) \sim 2^n - 1$

③ 부호와 2의 보수 : $-2^n \sim 2^n - 1$

코드 변환에 관한 아래 물음에 답하시오.

(1) 2진 코드 1101을 Gray 코드로 변환하고, Gray 코드 0101을 2진 코드로 변환할 때 각각의 결과는 무엇인가? 단, 코드에서 오른쪽이 최하위 비트이다.
(2) 2진 코드를 Gray 코드로 변환하는 회로를 설계하시오.

풀이 (1) 1 1 0 1 (2진 코드) ⇒ 1 0 1 1 (Gray 코드)

0 1 0 1 (Gray 코드) ⇒ 0 1 1 0 (2진 코드)

(2)

2진코드				Gray코드			
w	x	y	z	A	B	C	D
0	0	0	0	0	0	0	0
0	0	0	1	0	0	0	1
0	0	1	0	0	0	1	1
0	0	1	1	0	0	1	0
0	1	0	0	0	1	1	0
0	1	0	1	0	1	1	1
0	1	1	0	0	1	0	1
0	1	1	1	0	1	0	0
1	0	0	0	1	1	0	0
1	0	0	1	1	1	0	1
1	0	1	0	1	1	1	1
1	0	1	1	1	1	1	0
1	1	0	0	1	0	1	0
1	1	0	1	1	0	1	1
1	1	1	0	1	0	0	1
1	1	1	1	1	0	0	0

$A = w$

wx \ yz	00	01	11	10
00	0	0	0	0
01	0	0	0	0
11	1	1	1	1
10	1	1	1	1

$B = w'x + wx' = w \oplus x$

wx \ yz	00	01	11	10
00	0	0	0	0
01	1	1	1	1
11	0	0	0	0
10	1	1	1	1

$C = xy' + x'y = x \oplus y$

wx \ yz	00	01	11	10
00	0	0	1	1
01	1	1	0	0
11	1	1	0	0
10	0	0	1	1

$D = y'z + yz' = y \oplus z$

wx \ yz	00	01	11	10
00	0	1	0	1
01	0	1	0	1
11	0	1	0	1
10	0	1	0	1

■ 2진 코드를 Gray 코드로 변환하는 회로

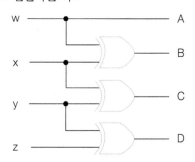

2.2 디지털 논리회로

아래 그림의 회로와 논리게이트에 대한 물음에 답하시오.

그림 ⓐ	그림 ⓑ

그림 ⓐ:
A, B → AND 게이트, C와 함께 두 번째 AND 게이트 → F

그림 ⓑ:
A → 버퍼(삼각형, 출력에 작은 원) → Y, S는 위에서 제어 입력

(1) 그림 ⓐ에 대한 진리표를 작성하시오.
(2) 그림 ⓑ에 대한 진리표를 작성하고 논리식을 쓰시오.

풀이 (1)

A	B	C	F
0	0	0	0
0	0	1	0
0	1	0	0
0	1	1	0
1	0	0	0
1	0	1	0
1	1	0	0
1	1	1	1

(2) $Y = A'S$

A	S	Y	
0	0	Z	
0	1	1	Z: high impedance
1	0	Z	
1	1	0	

부울대수를 이용하여 부울식 F = (xy + xz)′ + x′y′z를 간소화하시오.

풀이
$$F = (xy)'(xz)' + x'y'z$$
$$= (x' + y')(x' + z') + x'y'z$$
$$= x'x' + x'z' + x'y' + y'z' + x'y'z$$
$$= x' + x'z' + x'y' + y'z' + x'y'z$$
$$= x'(1 + z' + y') + y'(z' + x'z)$$
$$= x' + y'((z' + x')(z' + z'))$$
$$= x' + x'y' + y'z'$$
$$= x'(1 + y') + y'z'$$
$$= x' + y'z'$$

부울식 F = x′y + xyz′에 대하여 F + F′ = 1임을 증명하시오.

풀이
$$F = x'y + xyz'$$
$$F' = (x'y + xyz')' = (y(x' + xz'))'$$
$$= (y(x'+x)(x'+z'))' = (y(x'+z'))'$$
$$= y' + xz$$
$$= y' + xz(y+y')$$
$$F + F' = x'y + xyz' + y' + xz(y + y')$$
$$= x'y + xy(z + z') + y'(1 + xz)$$
$$= x'y + xy + y'$$
$$= y(x' + x) + y' = y + y' = 1$$

부울식 F=AC′+B′D+A′CD+ABCD에 대한 물음에 답하시오.

(1) 곱의 합(sum of product) 형식으로 간소화하시오.

(2) 합의 곱(product of sum) 형식으로 간소화하시오.

(3) NAND 게이트만 사용하여 간소화된 식의 회로도를 그리시오.

(4) NOR 게이트만 사용하여 간소화된 식의 회로도를 그리시오.

풀이　(1) $F = AC' + B'D + A'CD + ABCD$

$= AC' + B'D + CD(AB + A')$

$= AC' + B'D + CD(A' + A)(A' + B)$

$= AC' + B'D + A'CD + BCD$

$= AC' + A'CD + D(B' + B)(B' + C)$

$= AC' + A'CD + B'D + CD$

$= CD(A' + 1) + AC' + B'D$

$= AC' + B'D + CD$

(2) $F' = CD' + A'D' + A'BC'$

$F = (CD' + A'D' + A'BC')'$

$= (C' + D)(A + D)(A + B' + C)$

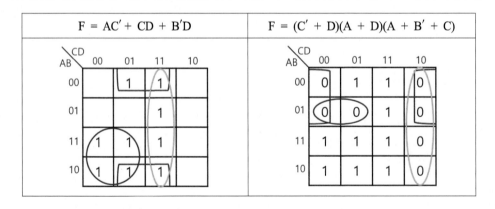

참고　**카르노 맵을 이용하는 방법**

| $F = AC' + CD + B'D$ | $F = (C' + D)(A + D)(A + B' + C)$ |

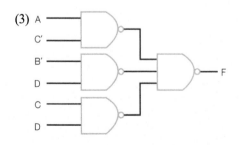

(3)

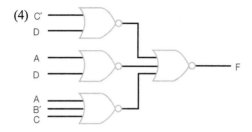

 부울식 F = A + B′C를 최대항의 곱 F(A, B, C)로 나타내시오.

풀이　$F = A + B'C$

$\qquad = (A + B')(A + C)$

$\qquad = (A + B' + CC')(A + BB' + C)$

$\qquad = (A + B' + C)(A + B' + C')(A + B + C)(A + B' + C)$

$F(A, B, C) = \prod(0, 2, 3)$

 아래 부울 함수 F에 대한 물음에 답하시오.

$\qquad F(w, x, y, z) = wx'y' + w'x'y' + x'yz' + w'xyz'$

(1) 카르노 맵을 작성하시오.

(2) 간소화된 식을 구하시오.

풀이　(1)

wx \ yz	00	01	11	10
00	1	1	0	1
01	0	0	0	1
11	0	0	0	0
10	1	1	0	1

(2) $F = x'z' + x'y' + w'yz'$

아래 무관조건 d를 갖는 부울 함수 F에 대한 물음에 답하시오.

$$F(A, B, C, D) = \Sigma(0, 6, 8, 13, 14)$$
$$d(A, B, C, D) = (2, 4, 10)$$

(1) 간소화하여 나타내시오.
(2) 최소항의 합 형태로 나타내시오.

풀이 (1) $F = B'D' + CD' + ABC'D$

AB\CD	00	01	11	10
00	1	0	0	d
01	d	0	0	1
11	0	1	0	1
10	1	0	0	d

(2) 최소항의 합

$(A + A')(C + C')B'D' + (A + A')(B + B')CD' + ABC'D$

$= A'B'C'D' + A'B'CD' + A'BCD' + AB'C'D' + AB'CD' + ABC'D + ABCD'$

또는 $\Sigma(0, 2, 6, 8, 10, 13, 14)$

다음 부울 함수 F를 간소화하고자 한다. 물음에 답하시오.

$$F(A, B, C, D) = \Sigma(0, 1, 2, 5, 7, 8, 9, 10, 11, 13, 15)$$

(1) 주항(prime implicant)을 구하시오.
(2) 필수 주항(essential prime implicant)을 구하시오.
(3) 카르노 맵을 사용하여 간소화된 부울 함수를 모두 구하시오.

풀이 (1) $AB', AD, B'C', BD, B'D', C'D$
(2) $BD, B'D'$

(3) $F = BD + B'D' + AD + B'C'$ $\qquad$ $F = BD + B'D' + AB' + C'D$

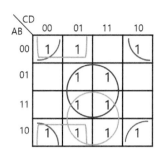 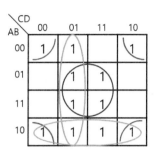

$F = BD + B'D' + AB' + B'C'$ $\qquad$ $F = BD + B'D' + AD + C'D$

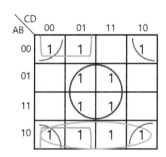 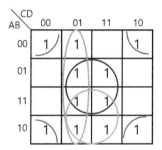

2.3 조합회로

다음 부울식(boolean function) $F = xy'z + x'y'z + xyz$에 대한 물음에 답하시오.

(1) 진리표(truth table)를 작성하시오.

(2) 논리도(logic diagram)를 그리시오.

(3) 부울대수(boolean algebra)를 이용하여 위의 식을 간소화 하시오.

(4) (3)에서 구한 식에 대한 진리표를 작성하시오.

(5) (3)에서 구한 식에 대한 논리도를 나타내고, (2)의 논리도와 전체 게이트 수를 비교하시오.

풀이 (1)

x	y	z	xy'z	x'y'z	xyz	F
0	0	0	0	0	0	0
0	0	1	0	1	0	1
0	1	0	0	0	0	0
0	1	1	0	0	0	0
1	0	0	0	0	0	0
1	0	1	1	0	0	1
1	1	0	0	0	0	0
1	1	1	0	0	1	1

(2)

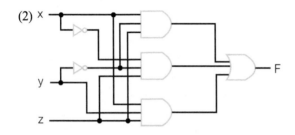

(3) $F = xy'z + x'y'z + xyz$

$\quad = xz(y' + y) + x'y'z$

$\quad = z(x + x'y')$

$\quad = z(x + y')$

(4)

x	y	z	x+y'	F
0	0	0	1	0
0	0	1	1	1
0	1	0	0	0
0	1	1	0	0
1	0	0	1	0
1	0	1	1	1
1	1	0	1	0
1	1	1	1	1

(5)

• (2)의 논리도에 사용된 게이트 수 : 6개

• (5)의 논리도에 사용된 게이트 수 : 3개

입력 x, y, z와 출력 A, B, C로 구성된 아래 진리표에 대한 물음에 답하시오.

x	y	z	A	B	C
0	0	0	0	0	0
0	0	1	1	0	1
0	1	0	1	0	1
0	1	1	0	1	1
1	0	0	1	0	0
1	0	1	0	1	0
1	1	0	0	1	0
1	1	1	1	1	1

(1) 부울대수(Boolean algebra)의 기본 관계식을 사용하여 출력 A에 대한 간소화된 식을 구하시오.

(2) 출력 A와 B에 대한 논리도(logic diagram)를 그리시오. 단, 출력 B는 출력 A에서 사용한 게이트를 사용한다.

(3) 출력 A와 C에 대한 논리도(logic diagram)를 그리시오. 단, 출력 C는 출력 A에서 사용한 게이트를 사용한다.

(4) (2)와 (3)에서 설계한 각 논리도의 기능은 무엇인가?

풀이 (1) $A = x'y'z + x'yz' + xy'z' + xyz$

$\quad\quad = x'(y'z + yz') + x(y'z' + yz)$

$\quad\quad = x'(y \oplus z) + x(y \oplus z)'$

$\quad\quad = x \oplus y \oplus z$

(2) $B = xy + z(x \oplus y)$

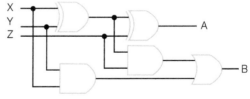

(3) $C = x'y + z(x \oplus y)'$

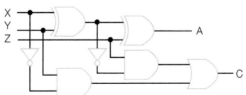

(4) (2) : 전가산기, (3) : 전감산기

완전집합(complete set)이란 하나 이상의 최소 게이트로서 모든 종류의 다른 게이트를 구현할 수 있는 게이트의 집합을 말한다. NOT 게이트를 제외한 모든 게이트는 2입력이라 가정하고 다음 물음에 답하시오.

(1) 논리게이트 OR와 XNOR를 각각 NAND로 구현하시오.

(2) 논리식 X = A + B를 {XOR, AND}로 구현하시오.

풀이　(1) ① OR : $X = A + B = (A + B)'' = (A' \cdot B')'$

② XNOR : $X = AB + A'B'$

$$= (AB + A'B')''$$

$$= ((AB)' \cdot (A'B')')'$$

(2) $X = A + B$

A B	+	⊕	(A⊕B)⊕AB
0 0	0	0	0
0 1	1	1	1
1 0	1	1	1
1 1	1	0	1

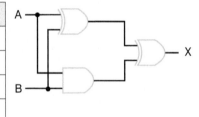

전가산기의 진리표를 작성하고 논리도를 그리시오.

풀이

입 력			출 력	
x	y	z	C	S
0	0	0	0	0
0	0	1	0	1
0	1	0	0	1
0	1	1	1	0
1	0	0	0	1
1	0	1	1	0
1	1	0	1	0
1	1	1	1	1

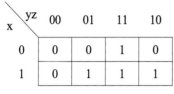

x \ yz	00	01	11	10
0	0	1	0	1
1	1	0	1	0

$$S = x'y'z + x'yz' + xy'z' + xyz$$
$$= (x'y + xy')z' + (x'y' + xy)z$$
$$= (x \oplus y)z' + (x \oplus y)'z$$
$$= (x \oplus y) \oplus z$$

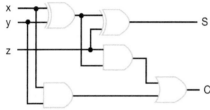

x \ yz	00	01	11	10
0	0	0	1	0
1	0	1	1	1

$$C = xyz + xyz' + xy'z + x'yz$$
$$= (xy' + x'y)z + (z + z')xy$$
$$= (x \oplus y)z + xy$$

인에이블(Enable) 입력이 있는 2×4 디코더(Decoder)를 설계하고자 한다. 물음에 답하시오.

(1) 다음 진리표를 완성하고, 논리식을 구하시오.

입력			출력			
E	B	A	Y_3	Y_2	Y_1	Y_0
						0
						1
						0
						0
						0

(2) 회로도를 그리시오.

풀이 (1)

입력			출력			
E	B	A	Y_3	Y_2	Y_1	Y_0
0	x	x	0	0	0	0
1	0	0	0	0	0	1
1	0	1	0	0	1	0
1	1	0	0	1	0	0
1	1	1	1	0	0	0

$$Y_0 = EB'A', \quad Y_1 = EB'A, \quad Y_2 = EBA', \quad Y_3 = EBA$$

(2)

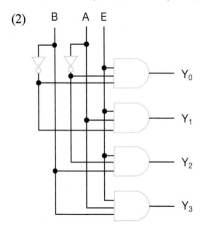

 다음 조건의 인터럽트 기능을 만족하는 우선순위 인코더의 회로를 설계하고자 한다. 물음에
답하시오.

> **조건**
> ① 우선순위를 갖는 4개의 입출력장치인 HDD, PRT, TAP, KBD가 인터럽트를 요청할 수 있다.
> ② 입출력장치의 우선순위는 HDD〉PRT〉TAP〉KBD로 HDD가 가장 높다.
> ③ 2개 이상의 장치가 동시에 인터럽트를 요청한 경우에는 그중에 우선순위가 가장 높은 장치
> 만 수용된다.
> ④ 인코더 회로의 입력은 4개 장치의 입출력 요청 상태를 나타내며, 출력은 인터럽트를 요청한
> 장치를 확인하는 것이다.

(1) 우선순위 인코더의 입력과 출력 관계를 진리표로 나타내시오.
(2) 카르노 맵을 사용하여 우선순위 인코더의 출력에 대한 함수를 구하시오.
(3) 우선순위 인코더의 회로를 그리시오.

풀이 (1)

입력				출력		
HDD	PRT	TAP	KBD	P	A	B
1	x	x	x	1	1	1
0	1	x	x	1	1	0
0	0	1	x	1	0	1
0	0	0	1	1	0	0
0	0	0	0	0	x	x

(2) P = HDD + PRT + TAP + KBD

HP\TK	00	01	11	10
00	x	0	0	0
01	1	1	1	1
11	1	1	1	1
10	1	1	1	1

A = HDD + PRT

HP\TK	00	01	11	10
00	x	0	1	1
01	0	0	0	0
11	1	1	1	1
10	1	1	1	1

B = TAP·PRT′ + HDD

(3)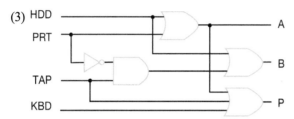

1개의 디코더와 2개의 OR 게이트를 사용하여 전가산기 회로를 구현하고자 한다. 다음 물음에 답하시오.

(1) 전가산기의 진리표를 작성하고 합과 캐리에 대한 최소항을 구하시오.
(2) 디코더의 입력과 출력은 각각 몇 개인가?
(3) 디코더를 이용한 전가산기를 블록도로 나타내시오.

 풀이 (1)

입력			출력	
x	y	z	C	S
0	0	0	0	0
0	0	1	0	1
0	1	0	0	1
0	1	1	1	0
1	0	0	0	1
1	0	1	1	0
1	1	0	1	0
1	1	1	1	1

$S(x, y, z) = \Sigma(1, 2, 4, 7)$
$C(x, y, z) = \Sigma(3, 5, 6, 7)$

(2) 3×8 디코더가 필요하므로 입력은 3, 출력은 8이다.

(3)

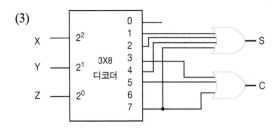

2개의 4-to-1 멀티플렉서(multiplexer)를 연결하고 그것에 대한 동작 상태를 알아보고자 한다. 물음에 답하시오.

(1) 한 개의 4-to-1 멀티플렉서에 대한 회로도와 함수표(function table)를 나타내시오.

(2) 아래 블록도에서 X, Y가 선택신호의 입력이고, S와 C_{out}이 각각 합과 캐리를 나타낸 것이다. 이것이 전가산기로 동작하는 것을 설명하시오.

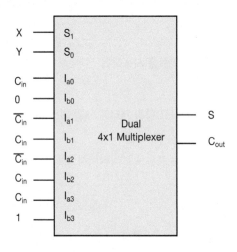

풀이 (1)

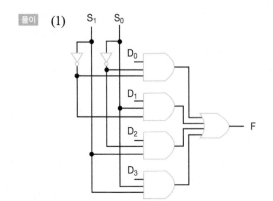

선택신호		출력
S_1	S_0	F
0	0	D_0
0	1	D_1
1	0	D_2
1	1	D_3

(2) 전가산기의 진리표는 아래와 같으며, 합과 케리는 각각 $S = \Sigma(1, 2, 4, 7)$, $C_{out} = \Sigma(3, 5, 6, 7)$과 같음을 알 수 있다. 블록도에서 I_a와 I_b는 각각 S와 C_{out}에 대한 입력을 나타낸 것임을 알 수 있다.

X	Y	C_{in}	S	C_{out}	S	C_{out}
0	0	0	0	0	C_{in}	0
0	0	1	1	0		
0	1	0	1	0	$C_{in}{}'$	C_{in}
0	1	1	0	1		
1	0	0	1	0	$C_{in}{}'$	C_{in}
1	0	1	0	1		
1	1	0	0	1	C_{in}	1
1	1	1	1	1		

[멀티플렉서 출력 : S]

X \ YC_{in}	00	01	11	10
0	0	1	0	1
1	1	0	1	0

[멀티플렉서 출력 C_{out}]

X \ YC_{in}	00	01	11	10
0	0	0	1	0
1	0	1	1	1

2×4 디코더와 4×1 멀티플렉서를 포함한 다음 논리회로에 대한 물음에 답하시오.

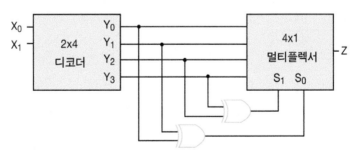

(1) 회로의 각 입력에 대한 디코더의 출력, 멀티플렉서의 입력, 멀티플렉서의 선택신호, 회로의 출력을 표로 나타내시오.

(2) 회로의 출력 Z에 대한 논리식을 구하시오.

풀이 (1) 2×4 디코더에 대한 진리표와 4×1 멀티플렉서에 대한 진리표로 다음 표를 완성할 수 있다.

입력	디코더 출력 & 멀티플렉서 입력				멀티플렉서 선택 신호		출력	
X_1 X_0	Y_3	Y_2	Y_1	Y_0	S_1 S_0		Z	
0 0	0	0	0	1	0 1		Y_1	0
0 1	0	0	1	0	0 1		Y_1	1
1 0	0	1	0	0	1 0		Y_2	1
1 1	1	0	0	0	1 0		Y_2	0

(2) $Z = X_1' X_0 + X_1 X_0'$

3개의 입력 X, Y, Z와 3개의 출력 A, B, C를 갖는 조합회로를 설계하시오. 회로는 이진 (binary) 입력이 0, 1, 2, 3일 때 입력보다 1이 큰 이진 값을 출력하며, 이진 입력이 4, 5, 6, 7일 때 입력보다 1이 작은 이진 값을 출력한다.

풀이

입력			출력		
X	Y	Z	A	B	C
0	0	0	0	0	1
0	0	1	0	1	0
0	1	0	0	1	1
0	1	1	1	0	0
1	0	0	0	1	1
1	0	1	1	0	0
1	1	0	1	0	1
1	1	1	1	1	0

x \ yz	00	01	11	10
0	0	0	1	0
1	0	1	1	1

$A = XY + YZ + XZ$

x \ yz	00	01	11	10
0	0	1	0	1
1	1	0	1	0

$B = X \oplus Y \oplus Z$

x \ yz	00	01	11	10
0	1	0	0	1
1	1	0	0	1

$C = Z'$

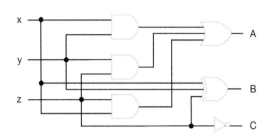

 전감산기는 3개의 입력과 2개의 출력을 갖는다. 전감산기의 진리표와 두 출력에 대한 간략화된 부울 함수를 나타내시오.

풀이 전감산기는 두 2진수 입력 x, y, 그리고 아랫단으로 빌려주는 수인 z를 사용하여 (x − y − z)를 계산하는 조합논리회로이다. 전감산기의 출력은 2개이며, (x − y − z)를 계산할 때 빌림 수 발생 유무를 나타내는 A와 (x − y − z) 연산의 결과를 나타내는 B가 있다. 따라서 전감산기의 진리표는 다음과 같이 나타낼 수 있다.

x	y	z	A	B
0	0	0	0	0
0	0	1	1	1
0	1	0	1	1
0	1	1	1	0
1	0	0	0	1
1	0	1	0	0
1	1	0	0	0
1	1	1	1	1

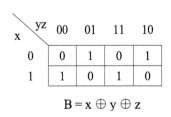

$$B = x \oplus y \oplus z$$

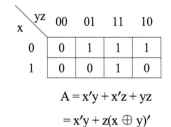

$$A = x'y + x'z + yz$$
$$= x'y + z(x \oplus y)'$$

 아래 기능으로 동작하는 논리회로를 설계하고자 한다. 물음에 답하시오.

세 개의 입력(A, B, C)에 대한 2진수를 10진수 값으로 변환할 때 그 값이 0부터 4까지일 때는 출력이 0이고, 5 이상이면 출력이 1이 된다.

(1) 설계할 회로의 기능을 반영할 진리표를 작성하시오.
(2) 출력에 대한 부울 함수를 최소항의 합으로 나타낸 후 간략화 하시오.

풀이 (1)

A	B	C	F
0	0	0	0
0	0	1	0
0	1	0	0
0	1	1	0
1	0	0	0
1	0	1	1
1	1	0	1
1	1	1	1

(2) $F = AB'C + ABC' + ABC$

$= AB'C + AB(C' + C)$

$= AB'C + AB$

$= A(B'C + B)$

$= A(B' + B)(C + B) \Leftarrow$ 분배법칙 적용

$= A(B + C)$

입력(A, B, C)과 출력(F_1, F_2)을 갖는 아래 진리표에 대한 물음에 답하시오.

A	B	C	F_1	F_2
0	0	0	1	0
0	0	1	0	1
0	1	0	0	0
0	1	1	1	0
1	0	0	1	1
1	0	1	0	1
1	1	0	1	1
1	1	1	0	1

(1) F_1을 최소항의 합(sum of products)으로 나타내시오.
(2) F_2를 최대항의 곱(product of sums)으로 나타내시오.

(3) F_2를 최소항의 합으로 나타낸 후 부울대수 법칙을 사용하여 간소화 하시오.

풀이 (1) $F_1 = A'B'C' + A'BC + AB'C' + ABC'$

$F_1 = m_0 + m_3 + m_4 + m_6$

$F_1(A, B, C) = \Sigma m(0, 3, 4, 6)$

(2) $F_2 = (A + B + C)(A + B' + C)(A + B' + C')$

$F_2 = M_0 M_2 M_3$

$F_2(A, B, C) = \Pi M(0, 2, 3)$

(3) $F_2 = A'B'C + AB'C' + AB'C + ABC' + ABC$

$= A'B'C + AB'C' + AB'C' + AB'C + ABC' + ABC$ $(AB'C'\ 추가)$

$= B'C(A' + A) + AB'(C' + C) + AB(C' + C)$

$= B'C + AB' + AB$

$= B'C + A(B' + B)$

$= A + B'C$

짝수 패리티 비트를 이용하여 3비트 패리티 발생기와 4비트 패리티 검출기의 진리표를 작성하고 회로도를 그리시오.

풀이 <짝수 패리티 발생기>

x	y	z	P
0	0	0	0
0	0	1	1
0	1	0	1
0	1	1	0
1	0	0	1
1	0	1	0
1	1	0	0
1	1	1	1

<짝수 패리티 검출기>

x	y	z	P	C
0	0	0	0	0
0	0	0	1	1
0	0	1	0	1
0	0	1	1	0
0	1	0	0	1
0	1	0	1	0
0	1	1	0	0
0	1	1	1	1
1	0	0	0	1
1	0	0	1	0
1	0	1	0	0
1	0	1	1	1
1	1	0	0	0
1	1	0	1	1
1	1	1	0	1
1	1	1	1	0

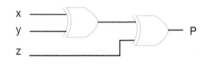

x \ yz	00	01	11	10
0	0	1	0	1
1	1	0	1	0

$$P = x \oplus y \oplus z$$

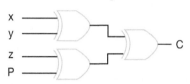

xy \ zP	00	01	11	10
00	0	1	0	1
01	1	0	1	0
11	0	1	0	1
10	1	0	1	0

$$C = x \oplus y \oplus z \oplus P$$

홀수 패리티(parity) 비트를 사용하여 3비트 메시지 xyz 전송에 대한 에러 발생 유무를 확인하고자 한다.

(1) 패리티 발생기와 검출기에 대한 회로도를 그리시오.

(2) 3비트 메시지 100을 전송할 때 회로의 동작 과정을 설명하시오.

풀이 (1)　　　　<홀수 패리티 발생기>　　　　　<홀수 패리티 검출기>

x	y	z	P
0	0	0	1
0	0	1	0
0	1	0	0
0	1	1	1
1	0	0	0
1	0	1	1
1	1	0	1
1	1	1	0

x	y	z	P	E
0	0	0	0	1
0	0	0	1	0
0	0	1	0	0
0	0	1	1	1
0	1	0	0	0
0	1	0	1	1
0	1	1	0	1
0	1	1	1	0
1	0	0	0	0
1	0	0	1	1
1	0	1	0	1
1	0	1	1	0
1	1	0	0	1
1	1	0	1	0
1	1	1	0	0
1	1	1	1	1

x \ yz	00	01	11	10
0	1	0	1	0
1	0	1	0	1

$$P = (x \oplus y \oplus z)'$$

xy \ zP	00	01	11	10
00	1	0	1	0
01	0	1	0	1
11	1	0	1	0
10	0	1	0	1

$$C = (x \oplus y \oplus z \oplus P)'$$

(2) 홀수 패리티 발생기에 3비트 메시지 100이 입력되면 패리티 비트는 0이 출력된다. 패리티 검출기에서 1000을 받으면 E가 0이 되어 에러가 없음을 알 수 있다. 그러나 1000 데이터가 전송 중에 한 비트가 바뀌어서 검출기에 입력되는 경우에는 E는 1이 되고 에러가 발생된 것으로 판단한다.

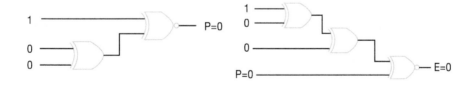

다음은 4-세그먼트(segment) LED의 구성과 입력 X, Y에 따른 LED의 출력 형태를 나타낸 것이다. 물음에 답하시오. 단, a, b, c, d는 출력이 1이면 켜지고 0이면 꺼지며, 회로는 정논리(positive logic)로 동작한다. [중등교사 임용시험 2022-A-2]

X	Y	출력 형태
0	0	
0	1	
1	0	
1	1	

(1) 입력 X, Y에 대한 출력 a, b, c, d를 구하시오.

(2) a, b, c, d의 간소화된 논리식을 각각 SOP로 나타내시오.

풀이 (1)

입력		출력			
X	Y	a	b	c	d
0	0	1	1	1	1
0	1	0	0	1	1
1	0	1	1	0	0
1	1	1	1	0	1

(2) 카르노맵을 활용하여 간소화

① a = X + Y′

X＼Y	0	1
0	1	0
1	1	1

② b = X + Y′

X＼Y	0	1
0	1	0
1	1	1

③ c = X′

X＼Y	0	1
0	1	1
1	0	0

④ d = X′ + Y

X＼Y	0	1
0	1	1
1	0	1

다음 그림은 7-세그먼트(7-segment)에 표시할 숫자와 디코더에 연결된 7-세그먼트를 나타낸 것이다. 디코더는 0일 때 동작하는 active-low라고 가정하고 물음에 답하시오.

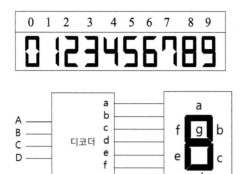

(1) BCD 7-세그먼트 디코더의 진리표를 작성하시오.

(2) 카르노 맵을 사용하여 디코더 출력 a와 f에 대한 간소화된 식을 구하시오.

풀이 (1)

입력				출력							숫자 표시
D	C	B	A	a′	b′	c′	d′	e′	f′	g′	
0	0	0	0	0	0	0	0	0	0	1	0
0	0	0	1	1	0	0	1	1	1	1	1
0	0	1	0	0	0	1	0	0	1	0	2
0	0	1	1	0	0	0	0	1	1	0	3
0	1	0	0	1	0	0	1	1	0	0	4
0	1	0	1	0	1	0	0	1	0	0	5
0	1	1	0	0	1	0	0	0	0	0	6
0	1	1	1	0	0	0	1	1	0	1	7
1	0	0	0	0	0	0	0	0	0	0	8
1	0	0	1	0	0	0	0	1	0	0	9
1	0	1	0	x	x	x	x	x	x	x	invalid
1	0	1	1	x	x	x	x	x	x	x	invalid
1	1	0	0	x	x	x	x	x	x	x	invalid
1	1	0	1	x	x	x	x	x	x	x	invalid
1	1	1	0	x	x	x	x	x	x	x	invalid
1	1	1	1	x	x	x	x	x	x	x	invalid

(2)

BA DC	00	01	11	10
00		1		
01	1			
11	x	x	x	x
10			x	x

$$a' = CB'A' + D'C'B'A$$

BA DC	00	01	11	10
00		1	1	1
01				
11	x	x	x	x
10			x	x

$$f' = CB + D'C'A$$

논리 함수 F = A′B + AB′C + BC′를 다음과 같이 4×1 멀티플렉서를 이용하여 구현하고자
한다. 물음에 답하시오. [중등교사 임용시험 2023-A-2]

(1) 논리 함수에 대한 최소항을 구하시오.

(2) ㉠, ㉡에 적합한 내용은 무엇인가?

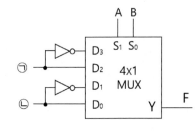

S₁	S₀	Y
0	0	D₀
0	1	D₁
1	0	D₂
1	1	D₃

풀이 (1) $F(A, B, C) = m_2 + m_3 + m_5 + m_6 = \sum m(2, 3, 5, 6)$

(2) ㉠ : C, ㉡ : 0

멀티플렉서의 입력은 다음 진리표와 같이 $D_0 = 0$, $D_1 = 1$, $D_2 = C$, $D_3 = C'$이 된다.

입력			출력	
A	B	C	F	
0	0	0	0	F = 0
0	0	1	0	
0	1	0	1	F = 1
0	1	1	1	
1	0	0	0	F = C
1	0	1	1	
1	1	0	1	F = C'
1	1	1	0	

2.4 순차회로

상승 에지 트리거 S-R 플립플롭에서 클록펄스와 S, R 입력이 그림과 같이 변할 때, 출력 Q에 대한 파형을 그리시오. 단, Q는 0으로 초기화되어 있으며, 게이트에서 전파지연은 없다고 가정한다.

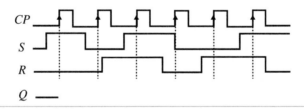

 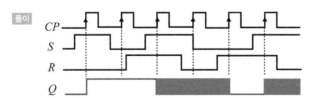

상승 에지 트리거로 동작하는 D 플립플롭에서 입력이 다음 그림과 같이 변할 때, 출력 Q에 대한 파형을 그리시오. 단, Q는 0으로 초기화되어 있으며, 게이트에서 전파지연은 없다고 가정한다.

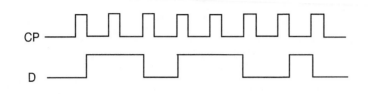

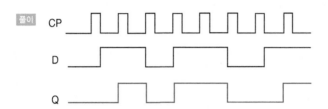

아래 그림과 같은 파형의 신호가 T 플립플롭으로 입력된다. 플립플롭이 레벨 트리거, 상승 에지 트리거, 하강 에지 트리거에서 동작한다고 가정할 때 각각에 대한 출력 파형을 그리시오. 단, Q는 0으로 초기화되어 있으며, 게이트에서 전파지연은 없다고 가정한다.

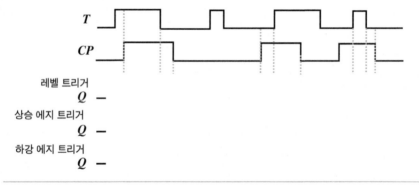

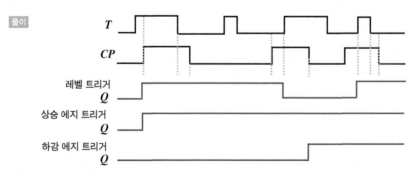

다음 동기 순서논리회로를 해석하고자 한다. 물음에 답하시오.

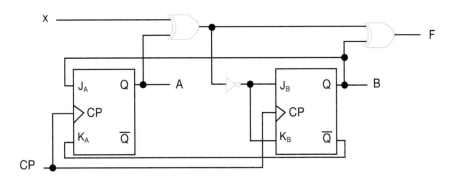

(1) 두 개의 J-K 플립플롭에 대한 입력과 출력, 그리고 F에 대한 불 대수식을 구하시오.

(2) 아래 상태표를 완성하시오.

현재 상태		차기 상태				출력	
		x=0		x=1		x=0	x=1
A	B	A	B	A	B	F	F
0	0	0			0	0	
0	1	1			1	1	
1	0	0			1	1	
1	1	1			0	0	

(3) 상태도를 그리시오.

(4) 상태 방정식을 구하시오.

풀이 (1) $J_A = B, K_A = B'$, $J_B = K_B = A \odot x$, $F = A \oplus B \oplus x$

(2)

현재 상태		차기 상태				출력	
		x=0		x=1		x=0	x=1
A	B	A	B	A	B	F	F
0	0	0	1	0	0	0	1
0	1	1	0	1	1	1	0
1	0	0	0	0	1	1	0
1	1	1	1	1	0	0	1

(3)

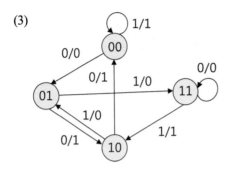

(4) $A(t+1) = x'A'B + x'AB + xA'B + xAB$

$\qquad = B$

$B(t+1) = x'A'B' + x'AB + xA'B + xAB'$

$\qquad = x'(A'B' + AB) + x(A'B + AB')$

$\qquad = x'(A \odot B) + x(A \oplus B)$

$\qquad = (x \oplus (A \oplus B))' = x \odot A \odot B$

A \ Bx	00	01	11	10
0	0	0	1	1
1	0	0	1	1

A \ Bx	00	01	11	10
0	1	0	1	0
1	0	1	0	1

 아래 플립플롭에 대한 특성표, 상태도, 특성방정식을 구하시오.

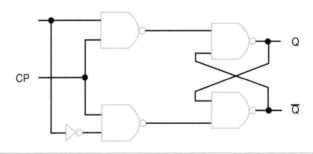

풀이 ① 특성표

CP	D	Q(t+1)
1	0	0
1	1	1

② 상태도

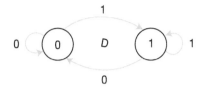

③ 특성방정식

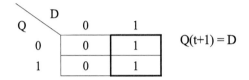

$Q(t+1) = D$

다음 그림은 D 플립플롭과 게이트들로 만든 XY 플립플롭이다. 물음에 답하시오.

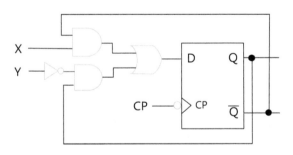

(1) 그림에 있는 D 플립플롭의 입력 D를 식으로 나타내시오.

(2) XY 플립플롭의 동작을 설명하시오.

(3) XY 플립플롭의 진리표를 작성하시오.

풀이 (1) $D = XQ' + Y'Q$

(2)

　① X = 0, Y = 0인 경우, D = Q이고 Q(t+1) = Q(t)이므로 현재 상태가 유지된다.

　② X = 0, Y = 1인 경우, D = 0이고 Q(t+1) = 0이므로 다음 상태는 0이 된다.

　③ X = 1, Y = 0인 경우, D = 1이고 Q(t+1) = 1이므로 다음 상태는 1이 된다.

　④ X = 1, Y = 1인 경우, D = Q'이고 Q(t+1) = Q(t)'이므로 현재 상태가 토글된다.

따라서 주어진 회로는 JK플립플롭으로 동작하는 것을 알 수 있다.

(3)

X	Y	Q(t+1)
0	0	Q(t)
0	1	0
1	0	1
1	1	Q(t)′

아래 그림은 주종형(master-slave) D 플립플롭을 나타낸 것이다. Y와 Q의 초깃값은 0으로 가정하고 물음에 답하시오.

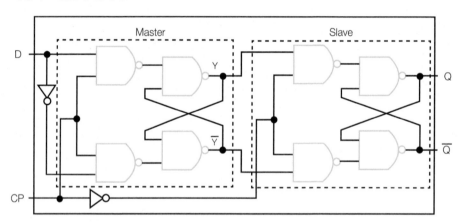

(1) 회로에서 클록 펄스 CP와 입력 파형 D가 아래 그림과 같을 때 Y, $\overline{CP}$, Q의 파형을 그리시오.

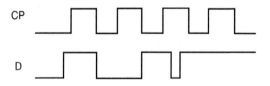

(2) 회로에서 클록 펄스 CP와 입력 파형 D가 아래 그림과 같을 때 Y, $\overline{CP}$, Q의 파형을 그리시오.

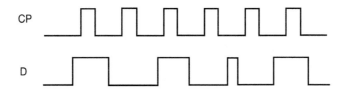

풀이 주종형 플립플롭 회로에서 마스터와 슬레이브는 클록 펄스를 갖는 레벨 트리거 D 플립플롭으로 구성된다. 이것은 인에이블 신호를 갖는 D 래치(레벨 트리거에서 동작)와 같다. 회로는 하강 에지 트리거 D 플립플롭으로 동작하며, 최종 파형은 회로의 출력인 Q로 나타난다. 따라서 아래와 같은 파형이 출력된다.

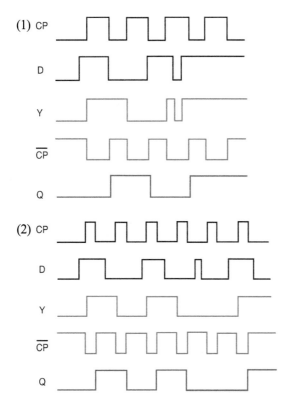

Master-slave JK 플립플롭에서 입력 J, K, 클럭(clock)의 변화가 아래 표와 같을 때 Q(t+1)를 쓰고, clock, J, K, Q(t+1)에 대한 파형을 그리시오.

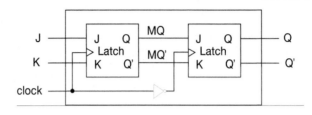

초기 상태	Q=0	Q=1
CK	101010	0101010
J	001111	1110011
K	110011	0001111
Q(t+1)		

풀이

·Q = 0인 경우

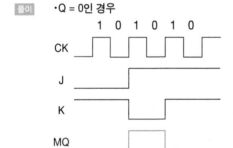

·Q = 1인 경우

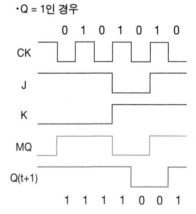

 다음 회로도에 대한 물음에 답하시오.

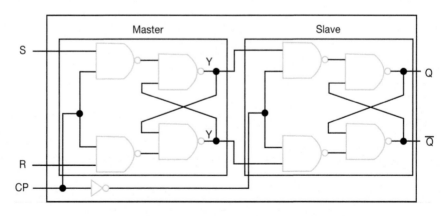

(1) 위 회로도의 이름은 무엇인가?

(2) Master 단의 출력 Y와 F/F의 출력 Q를 추가하여 아래 파형을 완성하시오.

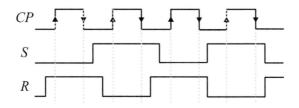

풀이 (1) Master-slave SR F/F

(2)

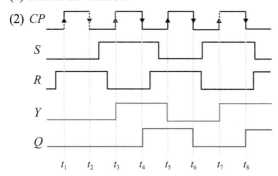

아래 회로에서 클록펄스와 입력(x)이 그림과 같을 때 출력 Q에 대한 파형을 그리시오. 단, Q의 초깃값은 0이라고 가정한다.

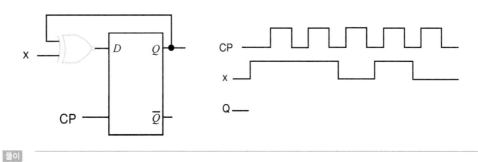

풀이

x	Q(t)	D	Q(t+1)
0	0	1	1
0	1	0	0
1	0	0	0
1	1	1	1

다음 그림은 XY 플립플롭의 상태도를 나타낸 것이다. 현재 상태를 Q(t), 차기 상태를 Q(t+1)라고 하고 물음에 답하시오.

(1) Q(t), X, Y를 사용하여 Q(t+1)에 대한 카르노맵을 작성하시오.
(2) 플립플롭의 특성 방정식 Q(t+1)을 구하시오.

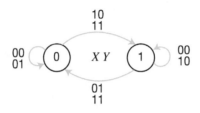

풀이 (1)

Q \ XY	00	01	11	10
0	0	0	1	1
1	1	0	0	1

(2) $Q(t+1) = XQ' + Y'Q$

 2개의 JK 플립플롭과 한 개의 외부입력 y를 갖는 2비트 count-down 카운터(counter)를 설계하고자 한다. y가 0이면 플립플롭의 상태는 변하지 않고, y가 1이면 11, 10, 01, 00, 11 의 순서로 상태가 반복된다.

(1) 카운터의 상태도(state diagram)를 그리시오.
(2) 카운터의 상태 여기표(excitation table)를 나타내시오.
(3) 카르노(Karnaugh) 맵을 이용하여 플립플롭 입력에 대한 간소화된 식을 구하시오.
(4) 위에서 구한 식을 이용하여 카운터의 논리도를 그리시오.

풀이 (1)

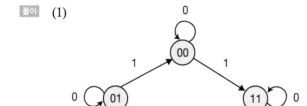

(2)

현재 상태		입력	다음 상태		출 력			
A	B	y	A	B	J_A	K_A	J_B	K_B
0	0	0	0	0	0	X	0	X
0	0	1	1	1	1	X	1	X
0	1	0	0	1	0	X	X	0
0	1	1	0	0	0	X	X	1
1	0	0	1	0	X	0	0	X
1	0	1	0	1	X	1	1	X
1	1	0	1	1	X	0	X	0
1	1	1	1	0	X	0	X	1

(3)

A＼By	00	01	11	10
0	0	1	0	0
1	X	X	X	X

$J_A = B'y$

A＼By	00	01	11	10
0	X	X	X	X
1	0	1	0	0

$K_A = B'y$

A＼By	00	01	11	10
0	0	1	X	X
1	0	1	X	X

$J_B = y$

A＼By	00	01	11	10
0	X	X	1	0
1	X	X	1	0

$K_B = y$

(4)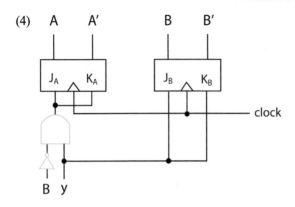

 S-R 플립플롭을 사용하여 다음 상태도에 대한 동기순서 논리회로를 설계하고자 한다. 아래 물음에 답하시오.

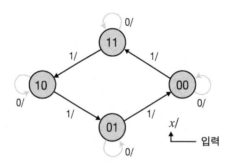

(1) 아래 상태표에서 비어 있는 부분을 완성하시오.

현재 상태		다음 상태			
		x=0		x=1	
A	B	A	B	A	B
0	0				
0	1				
1	0				
1	1				

(2) 여기표를 활용하여 회로에 대한 아래의 상태 여기표를 완성하시오.

현재 상태		입력	차기 상태		플립플롭 입력			
A	B	x	A	B	S_A	R_A	S_B	R_B
0	0	0						
0	0	1						
0	1	0						
0	1	1						
1	0	0						
1	0	1						
1	1	0						
1	1	1						

(3) 카르노 맵을 이용하여 A, B 플립플롭의 입력함수를 구하시오.

풀이

(1)

현재 상태		다음 상태			
		x=0		x=1	
A	B	A	B	A	B
0	0	0	0	1	1
0	1	0	1	0	0
1	0	1	0	0	1
1	1	1	1	1	0

(2)

조합논리회로의 입력			차기 상태		조합논리회로의 출력			
현재 상태		입력			플립플롭 입력			
A	B	x	A	B	S_A	R_A	S_B	R_B
0	0	0	0	0	0	x	0	x
0	0	1	1	1	1	0	1	0
0	1	0	0	1	0	x	x	0
0	1	1	0	0	0	x	0	1
1	0	0	1	0	x	0	0	x
1	0	1	0	1	0	1	1	0
1	1	0	1	1	x	0	x	0
1	1	1	1	0	x	0	0	1

(3)

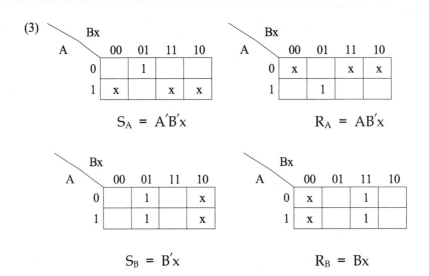

$$S_A = A'B'x$$

$$R_A = AB'x$$

$$S_B = B'x$$

$$R_B = Bx$$

다음 동기 순서논리회로를 해석하고자 한다. 물음에 답하시오.

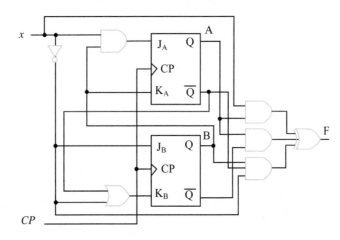

(1) 두 개의 J-K 플립플롭에 대한 입력과 외부 출력 F에 대한 불 대수식을 구하시오.

(2) 아래 상태 표를 완성하시오.

현재 상태		차기 상태				출력	
		x=0		x=1		x=0	x=1
A	B	A	B	A	B	F	F
0	0						
0	1						
1	0						
1	1						

(3) 순서논리회로에서 클록펄스 CP와 입력 x가 아래와 같을 때 플립플롭의 출력 A, B와 회로의 출력 F에 대한 파형을 그리시오. 단, A, B, F의 초깃값은 0이다.

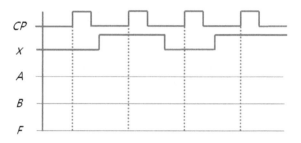

풀이　(1) $J_A = xB$, $K_A = B$, $J_B = x'$, $K_B = x' + A'$ 또는 $(xA)'$

$F = xA \oplus AB' \oplus x'A'B$

(2)

현재 상태		차기 상태				출력	
		x=0		x=1		x=0	x=1
A	B	A	B	A	B	F	F
0	0	0	1	0	0	0	0
0	1	0	0	1	0	1	0
1	0	1	1	1	0	1	1
1	1	0	0	0	1	0	1

(3)

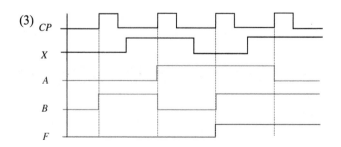

J-K 플립플롭을 사용하여 다음 상태도에 대한 동기순서 논리회로를 설계하고자 한다. 아래 물음에 답하시오. 단, 플립플롭은 A, 출력변수는 F, 입력변수는 x, y를 사용한다.

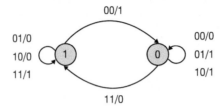

(1) 아래의 상태 여기표에서 ①~⑨까지의 내용을 순서대로 나열하시오.

조합논리회로의 입력			차기 상태	조합논리회로의 출력		
현재 상태	입력			플립플롭 입력		외부 출력
A	x	y	A	J_A	K_A	F
0	0	0	0	0	x	0
0	0	1	0	0	x	1
0	1	0	0	①	②	③
0	1	1	1	④	⑤	⑥
1	0	0	0	⑦	⑧	⑨
1	0	1	1	x	0	0
1	1	0	1	x	0	0
1	1	1	1	x	0	1

(2) 카르노 맵을 이용하여 플립플롭의 입력 J_A, K_A에 대한 함수를 구하시오.

(3) 카르노 맵을 이용하여 외부 출력 F에 대한 함수를 구하시오.

풀이 (1)

조합논리회로의 입력			차기 상태	조합논리회로의 출력		
현재 상태	입력			플립플롭 입력		외부 출력
A	x	y	A	J_A	K_A	F
0	0	0	0	0	x	0
0	0	1	0	0	x	1
0	1	0	0	0	x	1
0	1	1	1	1	x	0
1	0	0	0	x	1	1
1	0	1	1	x	0	0
1	1	0	1	x	0	0
1	1	1	1	x	0	1

(2)　　　　　　　　$J_A = xy$　　　　　　　　　　　　$K_A = x'y'$ 또는 $(x+y)'$

A \ xy	00	01	11	10
0	0	0	1	0
1	x	x	x	x

A \ xy	00	01	11	10
0	x	x	x	x
1	1	0	0	0

(3) $F = x \oplus y \oplus A\ (A'x'y + A'xy' + Ax'y' + Axy)$

A \ xy	00	01	11	10
0	0	1	0	1
1	1	0	1	0

T 플립플롭 3개를 사용하여 3비트 이진 카운터(binary counter)를 설계하고자 한다. 물음에
답하시오.

(1) 카운터의 상태도(state diagram)를 그리시오.
(2) 카운터의 여기표(excitation table)를 나타내시오.
(3) 카르노(Karnaugh) 맵을 이용하여 플립플롭 입력에 대한 간소화된 식을 구하시오.
(4) (3)에서 구한 식을 이용하여 3비트 2진 카운터의 논리도를 그리시오.

풀이　(1)

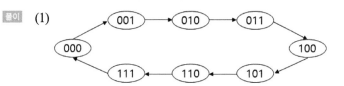

(2)

현재 상태			차기 상태			플립플롭		
A	B	C	A	B	C	T_A	T_B	T_C
0	0	0	0	0	1	0	0	1
0	0	1	0	1	0	0	1	1
0	1	0	0	1	1	0	0	1
0	1	1	1	0	0	1	1	1
1	0	0	1	0	1	0	0	1
1	0	1	1	1	0	0	1	1
1	1	0	1	1	1	0	0	1
1	1	1	0	0	0	1	1	1

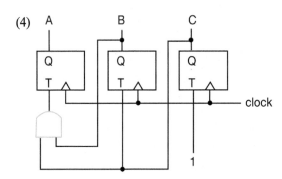

(3)

A\BC	00	01	11	10	
0	0	0	1	0	$T_A = BC$
1	0	0	1	0	

A\BC	00	01	11	10	
0	0	1	1	0	$T_B = C$
1	0	1	1	0	

A\BC	00	01	11	10	
0	1	1	1	1	$T_C = 1$
1	1	1	1	1	

(4)

 자동판매기 기능을 구현하기 위해 동기형 순차회로를 설계하고자 한다. 조건을 고려하여 물음에 답하시오.

> **조건**
> ① 투입된 금액을 저장하기 위해 플립플롭을 사용한다.
> ② 자동판매기는 300원짜리 음료수를 판매한다.
> ③ 50원과 100원짜리 동전만 사용할 수 있다.
> ④ 투입된 금액이 300원 이상이면 음료수를 내보내고 잔액을 반환한다.
> ⑤ 초기 금액은 0원이며, 반환 버튼을 누르면 현재 금액을 반환하고 초기 금액이 된다.

(1) 입력과 출력의 종류를 나열하시오.

(2) 플립플롭이 가질 수 있는 상태의 종류를 나열하시오.

(3) 자판기의 상태도를 그리시오.

(4) 자판기의 상태표를 작성하시오.

풀이 (1)

<입력 종류>

I_1	I_0	입력
0	0	입력 없음
0	1	50원 동전 입력
1	0	100원 동전 입력
1	1	해당 없음

<출력 종류>

O_1	O_0	출력
0	0	출력 없음
0	1	거스름돈 출력
1	0	음료수 출력
1	1	음료수와 거스름돈 출력

(2)

<플립플롭 상태의 종류>

S_2	S_1	S_0	플립플롭
0	0	0	입력 없음 상태 저장
0	0	1	50원 입력 상태 저장
0	1	0	100원 입력 상태 저장
0	1	1	150원 입력 상태 저장
1	0	0	200원 입력 상태 저장
1	0	1	250원 입력 상태 저장

(3)

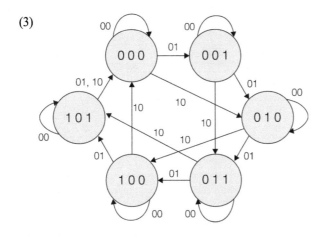

(4)

현재 상태			입력		다음 상태			현재 상태			입력		다음 상태		
S_2	S_1	S_0	I_1	I_0	S_2	S_1	S_0	S_2	S_1	S_0	I_1	I_0	S_2	S_1	S_0
0	0	0	0	0	0	0	0	1	0	0	0	0	1	0	0
0	0	0	0	1	0	0	1	1	0	0	0	1	1	0	1
0	0	0	1	0	0	1	0	1	0	0	1	0	0	0	0
0	0	0	1	1	x	x	x	1	0	0	1	1	x	x	x
0	0	1	0	0	0	0	1	1	0	1	0	0	1	0	1
0	0	1	0	1	0	1	0	1	0	1	0	1	0	0	0
0	0	1	1	0	0	1	1	1	0	1	1	0	0	0	0
0	0	1	1	1	x	x	x	1	0	1	1	1	x	x	x
0	1	0	0	0	0	1	0	1	1	0	0	0	x	x	x
0	1	0	0	1	0	1	1	1	1	0	0	1	x	x	x
0	1	0	1	0	1	0	0	1	1	0	1	0	x	x	x
0	1	0	1	1	x	x	x	1	1	0	1	1	x	x	x
0	1	1	0	0	0	1	1	1	1	1	0	0	x	x	x
0	1	1	0	1	1	0	0	1	1	1	0	1	x	x	x
0	1	1	1	0	1	0	1	1	1	1	1	0	x	x	x
0	1	1	1	1	x	x	x	1	1	1	1	1	x	x	x

다음 상태표에 맞는 순서 논리회로를 T-플립플롭을 사용하여 설계하고자 한다. 물음에 답하시오. 단, 상태표에서 x는 시스템 입력이다.

현재 상태			다음 상태						출력	
			x=0			x=1			x=0	x=1
A	B	C	A	B	C	A	B	C	F	F
0	0	1	0	0	1	0	1	0	0	0
0	1	0	0	1	1	1	0	0	0	0
0	1	1	0	0	1	1	0	0	0	0
1	0	0	1	0	1	1	0	0	0	1
1	0	1	0	0	1	1	0	0	0	1

(1) 상태 여기표(excitation table)를 작성하시오.

(2) 미사용 상태를 포함하여 플립플롭 입력과 출력에 대한 간소화된 식을 구하시오.

(3) 미사용 상태의 상태표를 작성하시오.

(4) 미사용 상태를 포함한 상태도를 그리시오.

풀이 (1)

현재 상태			차기 상태						출력		플립플롭 입력					
			x=0			x=1			x=0	x=1	x=0			x=1		
A	B	C	A	B	C	A	B	C	F	F	T_A	T_B	T_C	T_A	T_B	T_C
0	0	1	0	0	1	0	1	0	0	0	0	0	0	0	1	1
0	1	0	0	1	1	1	0	0	0	0	0	0	0	1	1	0
0	1	1	0	0	1	1	0	0	0	0	0	1	0	1	1	1
1	0	0	1	0	1	1	0	0	0	1	0	0	1	0	0	0
1	0	1	0	0	1	1	0	0	0	1	1	0	0	0	0	1

(2) 미사용 상태 : (000), (110), (111)

Cx \ AB	00	01	11	10
00	x	x		
01		1	1	
11	x	x	x	x
10				1

$$T_A = Bx + ACx'$$

Cx \ AB	00	01	11	10
00	x	x	1	
01		1	1	1
11	x	x	x	x
10				

$$T_B = A'x + BC$$

Cx \ AB	00	01	11	10
00	x	x	1	
01	1		1	
11	x	x	x	x
10	1		1	

$$T_C = C'x' + Cx = C \odot x$$

Cx \ AB	00	01	11	10
00	x	x		
01				
11	x	x	x	x
10		1	1	

$$F = Ax$$

(3)

현재 상태			차기 상태						출력	
			x=0			x=1			x=0	x=1
A	B	C	A	B	C	A	B	C	F	F
0	0	0	0	0	1	0	1	0	0	0
1	1	0	1	1	1	0	1	0	0	1
1	1	1	0	0	1	0	0	0	0	1

(4)

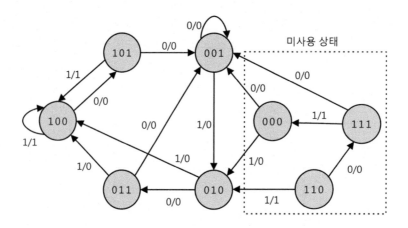

컴퓨터구조

※ 컴퓨터구조 과목의 평가 영역 및 평가 내용 요소

평가 영역	평가 내용 요소
연산장치	데이터표현
	레지스터 전송과 메모리 전송
	산술/논리/시프트 마이크로 연산
컴퓨터구조와 설계	명령어 코드
	연산과 마이크로 연산
	레지스터와 공동 버스 시스템
	입출력과 인터럽트
	제어 장치의 구성 방식(hardwired 방식)
중앙처리장치	레지스터와 스택 구조
	명령어 형식과 종류
	어드레싱 모드
	데이터 전송과 처리
	프로그램 제어
	명령어 집합과 명령어 사이클
기억장치	메모리 계층
	주기억 장치와 보조기억 장치
	캐시 메모리
입출력장치	입출력 인터페이스
	전송 모드
	우선순위 인터럽트
	직접 메모리 접근
병렬 컴퓨터	병렬 처리와 파이프라인
	산술/명령어/RISC 파이프라인

3.1 연산장치

다음 그림은 두 개의 10진수를 더하는 BCD 가산기의 일부를 나타낸 것이다. 물음에 답하시오.

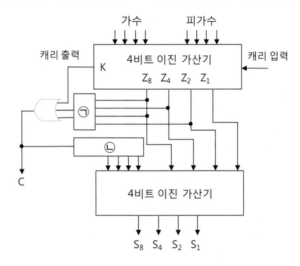

(1) 출력 캐리 C에 대한 카르노 맵을 작성하고 부울 함수를 구하시오.

(2) 출력값의 보정 유무를 판단할 수 있도록 ㉠에 들어갈 회로를 그리시오.

(3) 출력값을 보정하는 ㉡의 회로를 그리시오.

풀이 (1) BCD 코드는 2진수와 달리 표현 범위가 0에서 9까지이다. 따라서 4비트의 2진수 합이 1010~1111인 경우 보정해 주어야 한다.

Z_8Z_4 \ Z_2Z_1	00	01	11	10
00	0	0	0	0
01	0	0	0	0
11	1	1	1	1
10	0	0	1	1

$$C = K + Z_8Z_4 + Z_8Z_2$$

(2)   (3)

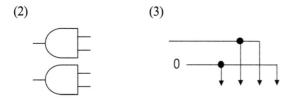

다음 그림은 2비트 산술회로를 나타낸 것이다. 아래의 회로를 확장하여 n비트 연산이 가능하도록 구성하였다고 가정할 때, 산술회로에 대한 함수표를 작성하시오.

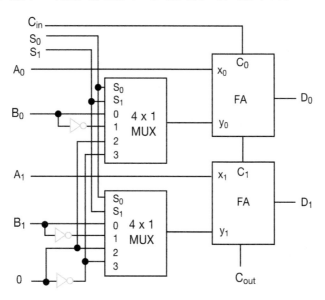

S_0	S_1	C_{in}	출력
0	0	0	$A + B$
0	0	1	$A + B + 1$
0	1	0	$A + B'$
0	1	1	$A + B' + 1$
1	0	0	A
1	0	1	$A + 1$
1	1	0	$A - 1$
1	1	1	A

부동소수점 이진수를 나타내기 위해 부호 비트 1, 지수(exponent) 8비트, 가수(mantissa) 23비트를 사용한다. 지수는 바이어스 128을 사용하며, 가수는 정규화된 소수이다. 물음에 답하시오.

(1) 표현할 수 있는 양수의 최댓값은 무엇인가?
(2) 표현할 수 있는 양수의 최솟값은 무엇인가?
(3) 표현할 수 있는 음수의 범위를 구하시오.

풀이 (1) 지수 표현 : 11111111 = 255, 실제 지수 값은 127(255 − 128)

가수 표현 : 0.111...1 = $1 - 2^{-23}$, 생략된 1비트를 추가하면 가수는 $1 - 2^{-24}$

따라서 최댓값은 $(1 - 2^{-24}) \times 2^{127}$이 된다.

(2) 지수 표현 : 00000000 = 0, 실제 지수 값은 −128(0 − 128)

가수 표현 : 0.000...0, 생략된 1비트를 추가하면 가수는 2^{-1}

따라서 최솟값은 $2^{-1} \times 2^{-128} = 2^{-129}$가 된다.

(3) 음수의 표현 범위

$$- (1 - 2^{-24}) \times 2^{127} \sim - 2^{-129}$$

수의 표현과 산술연산에 관한 다음의 물음에 답하시오.

(1) 부호를 갖는 2의 보수로 음수를 표현하는 경우에 (−42)−(−13)의 이진 산술연산 과정을 나타내시오. 단, 수는 부호비트를 포함하여 8비트로 나타낸다.

(2) 부호를 갖는 10의 보수로 음수를 표현하는 경우에 (−638)+(+785)의 십진수 산술연산 과정을 나타내시오.

풀이 (1) 어떤 수의 base가 r인 경우 r의 보수는 아래와 같이 구할 수 있다.

- n개의 자리를 갖는 N에 대하여 r의 보수 : $r^n - N$
- r의 보수 : (r − 1)의 보수 + 1

① 13 = 00001101, −13 = 11110010 + 1 = 11110011

② 42 = 00101010, −42 = 11010101 + 1 = 11010110

③ −(−13)은 (−13)을 2의 보수로 만든 것이다.

따라서 −(−13) = 00001100 + 1 = 00001101

④ $-42 - (-13) = 11010110 + 00001101 = 11100011$

⑤ 11100011은 −29의 2의 보수 표현이므로 계산 결과가 된다.

(2) ① 638에 대한 10의 보수는 $10^3 - 638 = 1000 - 638 = 362$

② $362 + 785 = 1147$

③ 값 1147에서 첫 번째 1은 carry이므로 버린다.

④ 따라서 $(-638) + (+785) = 147$

부호-절댓값(signed-magnitude)으로 표현되는 고정소수점 이진수의 곱셈 연산을 위한 하드웨어 블록도를 나타내시오. 그리고 두 개의 이진수 11111(피승수)과 10101(승수)의 연산 과정을 레지스터 내용으로 나타내시오. 단, 이진수에 부호는 포함되지 않는다.

풀이 (1) 곱셈 알고리즘의 계산

부호 절댓값의 고정소수점의 2진수 곱셈은 덧셈과 시프트의 반복적인 연산으로 이루어진다.

(2) 부호 절댓값 데이터에 대한 하드웨어 구성

① 곱셈 방식

• 가산기가 두 2진수를 더하고 레지스터에 부분 곱을 연속적으로 저장한다.

• 피승수를 왼쪽으로 이동시키는 대신에 부분 곱이 우측으로 자리를 이동한다.

• 승수의 해당하는 비트가 0일 경우 부분 곱에 모든 0을 더할 필요가 없다.

② 곱셈을 위한 하드웨어 구성

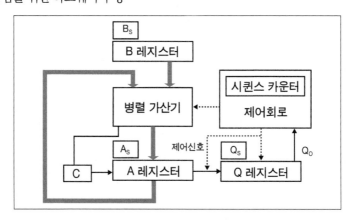

③ 동작

• 승수는 Q 레지스터에(10101) 저장하고, 그 부호는 Qs에 저장한다.

• 시퀀스 카운터는 승수의 비트 수(101)를 초깃값으로 세트한다.

• 부분 곱을 수행한 후 카운터는 1씩 감소하고, 0이 되면 곱셈이 완료된다.

• 피승수는 B에(11111), 승수는 Q에 저장하고, A와 B의 합으로 부분 곱을 만들어 레지스터 CA에 저장한다.

• 부분 곱과 승수는 C와 함께 우측으로 시프트 된다. 이때 A의 최하위 비트는 Q의 최상위 비트로 시프트 된다.

• Q의 최하위 비트로 부분 곱의 방식을 결정한다.

(3) 2진 곱셈에 대한 과정(피승수(B) : 11111, 승수(Q) : 10101)

피승수 B = 11111		C	A	Q	SC
초기화		0	00000	10101	101
Q_0 = 1	B와 덧셈		11111		
	부분곱	0	11111		
	CAQ 우측 시프트	0	01111	11010	100
Q_0 = 0	CAQ 우측 시프트	0	00111	11101	011
Q_0 = 1	B와 덧셈		11111		
	부분곱	1	00110		
	CAQ 우측 시프트	0	10011	01110	010
Q_0 = 0	CAQ 우측 시프트	0	01001	10111	001
Q_0 = 1	B와 덧셈		11111		
	부분곱	1	01000		
	CAQ 우측 시프트	0	10100	01011	000
최종 결과(AQ)			10100	01011	

8비트의 수 A(01000001)와 B(10000100)의 크기를 비교하고자 한다. 물음에 답하시오.

(1) A와 B가 부호가 없는 수일 때 두 수의 차를 계산한 후 10진수로 나타내고, 상태비트 C, S, Z, V의 값을 쓰시오.

(2) A와 B가 부호가 있는 수(음수는 2의 보수)일 때 두 수의 차를 계산한 후 10진수로 나타내고, 상태비트 C, S, Z, V의 값을 쓰시오.

(1) C(빌림 수) = 1, Z = 0, (부호 없는 수의 대소 비교에서 S, V는 사용되지 않음)

$$A = 01000001 \ (+65)$$
$$- \ B = 10000100 \ (+132)$$
$$10111101 \ (-67)$$

(2) C = 0, S = 1, Z = 0, V = 1

$$
\begin{array}{ll}
A = 01000001 \ (+65) & A = 01000001 \ (+65) \\
- \ B = 10000100 \ (-124) \ \Rightarrow & + \ B = 01111100 \ (+124) \\
& \overline{\ 10111101 \ (-67)}
\end{array}
$$

다음 그림은 ALU와 상태 레지스터 비트를 나타낸 것이다. 조건을 고려하여 물음에 답하시오.

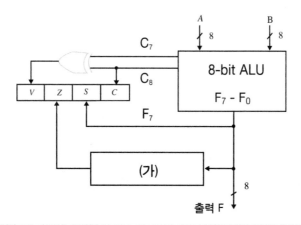

조건

① ALU 입력 A와 B의 값은 각각 11010110와 01011101이다.

② A, B의 값은 2의 보수로 표현되었다.

③ 각 문항은 모두 별개의 문항으로 풀이한다.

(1) Zero 플래그의 동작을 위해 필요한 (가)의 게이트는 무엇인가?

(2) A−B 연산을 수행하였을 때 출력 F와 상태 레지스터의 값은 무엇인가?

(3) 논리연산으로 레지스터 A의 하위 4비트인 0110을 1101로 대체시키고자 한다. 연산 과정을 나타내시오.

(4) A를 산술적 좌측 시프트 한 후 그 결과에 대하여 두 번의 산술적 우측 시프트를 수행하였다. A의 값을 2진수와 10진수로 나타내시오.

(1) NOR

(2) 01111001, 상태 레지스터 : 1001

(3) A를 11110000으로 AND 연산을 수행한 후 00001101로 OR 연산 수행

(4) 11101011, -21

두 수 A와 B의 크기는 뺄셈 A-B를 통하여 비교할 수 있다. 연산 결과에 의해 상태비트인 C(carry), Z(zero), V(overflow), S(sign)의 값이 결정되는데 이들 상태비트를 사용하여 A와 B의 크기를 판단할 수 있다. 이때 A와 B가 부호가 없는 수인 경우와 부호가 있는 2의 보수 형태일 때 대소 관계를 판단하는 방식이 다르다. 부호가 있는 2의 보수 형태에서 오버플로가 발생되면 부호가 반전되고, 부호가 없는 두 수의 비교에서 캐리 비트는 빌림(borrow) 비트로 간주된다. 즉, A<B이면 C=1이다. A와 B의 대소 관계를 판단할 수 있도록 아래 표의 ①~④를 완성하시오.

<부호가 없는 두 수(A, B) 비교>		<부호가 있는 2의 보수(A, B) 비교>	
대소 관계	상태비트의 조건	대소 관계	상태비트의 조건
A > B	C = 0 and Z = 0	A > B	$(S \oplus V) = 0$ and Z = 0
A ≥ B	①	A ≥ B	③
A < B	②	A < B	④
A ≤ B	C = 1 or Z = 1	A ≤ B	$(S \oplus V) = 1$ or Z = 1
A = B	Z = 1	A = B	Z = 1
A ≠ B	Z = 0	A ≠ B	Z = 0

풀이

<부호가 없는 두 수(A, B) 비교>		<부호가 있는 2의 보수(A, B) 비교>	
대소 관계	상태비트의 조건	대소 관계	상태비트의 조건
A > B	C = 0 and Z = 0	A > B	$(S \oplus V) = 0$ and Z = 0
A ≥ B	C = 0	A ≥ B	$(S \oplus V) = 0$
A < B	C = 1	A < B	$(S \oplus V) = 1$
A ≤ B	C = 1 or Z = 1	A ≤ B	$(S \oplus V) = 1$ or Z = 1
A = B	Z = 1	A = B	Z = 1
A ≠ B	Z = 0	A ≠ B	Z = 0

- 부호가 없는 두 수 비교

① C = 1이면 A < B이므로 C = 0이면 A ≥ B이다.

② Z = 1이면 A = B이므로 Z = 0이면 A ≠ B이다.

③ A > B는 A ≥ B이지만 A ≠ B인 것이므로 C = 0이고 Z = 0이다. 따라서 $C'Z' = 1$

④ A ≤ B는 A < B이거나 A = B인 것이므로 C = 1 또는 Z = 1이다. 따라서 C + Z = 1

- 부호가 있는 2의 보수 비교

① Z = 1이면 A = B이므로 Z = 0이면 A ≠ B이다.

② A ≥ B는 A − B ≥ 0이다. 오버플로우가 없을 때(V = 0) 부호는 양수이므로 (S = 0)이고, 오버플로우가 있을 때(V = 1) 부호는 음수이므로 (S = 1)이다. 따라서 $S'V' + SV = 1$이므로 $S \oplus V = 0$ 이다.

③ A < B는 A ≥ B의 부정이므로 $S \oplus V = 1$이다.

④ A > B는 A ≥ B이지만 A ≠ B이므로 $S \oplus V = 0$이고 Z = 0이다.

⑤ A ≤ B는 A < B이거나 A = B이므로 $S \oplus V = 1$ 또는 Z = 1이다.

부호가 없는 숫자 A(1011010)와 B(1001001)에 대한 뺄셈을 수행하고자 한다. 물음에 답하시오.

(1) 부호가 없는 숫자의 뺄셈 연산 과정을 설명하시오. 단, 뺄셈은 2의 보수를 사용한다고 가정한다.

(2) (A − B)와 (B − A) 연산을 수행하시오.

풀이 (1) 부호 없는 숫자의 뺄셈인 (M − N) 연산 과정

① 감수 N에 대한 2의 보수를 구하여 피감수 M에 더한다.

② M ≥ N이면 ①에서 캐리가 발생한다. 여기서 발생한 캐리를 버리면 연산 결과가 된다.

③ M < N이면 ①에서 캐리가 발생하지 않는다. ①의 결과에 대한 2의 보수를 취하고 음수 부호를 추가하면 연산 결과가 된다.

(2) ① (A – B) 연산

$$A = \quad 1011010$$
$$+\ B = \quad 0110111 \quad \text{(B에 대한 2의 보수)}$$
$$\overline{\qquad\qquad 10010001 \quad \text{(캐리가 발생함)}}$$
$$\qquad\quad 0010001 \quad \text{(캐리를 버린 연산 결과)}$$

② (B – A) 연산

$$B = \quad 1001001$$
$$+\ A = \quad 0100110 \quad \text{(A에 대한 2의 보수)}$$
$$\overline{\qquad\qquad 1101111 \quad \text{(캐리가 발생하지 않음)}}$$
$$\qquad\quad 0010001 \quad \text{(1101111에 대한 2의 보수)}$$
$$\qquad -\ 0010001 \quad \text{(연산 결과)}$$

32비트(부호 1비트, 지수 8비트, 가수 23비트) 부동소수점 수의 표현에 대한 아래 물음에 답하시오.

(1) 10진수 −43.12를 바이어스 128을 사용하여 정규화 된 형태로 나타내시오. 단, 소수 부분은 다섯째 자리까지만 구한다.

(2) IEEE 754 형식으로 나타낸 비트 표현이 아래와 같다. 이것을 $(-1)^S 2^{E-127}(1.M)$ 형식으로 나타내시오.

<u>1 0100 1001 100 0110 0000 0000 0000 0000</u>

풀이 (1) $-43.12_{10} = -101011.00011 = -0.10101100011_2 \times 2^6$

- 부호(S)비트 : 1(−)
- 지수(E) : 00000110 + 10000000 = 10000110 (바이어스 128을 더함)
- 가수(M) : 10101100011100000000000 (가수의 최상위 비트 1은 생략)

31 30		23 22	0
1	1000 0110	010 1100 0110 0000 0000 0000	

(2) • 부호(S) 비트 : 1(−)
- 지수(E) : 01001001(73) − 01111111(127) = −54
- 가수(M) : 100011에서 생략된 1을 추가하면 1.100011
- 수 : $-1.100011 \times 2^{-54} = -1100011 \times 2^{-48}$

32비트(부호 1비트, 지수 8비트, 가수 23비트) 부동소수점 수의 표현에 대한 물음에 답하시오.

(1) 10진수 −33.6875를 바이어스 128을 사용하여 정규화 된 형태로 나타내시오.

(2) IEEE 754 형식으로 나타낸 비트 표현이 아래와 같다. 이에 대한 10진수를 구하시오. 단, 소수점 셋째 자리까지 구한다.

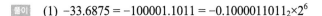

1 0111 1101 100 0000 0000 0000 0000 0000

풀이

(1) $-33.6875 = -100001.1011 = -0.1000011011_2 \times 2^6$

• 부호(S) 비트 : 1(−)

• 지수(E) : 00000110 + 10000000 = 10000110 (바이어스 128을 더한다)

• 가수(M) : 000 0110 1100 0000 0000 0000

31	30		23	22		0
1	1000 0110			000 0110 1100 0000 0000 0000		

(2) • 부호 : 음수

• 지수 : 01111101 − 01111111 = −2, 가수 : 1.1

• 수 : $-1.1 \times 2^{-2} = -1.5 \times 0.25 = -0.375$

32비트(부호 1비트, 지수 8비트, 가수 23비트) 부동소수점 수의 표현에 대한 아래 물음에 답하시오.

(1) 10진수 −14.625를 IEEE 754 형식으로 나타내시오.

(2) 다음은 바이어스 128을 사용하는 정규화 된 표현의 비트 패턴을 나타낸 것이다. 이에 대한 10진수를 구하시오.

1 1010 1001 101 0100 0000 0000 0000 0000

(3) 부동소수점 수의 표현에서 지수를 바이어스 된 수(biased number)로 표현하는 이유는 무엇인가?

풀이 (1) $-14.625 = 1.110101 \times 2^3$ $(14 = 1110, 0.625 = .101)$

　　　・ 1000 0010 110 1010 0000 0000 0000 0000

　(2) ・지수 : $10101001 - 10000000 = 00101001 = 41$

　　　・가수 : 0.110101

　　　・부호 : 음수

　　　・수 : $0.110101 \times 2^{41} = -11010100000 \times 2^{30} \approx -1696 \times 10^9$

　　　　　$(-0.110101 \times 2^{41} = -0.828125 \times 2^{41}, \ -0.110101 \times 2^{41} = -110101 \times 2^{35} = -53 \times 2^{35})$

　(3) 0을 쉽게 확인할 수 있도록 한다. 지수와 가수 필드가 모두 0인 경우를 0으로 한다. (표현할 수 있는 최솟값을 나타낸 것이다.)

부동소수점 수인 0.1010×2^5과 0.1101×2^4의 연산에 대한 아래 물음에 답하시오. 단, 연산 결과는 반올림하여 소수점 아래 6자리까지만 남긴다.

(1) 덧셈과 곱셈 연산에 대한 단계를 각각 순서대로 나열하시오.
(2) 위의 두 수에 대한 덧셈 과정을 단계별로 나타내시오.
(3) 위의 두 수에 대한 곱셈 과정을 단계별로 나타내시오.

풀이 (1) ・덧셈

　　　① 두 수의 소수점의 위치를 일치시킨다. (지수가 같도록 조정한다.)

　　　② 가수들 간에 더하기를 수행한다.

　　　③ 결과를 정규화 한다.

　　　・곱셈

　　　① 가수를 곱한다.

　　　② 지수를 더한다.

　　　③ 결과를 정규화 한다.

　(2) ① 지수 조정 : $0.1010 \times 2^5, \ 0.1101 \times 2^4 = 0.01101 \times 2^5$

　　　② 가수 덧셈 : $0.1010 + 0.01101 = 1.00001$

　　　③ 정규화 : 0.100001×2^6

　(3) ① 가수 곱셈 : $0.1010 \times 0.1101 = 0.1000010$

　　　② 지수 덧셈 : $5 + 4 = 9$

　　　③ 정규화 : 0.100001×2^9 (소수점 아래 6자리까지만 표현)

3.2 컴퓨터 구조와 설계

 다음의 조건부 제어문을 제어함수(control function)를 갖는 두 개의 레지스터(register) 전송문으로 나타내고 블록도를 그리시오.

> If (P = 1) then $(R_1 \leftarrow R_2)$ else if (Q = 1) then $(R_1 \leftarrow R_3)$

풀이
- $P : R_1 \leftarrow R_2$
- $P'Q : R_1 \leftarrow R_3$

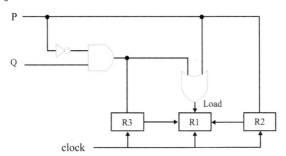

 다음 문장을 구현하는 하드웨어의 블록도를 그리시오. 문장에서 x, y, z는 제어변수이며, 제어함수에서 + 기호는 OR 연산을 나타낸다. AR과 BR은 각각 n비트 레지스터이다.

> x + yz : AR ← AR + BR

풀이

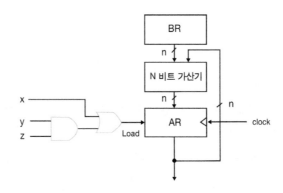

RISC(reduced instruction set computer) 구조는 CISC(complex instruction set computer)의 단점을 개선하여 시스템의 성능 향상을 위해 개발되었다. CISC 구조의 주요 특징을 나열하고, 각 특징에 대해 RISC 구조에서 개선된 내용과 그로 인한 개선 효과를 설명하시오.

풀이 RISC는 컴퓨터의 명령어 집합을 간소화하여 실행시간을 단축하고 이를 통해 성능 향상을 이루는 것으로 CISC와 비교하면 다음과 같은 특징이 있다.

CISC의 특징	RISC 구조에서 개선된 점	개선 효과
많은 수의 명령어를 사용함 (100~250개)	상대적으로 적은 수의 명령어를 사용함	메모리를 참조하는 간단한 LOAD와 STORE 동작을 제외하고 모두 레지스터 간의 동작으로 구성된다. 명령어 집합을 단순화하고 레지스터의 처리를 최적화할 수 있도록 설계됨
다양한 어드레싱 모드를 사용함 (5~20종류)	상대적으로 적은 수의 어드레싱 모드를 사용함	즉시(immediate)나 상대 모드를 제외하고 모두 레지스터 기반의 어드레싱을 사용하기 때문에 어드레싱 모드의 수가 적음
가변 길이 명령어 형식을 가짐	고정된 길이의 명령어 형식을 사용함	명령어 종류가 적어서 고정된 명령어 길이를 사용할 수 있다. 그 결과 명령어 디코딩이 쉽고, 제어 논리도 간단히 구현할 수 있다. 또한, 제어장치를 하드웨어로 구현할 수 있어서 제어신호를 빠르게 발생시킴
메모리의 피연산자를 처리하는 명령어로 구성	메모리 참조는 LOAD와 STORE 로만 구성함. 대부분의 동작을 레지스터에서 수행함	파이프라인을 사용하여 각 클럭 사이클마다 다수의 명령어가 동시에 실행되도록 한다. 예를 들면, 한 명령어 처리를 인출, 디코딩, 실행 단계를 구분하여 한 클럭에 3개 명령어를 동시에 처리할 수 있음

다음 그림은 RISC 설계에서 사용되는 중첩 레지스터 윈도우 방식을 나타낸 것이다. CWP(Current Window Pointer)는 현재 사용 중인 레지스터 윈도우를 뜻하며, 그림에서는 8을 가리키고 있다. 다음 물음에 답하시오.

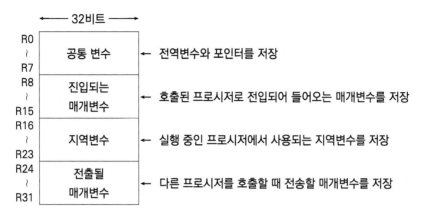

(1) 전체 520개의 레지스터를 사용할 때 몇 개의 프로시저가 연속적으로 호출될 수 있는가? 단, 전역 변수 저장 레지스터를 제외한 나머지 레지스터들은 환형적으로 구성된다.

(2) 다음과 같은 함수를 실행시킬 때, 총 사용되는 레지스터 윈도우의 개수와 수행 과정에서 CWP의 변화 과정을 적으시오. 단, main 함수와 fac() 함수 모두 고려한다.

```
main() {
  ...
  int n = 3 ;
  int num ;
  num = fac(n) ;
  ...
}
```

```
int fac(int n) {
  if(n == 1)
    return 1 ;
  return n * fac(n-1) ;
}
```

풀이 (1) 32개, $520 = (8+8) \times w + 8$

(2) 4개, CWP 변화 과정 : 8, 24, 40, 56, 40, 24, 8

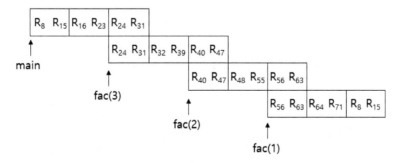

16비트 컴퓨터에서 SP의 내용이 FFF5이고, 스택의 최상위에는 012A이 저장되어 있다. 두 단어(word) 길이인 서브루틴 호출(CALL) 명령어의 연산코드가 234A 번지에, 서브루틴의 시작주소 345D는 234B 번지에 저장되어 있다. 아래 명령어 처리의 각 순간에 PC와 SP의 값을 쓰고, 스택의 내용을 저장된 순서대로 나열하시오. 단, 숫자는 16진수로 나타낸 것이며, 스택은 주기억장치의 마지막에서 시작된다고 가정한다.

명령어 처리	PC	SP	스택의 내용
① CALL 명령어가 실행되기 전			
② CALL 명령어가 실행된 후			
③ 서브루틴으로부터 복귀한 후			
④ 다시 RET 명령어가 실행된 후			

풀이

명령어 처리	PC	SP	스택의 내용
① CALL 명령어가 실행되기 전	234A	FFF5	012A
② CALL 명령어가 실행된 후	345D	FFF4	012A, 234C
③ 서브루틴으로부터 복귀한 후	234C	FFF5	012A
④ 다시 RET 명령어가 실행된 후	012A	FFF6	-

누산기(AC), 메모리, 레지스터 R 사이의 데이터 전송을 위한 시스템을 설계하고자 한다. 조건을 고려하여 시스템을 하드웨어 블록도로 나타내시오.

조건

① X_i가 임의로 발생되는 제어함수일 때 레지스터, 메모리, AC에 대한 전송문은 다음과 같다.

X_1X_3' : R ← M[MAR]	주소 MAR의 메모리 내용을 R로 읽어온다.
$X_1'X_2$: R ← AC	AC 내용을 R로 전송한다.
$X_1'X_3$: M[MAR] ← R	R의 내용을 메모리 주소 MAR에 저장한다.

② 블록도에서 R에 전송할 값을 선택하기 위하여 2×1 멀티플렉서를 사용한다.
③ 멀티플렉서의 선택(Select) 신호가 1과 0일 때 각각 메모리와 AC를 선택한다.
④ 메모리에서 주소와 데이터는 각각 k비트와 n비트로 구성된다.

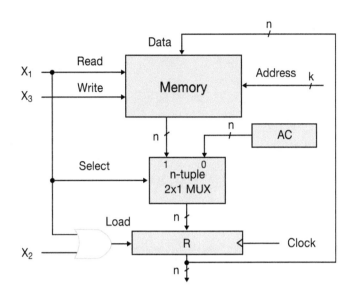

3.3 중앙처리장치

아래 프로그램을 조건에 따라 순차적으로 실행한다고 가정하고 물음에 답하시오.

조건

① 200번지 명령어부터 순차적으로 실행한다.

② 202번지 명령어를 수행할 때 인터럽트가 발생하였다.

③ 스택의 시작주소는 1000번지이고, 현재 스택 포인터(SP)에는 998이 저장되어 있다.

④ 인터럽트 서비스루틴의 시작주소는 500번지이다.

⑤ 명령어의 기능은 다음과 같다.

• LOAD : 지정된 메모리 주소의 값을 AC에 저장

• STA : AC 값을 지정된 메모리 주소에 저장

• ADD : AC 값과 메모리 값을 더하여 결과를 AC에 저장

⑥ 인터럽트 사이클의 마이크로 연산은 다음과 같다.

• T_0 : MBR ← PC

• T_1 : MAR ← SP, PC ← ISR의 시작 주소

• T_2 : M[MAR] ← MBR, SP ← SP - 1

주소	주기억장치 명령어	
200	LOAD	450
201	ADD	451
202	STA	250
203	JUMP	300
...	...	
250	800	
...	...	
300	LOAD	500
...	...	
450	50	
451	80	

(1) 다음은 명령어 인출(fetch) 사이클의 마이크로연산(micro-operation)이다. t_1 클록에서 수행할 마이크로 연산을 쓰시오. 단, 주기억장치의 주소 X에 저장된 내용은 M[X] 형태로 나타낸다.

T_0 : MAR ← PC
T_1 : _____
T_2 : IR ← MBR

(2) 인터럽트 사이클이 종료되었을 때 아래 레지스터와 주기억장치에 저장된 내용은 무엇인가?

레지스터				주기억장치 주소	
IR	AC	PC	SP	300	998

풀이 (1) MBR ← M[MAR], PC ← PC + 1

(2)

레지스터				주기억장치 주소	
IR	AC	PC	SP	300	998
STA 250	130	500	997	LOAD 500	203

주기억장치와 레지스터 내용이 그림과 같을 때 200번지의 ADD 명령어를 수행한다. 주소 지정방식에 따른 유효주소, 명령어 수행 후 AC 값, 주기억장치 접근 횟수를 구하여 아래 표를 완성하시오. 단, ADD 명령어는 AC 값과 유효주소의 값을 합한 후 결과를 AC에 저장한다. 그리고 주기억장치 접근 횟수에는 명령어 인출을 위한 접근은 제외한다.

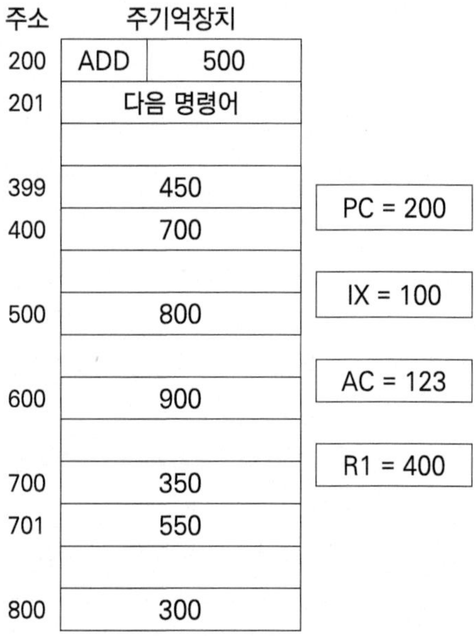

주소	주기억장치	
200	ADD	500
201	다음 명령어	
399	450	
400	700	
500	800	
600	900	
700	350	
701	550	
800	300	

PC = 200

IX = 100

AC = 123

R1 = 400

	유효주소(EA)	AC 값	주기억장치 접근 횟수
직접주소			
간접주소			
상대주소			
인덱스 주소			
레지스터(R1) 간접			

	유효주소(EA)	AC 값	주기억장치 접근 횟수
직접주소	500	923	1
간접주소	800	423	2
상대주소	701	673	1
인덱스 주소	600	1023	1
레지스터(R1) 간접	400	823	1

다음 그림은 레지스터와 주기억장치에 저장된 내용을 나타낸 것이다. 그림에서 숫자는 10진수이고, 레지스터와 주기억장치 워드(word)의 길이는 16비트이다. 주기억장치의 주소는 워드 단위라고 가정하고 주소지정 방식에 관한 아래 물음에 답하시오.

레지스터		주소	주기억장치
PC	300	·	
BR	900	·	
IX	5	·	
		120	A
R2	121	121	B
R3	122	122	C
R4	188	·	
R5	189	·	
		188	D
		189	504
		·	
		·	
		503	121
		504	E

(1) 직접주소 방식에서 명령어 주소 필드가 121일 때 유효주소와 인출 데이터를 쓰시오. 그리고 명령어 길이가 16비트이고 연산코드가 5비트일 때 지정될 수 있는 기억장치 용량을 구하시오.

(2) 간접주소 방식에서 명령어 주소 필드 내용이 189일 때 유효주소와 인출 데이터를 쓰시오. 그리고 명령어에 의해 지정될 수 있는 기억장치 용량을 구하시오.

(3) 즉치주소(immediate) 방식에서 명령어 길이가 16비트이고 연산코드가 5비트일 때 데이터의 범위를 구하시오.

(4) 즉치주소 방식에서 명령어 주소 필드 값이 −43일 때 오퍼랜드 필드의 내용을 2의 보수로 표현하시오.

(5) 레지스터 주소와 레지스터 간접주소 방식에서 명령어 레지스터 필드 값이 3일 때 연산에 사용되는 각각의 데이터를 나열하시오.

(6) 상대주소 방식에서 300번지에 JUMP 명령어가 있다. 주소 필드 내용이 78과 −30인 경우 각각 점프할 주소는 무엇인가?

(7) 상대주소 방식에서 345번지에 JUMP 명령어가 있다. 이 명령어가 실행되면 300번지와 456번지로 분기되도록 하고자 한다. 각각에 대해 명령어의 주소 필드 내용을 이진수로 나타내시오. 단, 주소 필드는 11비트이고, 음수는 2의 보수로 표현한다.

풀이 (1)

 - 121, B

 - 2^{11} word (2048 word, 4096 byte)

(2)

 - 504, E

 - 2^{16} word (64K word, 128K byte)

(3) $-2^{10} \sim 2^{10}-1$ (−1024 ~ 1023)

(4) 11111010101

(5) 122, C

(6) 301 + 78 = 379, 301 − 30 = 271

(7) 300번지 분기 : 300 − 346 = − 46, 11비트 표현 : 11111010010

　　456번지 분기 : 456 − 346 = 110, 11비트 표현 : 00001101110

참고 **주소지정 방식**

일반적으로 많이 언급되는 주소지정 방식을 정리하면 다음과 같다.

① 묵시 모드(Implied mode) : 실제로 유효주소는 불필요하다. 누산기를 사용하는 명령어, 스택에서 이루어지는 PUSH와 POP 등이 이에 해당한다.

② 즉시 모드(Immediate mode) : 즉치 모드라고도 하며, 피연산자가 명령어 그 자체 내에 존재한다.

③ 레지스터 모드(Register mode) : 레지스터에 피연산자가 있고, 주소필드가 레지스터를 지정한다.

④ 레지스터 간접모드(Register indirect mode) : 명령어가 피연산자의 주소를 가지고 있는 레지스터를 지정한다.

⑤ 자동증가 모드(Auto increment) : 메모리를 접근한 후에 주소가 자동으로 하나 증가한다. 나머지는 레지스터 간접모드와 동일하다.

⑥ 자동 감소모드(Auto decrement) : 메모리에 접근하기 전에 주소가 자동으로 하나 감소한다. 나머지는 레지스터 간접모드와 동일하다.

⑦ 직접 주소 모드(Direct mode) : 피연산자의 주소가 그대로 주소필드에 저장된다.

⑧ 간접 주소 모드(Indirect mode) : 명령어의 주소필드가 가리키는 주소에 피연산자의 주소가 저장된다.

⑨ 상대 주소 모드(Relative mode) : PC가 명령어의 주소 부분과 더해져서 유효주소가 된다.

⑩ 인덱스 레지스터 모드(Indexed register mode) : 인덱스 레지스터의 내용이 명령어의 주소부분과 더해져서 유효주소가 결정된다.

⑪ 베이스 레지스터 모드(Base register mode) : 베이스 레지스터의 내용이 명령어의 주소부분과 더해져서 유효주소가 된다. 베이스 레지스터에 프로그램의 시작주소를 가지고 재배치에 사용된다.

메모리 주소 W에 저장된 2워드 명령어를 실행하고자 한다. 명령어의 주소 필드는 W+1에 저장되어 있으며, 그 내용은 Y이다. 그리고 명령어 실행 시 사용되는 피연산자(operand)는 메모리 주소 Z에 저장되어 있고, 인덱스 레지스터에는 X가 저장되어 있다. 이때 다음 각 주소 방식에 대하여 유효주소(effective address)를 나타내시오.

(1) 직접(direct) 주소   (2) 간접(indirect) 주소

(3) 상대(relative) 주소   (4) 인덱스(indexed) 주소

풀이 (1) 직접(direct) 주소 : $Z = Y$

(2) 간접(indirect) 주소 : $Z = M[Y]$

(3) 상대(relative) 주소 : $Z = W + 2 + Y$ (PC = W + 2)

(4) 인덱스(indexed) 주소 : $Z = X + Y$

명령어 형식, 명령어 코드, 레지스터와 메모리의 내용이 아래와 같을 때 물음에 답하시오. 단, 메모리 주소는 10진수이며, 16비트 워드 단위로 주소를 지정한다고 가정한다.

[명령어 형식]

15	12	11	10	9	0
Op-code		Mode		Operand Address	

[명령어 코드]

Op-code	명령어	의미
0001	ADD	AC ← AC + M[X]
0010	LOAD	AC ← M[X]
0011	STA	M[X] ← AC
0101	INC	AC ← AC + 1

[주소]	[메모리 내용]
32	0010 □01 0000 0000
33	0101 0000 0000 0000
34	0001 □00 1000 0000
35	0011 □10 0000 0000
64	0000 0001 0000 0000
128	0000 0001 0000 0000
256	0000 0000 1000 0000
512	0000 0000 0100 0000

[레지스터 내용]

PC 00 0010 0000

AC 0000 0000 0000 0000

(1) 메모리 주소 33번지까지 명령어를 수행한 후 레지스터 PC와 IR에 저장되는 내용을 각각 이진수로 나타내시오.

(2) 직접 주소 모드로 35번지까지 명령어를 수행한 후 64와 512번지의 내용을 각각 이진수로 나타내시오.

(3) 간접 주소 모드로 35번지까지 명령어를 수행한 후 64와 512번지의 내용을 각각 이진수로 나타내시오.

(4) 변위(displacement) 주소지정 방식의 종류를 나열하고 어떤 경우에 효율적으로 사용될 수 있는지 각각 30자 이내로 간단히 쓰시오.

풀이

(1) PC : 00 0010 0010, IR : 0101 0000 0000 0000

(2) 64번지 : 0000 0001 0000 0000, 512번지 : 0000 0001 1000 0001

(3) 64번지 : 0000 0001 1000 0001, 512번지 : 0000 0000 0100 0000

(4) • 상대 주소지정 방식 : 프로그램의 현재 실행 위치에서 점프하는 경우

　　 • 인덱스 주소지정 방식 : 배열의 원소에 대한 위치 지정

　　 • 베이스 레지스터 주소지정 방식 : 프로그램 또는 세그먼트의 시작주소 지정

다음 조건에 따라 각 주소지정 모드에 대하여 유효주소를 나타내고, 명령어의 수행에 필요한 메모리의 참조 수를 구하시오.

조건

① 메모리 주소 W에 2워드 크기의 명령어가 저장되어 있다.

② W+1 위치에 저장된 주소 필드의 값은 Addr이다

③ 베이스 레지스터의 내용은 Rb이다.

④ 메모리의 각 주소에는 워드 크기의 정보가 저장된다.

⑤ 간접주소 모드에서 메모리에 저장된 값은 M[ ] 형태로 나타낸다.

주소지정 모드	직접주소	간접주소	상대주소	베이스 레지스터
유효주소				
메모리 참조 수				

[주소]	[주기억장치]	
W	Op-code	Mode
W+1	Addr	
PC=W+2		
Addr		

주소지정 모드	직접주소	간접주소	상대주소	베이스 레지스터
유효주소	Addr	M[Addr]	W+2+Addr	Rb+Addr
메모리 참조수	3	4	3	3

• Addr = M[W + 1]

다음은 레지스터 기반 명령어(3-주소 명령어)와 스택 기반 명령어(0-주소 명령어)로 작성된 코드이다. 〈조건〉을 고려하여 물음에 답하시오. [중등교사 임용시험 2023-A-8]

<table>
<tr><td>〈3-주소 명령어〉</td><td>〈0-주소 명령어〉</td></tr>
<tr><td>

① ADD R1, 5, 10
② MUL R2, R1, 7
③ ADD R3, 3, 6
④ MUL R4, R2, R3

</td><td>

PUSH 7
PUSH 5
PUSH 10
ADD
PUSH 3
PUSH 6
ㄱ
ㄴ
ㄷ
POP R4

</td></tr>
</table>

조건

- ADD R, A, B : A와 B의 합을 레지스터 R에 넣는다.
- MUL R, A, B : A와 B의 곱을 레지스터 R에 넣는다.
- PUSH A : A를 스택에 넣는 것이다.
- POP R : 스택의 상단 값을 꺼내고 레지스터 R에 넣는다.
- ADD : 스택의 상단 값 두 개를 꺼내고 이 두 값의 합을 구하여 스택에 넣는다.
- MUL : 스택의 상단 값 두 개를 꺼내고 이 두 값의 곱을 구하여 스택에 넣는다.
- 오퍼랜드 R은 레지스터이고, 오퍼랜드 A, B는 숫자 또는 레지스터가 될 수 있다.

(1) 3-주소 명령어의 코드 실행 후 R4에 저장된 값은 무엇인가?

(2) 명령어 ①~④ 중에 위치를 서로 바꾸어도 실행 결과(R4의 값)가 변하지 않는 명령어의 번호 2가지를 쓰시오.

(3) 두 가지 코드의 실행이 완료되었을 때 R4의 값이 같도록 ㄱ, ㄴ, ㄷ에 들어갈 명령어를 순서대로 쓰시오.

풀이 (1) 945

①~④의 각 명령어 수행 후 R1, R2, R3, R4 값은 각각 15, 105, 9, 945로 바뀐다.

(2) ②, ③

②는 ①의 R1과 연관되어 있고, ④는 ②, ③과 연관되어 있다. 그러나 ②, ③은 연관된 R의 값이 없으므로 바꾸어도 실행결과가 바뀌지 않는다.

(3) ADD, MUL, MUL

㉠ 이전까지 코드를 실행하면 스택에 저장된 값은 15 3 6이 된다. 여기서 원하는 결과를 얻기 위해서는 더하기 연산 후 곱하기 연산을 2번 수행해야 한다.

Two-address, One-address, Zero-address 명령어 사용하여 X=A*B 연산을 각각 프로그램 하시오. 식에서 X, A, B는 메모리 주소이며 연산을 위하여 MUL, MOV, LOAD, STORE, PUSH, POP 명령어와 레지스터 R1, R2를 사용할 수 있다.

(1) Two-address

(2) One-address

(3) Zero-address

풀이 (1) 연산 후에 피연산자를 보존할 필요가 없으며, 연산결과를 두 개의 피연산자가 기억된 장소 중 하나에 기억시킬 수 있다. 2주소 명령어의 형식은 다음과 같다.

연산자	피연산자1 주소	피연산자2 주소

MOV R1, A   (R1 ← M[A])

MUL R1, B   (R1 ← R1×M[B])

MOV X, R1   (M[X] ← R1)

(2) 모든 명령어들이 AC에 저장된 자료를 사용한다. 따라서 이러한 컴퓨터에서는 피연산자가 AC에 저장되므로 명령어에서 피연산자 주소를 지정할 필요가 없다. 이 경우 하나의 피연산자의 주소를 생략할 수 있다. 또한 연산결과 역시 항상 AC에 저장하므로 명령어는 1개의 연산자와 1개의 피연산자의 주소만을 포함한다.

연산자	피연산자 주소

LOAD A   (AC ← M[A])

MUL B   (AC ← AC×M[B])

STORE X   (M[X] ← AC)

(3) 명령어에 나타난 연산자의 수행에 있어서 피연산자들의 위치와 연산결과를 기억시킬 장소가 고정되어 있거나 특수한 메모리 구조에 의하여 그 주소를 항상 알 수 있으면 명령어 내에서는 단지 연산자만을 지정하면 된다. 0 주소명령어 형식을 사용하는 컴퓨터의 특징은 연산이 스택(stack)상에서 수행된다는 것이다. 즉 모든 연산은 스택에 있는 피연산자를 대상으로 수행되며, 그 결과 또한 스택에 저장된다.

```
PUSH A
PUSH B
MUL     (SP ← A×B)
POP X    (M[X] ← SP)
```

65536×8 메모리, 16비트 레지스터인 PC와 MAR, 8비트 레지스터인 IR과 MBR을 가진 컴퓨터가 있다. 메모리 참조 명령어는 8비트 연산코드(OP code)와 16비트의 주소 필드로 구성되며, 모든 피연산자는 8비트로 구성된다고 가정하고 아래 물음에 답하시오. 단, 주소는 직접주소지정 방식을 사용하며, PC 값으로 메모리 접근이 가능하다고 가정한다.

(1) 하나의 명령어와 피연산자의 메모리 배치를 그림으로 나타내시오.

(2) 하나의 메모리 참조 명령어를 읽어오고 그 피연산자를 MBR에 저장하기 위한 마이크로 연산을 순서대로 나열하시오. 단, 타이밍 신호는 T_0부터 시작한다.

풀이 (1)

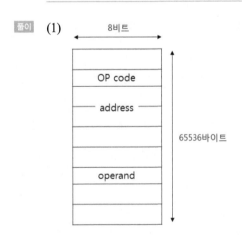

(2) T_0 : IR ← M[PC], PC ← PC + 1

T_1 : MAR[15~8] ← M[PC], PC ← PC + 1

$T_2 : MAR[7{\sim}0] \leftarrow M[PC], PC \leftarrow PC + 1$

$T_3 : MBR \leftarrow M[MAR]$

주기억장치의 내용이 아래와 같으며, 100~101번지에 저장된 명령어인 'LOAD 300'을 처리한다. 이때 주소지정 방식에 따른 유효주소(effective address)와 누산기(AC)의 값을 구하시오. 단, 인덱스 레지스터에 저장된 값은 102이다.

주소 :	...	100	102	...	299	300	301	302	...	402	...	900	...
내용 :	...	LOAD 300	ADD 400	...	V	900	W	400	...	X	...	Y	...

주소지정 방식	직접 주소	간접 주소	즉치 주소	상대 주소	인덱스 주소
유효 주소					
누산기의 값					

주소지정 방식	직접 주소	간접 주소	즉치 주소	상대 주소	인덱스 주소
유효 주소	300	900	101	402 (102+300)	402 (102+300)
누산기의 값	900	Y	300	X	X

다음과 같은 명령어 형식과 CPU 구조를 갖는 컴퓨터가 있다. 물음에 답하시오.

(1) 명령어의 패치 과정을 타이밍 신호(T_0, T_1, ...)를 포함하여 마이크로 연산으로 나타내시오.

(2) 아래 조건에 따라 AND 명령어를 수행한 후 IR, PC, MAR, MDR, AC의 내용을 쓰시오.

조건

① AND 명령어가 100번지에 저장되어 있다.

② AND 명령어의 명령코드는 3, 주소 필드는 0300이다.

③ 300번지에는 0F2D7, AC에는 0A847이 저장되어 있다.

④ 모든 수는 16진수로 나타낸다.

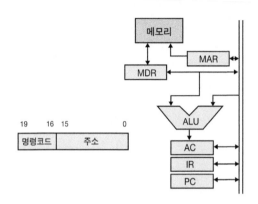

레지스터	IR	PC	MAR	MDR	AC
저장된 값					

 (1) 인출 사이클

T_0 : MAR ← PC

T_1 : MDR ← M[MAR], PC ← PC+1

T_2 : IR ← MDR

(2) AND 명령어의 실행 사이클

T_0 : MAR ← IR(addr)

T_1 : MDR ← M[MAR]

T_2 : AC ← AC∧MDR

레지스터	IR	PC	MAR	MDR	AC
저장된값	30300	0101	0300	0F2D7	0A047

다음 조건을 고려하여 명령어 사이클에 관한 물음에 답하시오.

조건

① 인터럽트 사이클에서는 현재의 명령어 실행을 끝낸 즉시, 다음에 실행할 명령어의 주소(PC 의 내용)를 스택(stack)에 저장한다.

② 스택은 주기억장치에 있는 것으로 가정한다. 인터럽트 서비스 루틴(ISR)을 호출하기 위하 여 그 루틴의 시작 주소를 PC에 적재한다.

③ 간접 사이클은 명령어에 포함되어 있는 주소를 이용하여 그 명령어 실행에 필요한 데이터의 주소를 인출하는 사이클이다. 간접 주소지정 방식에서 사용된다.

④ 스택은 주기억장치 주소가 감소하는 방향으로 커지며, 스택 포인터(stack pointer)는 SP 로 표시한다.

(1) 인터럽트 사이클을 마이크로연산으로 나타내시오.

(2) 간접 사이클을 마이크로연산으로 나타내시오.

 (1) T_0 : MBR ← PC

T_1 : MAR ← SP, PC ← ISR의 시작 주소

T_2 : M[MAR] ← MBR, SP ← SP−1

(2) T_0 : MAR ← IR(addr)

T_1 : MBR ← M[MAR]

T_2 : IR(addr) ← MBR

다음 조건을 고려하여 인터럽트 사이클의 수행 전과 수행 후의 메모리 상태를 그림으로 나타내시오.

조건

① 메모리 250번지의 명령어 수행 중에 키보드 인터럽트가 발생하였다.

② 키보드 인터럽트 서비스 프로그램이 1200번지에서 1300번지까지 저장되어 있다.

③ 그림에는 메모리 주소 0번지, 1번지, 1300번지의 내용과 PC값을 표시한다.

④ 시스템은 다음과 같은 인터럽트 사이클과 명령어 형식을 사용한다고 가정한다.

■ 인터럽트 사이클

T_0 : MAR ← 0, TR ← PC

T_1 : M[MAR] ← TR, PC ← 0

T_2 : PC ← PC + 1, IEN ← 0, R ← 0, SC ← 0

■ 명령어 형식

주소모드	명령어	주소

주소모드 : 0(direct mode), 1(indirect mode)

명령어 : BUN(unconditional branch)

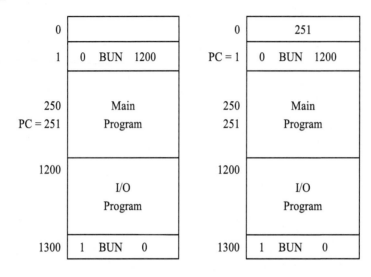

다음은 서브루틴(subroutine) 수행 과정을 알아보기 위한 명령어 형식, 명령어 사이클, 주기억장치의 프로그램을 나타낸 것이다. 〈조건〉을 고려하여 물음에 답하시오.

11	10		8	7		0
m		Op_code			Operand	

- 메모리 참조 명령어의 Op_code는 000~110 범위이며, m은 0(직접주소 방식) 또는 1(간접주소 방식)의 값을 갖는다.

- 입출력 명령어의 Op_code는 1111이고, m은 1이다. Operand는 특정 입출력 명령어를 지정한다.

- 명령어 예시

명령어	m	Op_code	Operand	의미
BSA	0	011		직접주소 방식을 사용하며, 복귀주소 저장 및 서브루틴 분기가 이루어짐
INP	1	111	0001 0000	키보드에서 문자를 입력함
BUN	1	100		간접주소 방식을 사용하며, 지정한 주소의 명령어 실행을 위해 무조건 점프함

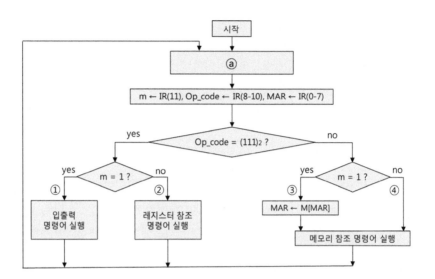

조건

① 명령어 사이클은 인출, 디코딩, 실행 단계로 구성된다.

② MAR, PC, IR은 각각 메모리 주소 레지스터, 프로그램 카운터, 명령어 레지스터를 나타낸다.

③ BSA 명령어 수행을 위한 마이크로연산은 다음과 같다. M[MAR]에서 M은 메모리를 의미한다.

$$T_0 : M[MAR] \leftarrow PC, MAR \leftarrow MAR+1$$
$$T_1 : PC \leftarrow MAR$$

④ 주기억장치 주소는 10진수, 명령어는 16진수로 나타낸 것이다.

주기억장치 내용	
주소	
35	391
36	다음 명령어
145	
	서브루틴
250	C91

(1) 35번지 명령어 수행이 완료된 직후의 PC 값을 쓰고, 145번지에 저장되는 내용을 2진수로 나타내시오.

(2) 250번지 명령어 실행이 완료된 직후의 PC 값은 무엇인가?

(3) 250번지 명령어를 실행할 때 디코딩 후 진입하는 지점은 순서도의 ①~④ 중에서 어떤 것인가?

(4) 순서도의 ⓐ에 들어갈 마이크로연산은 무엇인가? 단, 명령어를 읽어서 바로 IR에 저장할 수 있다고 가정한다.

풀이 (1) 146, 000000100100

35번지의 명령어 0x391은 2진수로 001110010001이다. 이것은 복귀주소 저장 및 서브루틴으로 분기하는 BSA 명령어이며, 직접주소 방식을 사용한다. 35번지 명령을 인출할 때 PC는 36이 되며, 이것은 서브루틴 수행 후 복귀할 주소이다. <조건> ③에 따라 PC 값인 36이 145번지에 저장되고, 서브루틴 수행을 위해 시작주소인 146을 PC에 저장한다.

(2) 36

250번지의 명령어 0xC91은 2진수로 110010010001이다. 명령어 형식에 맞추면 m은 1, op_code는 100, operand는 10010001이며, 이것은 간접주소 방식을 사용한 BUN 명령어이다. 여기서 operand가 145이므로 다음에 실행할 명령어의 주소는 145번지에 저장된 36번지가 되어야 한다. 따라서 PC 값은 36이 된다.

(3) ③

250번지의 명령어 C91은 2진수로 110010010001이다. 명령어 형식에 맞추면 m은 1, op_code는 100, operand는 10010001이며, 이것은 간접주소 방식을 사용한 메모리 참조 명령어이다. 따라서 ③인 메모리 참조 명령어로 들어간다.

(4)

T_0 : MAR ← PC

T_1 : IR ← M[MAR], PC ← PC+1

다음 순서도는 명령어 사이클과 인터럽트 사이클을 함께 나타낸 것이다. 이러한 구성에서는 우선순위 기반의 인터럽트 처리를 지원할 수 없다. 이와 관련하여 아래 물음에 답하시오. 단, PSW(Program Status Word)는 현재 프로그램의 상태를 저장하는 메모리 영역이며, IRQ(Interrupt Request)는 입출력 장치가 인터럽트를 요청하면 1이 된다.

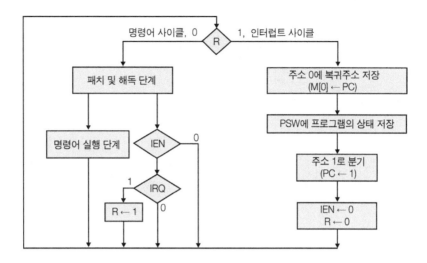

(1) 우선순위 기반의 인터럽트 처리를 위한 효율적 해결 방안을 설명하시오.

(2) 우선순위가 다른 여러 개의 입출력 장치가 동시에 인터럽트를 요청할 때, 가장 높은 우선순위의 입출력 장치를 찾는 방법을 2가지 설명하시오.

풀이 (1) 병렬 우선순위 인터럽트

다음 그림은 디스크, 프린터, 테이프 장치, 키보드의 4개 장치에 대한 병렬 우선순위 인터럽트 처리는 나타낸 것이다. 키보드에서 인터럽트가 발생하였으며, 키보드 인터럽트를 처리하는 도중에 이보다 우선순위가 높은 디스크 인터럽트가 발생하였다. 이때 키보드 인터럽트 서비스를 중단하고 디스크 인터럽트를 처리하게 되며, 이 처리가 끝나면 이전에 중단하였던 키보드 인터럽트 처리로 되돌아간다. 모든 인터럽트에 대해서 서비스 루틴으로 가기 전에 리턴할 주소를 스택에 저장하며, 서비스 루틴의 실행이 종료되면 스택에서 리턴할 주소를 가져온다.

각 입출력장치의 우선순위를 인터럽트 레지스터의 비트 위치로 지정한다. 그리고 마스크 레지스터를 사용하여 우선순위에 따라 각 인터럽트의 요청 상태를 조절할 수 있도록 한다.

우선순위 인코더를 사용하여 입출력장치를 구분할 수 있는 벡터 주소(vector address)를 출력하도록 한다. 인터럽트가 발생하면 인코더에서 출력되는 벡터 주소에 따라 메모리에 접근하며, 해당 위치의 명령어를 실행하면 장치의 인터럽트 서비스 루틴으로 실행 위치가 이동한다.

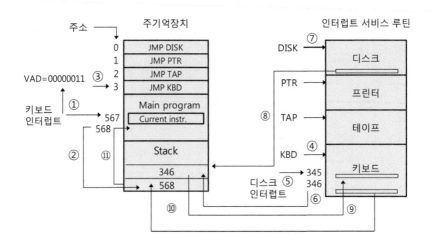

(2)

① 데이지-체인 방식 : 하드웨어에 의한 우선순위 인터럽트 처리

다수의 입출력 장치들이 하나의 인터럽트 요청 회선을 통해 신호를 전송하며, CPU는 입출력 제어기들이 직렬로 연결된 하나의 인터럽트 응답 회선을 통해 신호를 전송한다. 다수의 장치에서 동시에 인터럽트를 요청하는 경우 CPU에서 보낸 인터럽트 확인 신호를 먼저 받는 장치가 우선순위가 높다. 인터럽트를 요구한 입출력장치는 인터럽트 확인 신호를 받는 즉시 자신의 고유(ID) 번호인 인터럽트 벡터(interrupt vector)를 데이터 버스를 통해 CPU로 전송한다. 인터럽트 벡터는 해당 입출력장치를 위한 인터럽트 서비스 루틴의 시작주소를 결정하는 데 사용된다.

이 방식은 하드웨어가 간단하지만 우선순위가 낮은 장치들은 서비스를 받기 위해 오랜 시간을 기다리는 기아현상이 발생(starvation)할 수 있다. 우선순위 인터럽트 처리를 위한 데이지-체인 방식의 하드웨어 구성은 다음과 같다.

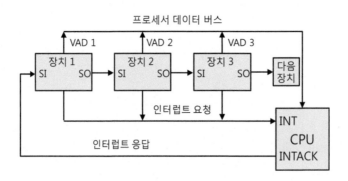

② 폴링 방식 : 소프트웨어에 의한 우선순위 인터럽트 처리

인터럽트 요청이 들어왔을 때 CPU가 장치선택 코드를 이용해 검사하는 방식이다. 장치선택 코드 신호를 이용하여 각 입출력장치의 인터럽트 플래그 세트 여부를 검사한다. 플래그를 검사하는 순서가 우선순위를 결정한다. 우선순위의 변경이 쉬우나 처리시간이 오래 걸린다. 폴링 방식의 우선순위 인터럽트 처리를 위한 하드웨어 구성은 다음과 같다.

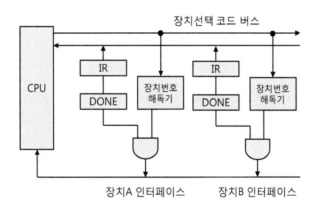

다음 그림은 마이크로프로그램으로 구현된 제어장치에서 주소선택 회로를 블록도로 나타낸 것이다. 입출력 신호들의 동작에 대한 물음에 답하시오.

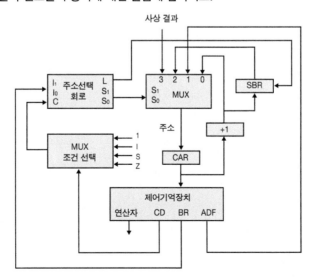

(1) 명령어의 연산코드를 사용한 매핑(mapping)을 통해 명령어에 대한 실행 사이클 루틴의 시작주소를 찾을 수 있다. 명령어의 연산코드는 4비트, 각 명령어는 8개의 연속적인 마이크로명령어로 구성되며, 제어 메모리의 용량은 1K 워드이다. 명령어의 연산코드가 다음과 같을 때 실행 사이클 루틴의 시작주소를 구하시오. 단, 실행 사이클 루틴의 시작주소는 512라고 가정한다.

연산코드	CAR
0101	
1011	

(2) 위의 회로에서 SBR 값이 변경되기 위한 조건을 설명하시오.

(3) 위의 블록도에서 주소선택 회로를 설계하고자 한다. 다음 표를 참고하여 MUX1의 입력 신호인 S_1과 S_0, SBR 입력인 L에 대한 간소화된 논리식을 구하시오.

I_1	I_0	C	동작
0	0	0	CAR ← CAR + 1
0	0	1	CAR ← ADF
0	1	0	CAR ← CAR + 1
0	1	1	CAR ← ADF, SBR ← CAR + 1
1	0	x	CAR ← SBR
1	1	x	Mapping

풀이 (1) 명령어가 8개의 연속적인 마이크로명령어를 사용하므로 3($8=2^3$)개의 비트가 필요하다. 따라서 연산코드 뒤에 3비트를 추가하면 각 명령어는 8개의 마이크로명령어를 사용할 수 있다. 제어 메모리의 용량이 1K 워드이므로 3비트(10-4-3=3)를 연산코드 앞에 000으로 추가한다.

000 | XXXX | 000

연산코드	CAR
0101	1000101000
1011	1001011000

(2) 마이크로 명령어에서 분기의 종류를 지정하는 BR 비트가 CALL이고, 조건 필드인
CD에 지정된 조건을 만족하는 경우에 MUX1의 L 출력이 1이 되고 SBR에 CAR+1이
저장된다.

(3)

I_1	I_0	C	S_1	S_0	L
0	0	0	0	0	0
0	0	1	0	1	0
0	1	0	0	0	0
0	1	1	0	1	1
1	0	x	1	0	0
1	1	x	1	1	0

I_1 \ I_0C	00	01	11	10
0	0	0	0	0
1	1	1	1	1

$S_1 : I_1$

I_1 \ I_0C	00	01	11	10
0	0	1	1	0
1	0	0	1	1

$S_0 : I_1'C + I_1I_0$

I_1 \ I_0C	00	01	11	10
0	0	0	1	0
1	0	0	0	0

$L : I_1'I_0C$

3.4 기억장치

Enable 입력을 갖는 4개의 16×12비트 ROM과 하나의 디코더(decoder)를 사용하여 64×12비트 ROM 모듈을 구성하시오. 이 회로에서 ROM의 35번째 워드의 내용이 읽히는 방법을 설명하시오.

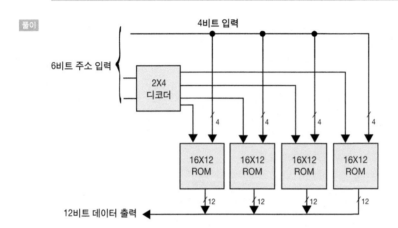

각각의 ROM에는 4개의 주소 지정 값 a_3, a_2, a_1, a_0가 들어가고 a_5, a_4가 디코드에 들어가 각각의 ROM이 선택된다. 따라서 35번째 워드를 읽기 위해서는 주소가 100010이 되어야 한다. 단, ROM의 주소는 0부터 시작하고, a_0가 최하위 비트라고 가정한다. 35번째 워드는 주소가 34이므로 100010이 입력된다. 따라서 10(a_5, a_4)이고 ROM의 주소가 0010이다. 따라서 $a_5 = 1$, $a_4 = 0$, $a_3 = 0$, $a_2 = 0$, $a_1 = 1$, $a_0 = 0$의 값이 입력되면 35번째 워드인 세 번째 ROM의 세 번째 단어가 읽힌다.

4개의 2K×8 RAM 칩으로 4K×16비트의 기억장치 모듈을 구성하시오.

- 2개 RAM을 직렬로 연결하고, 2개 RAM을 병렬로 연결해야 함
- 전체 메모리의 주소는 : 단어 수가 4K이므로 12비트
- 각 RAM에 입력되는 주소 : 11비트
- 주소 1비트로 직렬로 연결된 상위 RAM과 하위 RAM을 구분할 수 있으며, 이것을 RAM의 칩 선택 신호로 사용함

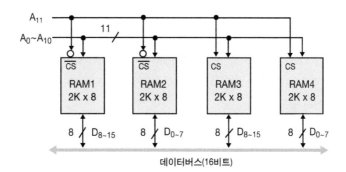

데이터버스(16비트)

8비트 CPU에서 8K×8비트 RAM과 8K×8비트 ROM으로 구성된 기억장치 모듈을 설계하고자 한다. 사용할 수 있는 칩은 2K×8비트 RAM과 4K×8비트 ROM이다. ROM의 주소는 0번지부터 시작하고, RAM의 시작주소는 4000Hex 번지이다. 아래 물음에 답하시오.

(1) 필요한 RAM과 ROM 칩은 각각 몇 개인가?
(2) RAM 칩 선택을 위해 사용할 해독기(Decoder)의 입력과 출력 선의 수는 각각 몇 개인가?
(3) 아래 기억장치 주소표를 완성하시오.

기억장치 칩	주소영역 (16진수)	주소 비트
		$A_{14}A_{13}A_{12}\ A_{11}A_{10}A_9A_8\ A_7A_6A_5A_4\ A_3A_2A_1A_0$

풀이 (1) RAM 4개, ROM 2개

(2) 입력 2개, 출력 4개

(3)

기억장치 칩	주소영역 (16진수)	A_{14}	A_{13}	A_{12}	A_{11}	A_{10}	A_9	A_8	A_7	A_6	A_5	A_4	A_3	A_2	A_1	A_0
ROM1	0000H~0FFFH	0	0	0	x	x	x	x	x	x	x	x	x	x	x	x
ROM2	1000H~1FFFH	0	0	1	x	x	x	x	x	x	x	x	x	x	x	x
RAM1	4000H~47FFH	1	0	0	0	x	x	x	x	x	x	x	x	x	x	x
RAM2	4800H~4FFFH	1	0	0	1	x	x	x	x	x	x	x	x	x	x	x
RAM3	5000H~57FFH	1	0	1	0	x	x	x	x	x	x	x	x	x	x	x
RAM4	5800H~5FFFH	1	0	1	1	x	x	x	x	x	x	x	x	x	x	x

512×8 RAM과 512×8 ROM 용량의 메모리 모듈을 구성하고자 한다. 이를 위해 사용 가능한 칩이 128×8 RAM과 512×8 ROM이다. 단, RAM의 주소는 0번지부터 시작하고, ROM의 주소는 RAM에 이어서 시작된다. 칩 선택을 위해 주소 라인의 일부를 디코더에 연결한다. 아래 물음에 답하시오.

(1) 특정 RAM 칩 선택을 위해 디코더 입력으로 들어가는 주소 비트는 무엇인가? 단, 주소에서 최하위 비트는 A0이다.

(2) 각 기억장치 칩에 지정되는 주소를 아래 주소표로 나타내시오.

기억장치 칩	주소영역 (16진수)	주소 비트
		A_{xx} .... A_6 A_5 A_4 A_3 A_2 A_1 A_0

(3) 주소가 0x1DC인 경우에 선택되는 기억장치 칩은 어떤 것인가?

(4) CPU와 메모리를 연결하여 회로도를 그리시오. 단, RAM과 ROM은 각각 1개씩만 나타내고 나머지는 생략한다.

풀이 (1) A7, A8

(2)

	주소영역 (16진수)	주소 비트									
		A_9	A_8	A_7	A_6	A_5	A_4	A_3	A_2	A_1	A_0
RAM1	000H~07FH	0	0	0	x	x	x	x	x	x	x
RAM2	080H~0FFH	0	0	1	x	x	x	x	x	x	x
RAM3	100H~17FH	0	1	0	x	x	x	x	x	x	x
RAM4	180H~1FFH	0	1	1	x	x	x	x	x	x	x
ROM	200H~3FFH	1	x	x	x	x	x	x	x	x	x

(3) 0x1DC = 0001 1101 1100, 램을 선택하는 값이 11이므로 RAM4가 선택된다.

(4)

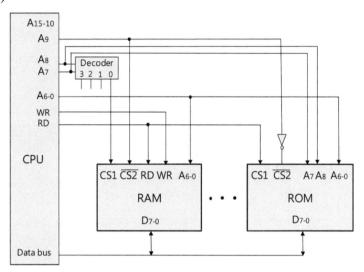

 1M×4비트 RAM 칩과 512K×8비트 ROM 칩들을 사용하여 2MByte RAM과 1MByte ROM으로 구성된 기억장치 모듈을 설계하고자 한다. 단, RAM의 시작주소는 0번지이며, ROM은 RAM 끝에 이어서 연결된다. 물음에 답하시오.

(1) 주기억장치 설계를 위해 각각 몇 개의 RAM과 ROM 칩이 필요한가?

(2) 16비트 컴퓨터일 때 주기억장치는 몇 단어(word)로 구성되는가?

(3) 기억장치 주소 표를 작성하시오.

풀이 (1) RAM은 2개의 병렬연결과 2개의 직렬연결이 필요하므로 4개를 사용함

　　　ROM은 2개의 직렬연결이 필요하므로 2개를 사용함

(2) 16비트 컴퓨터에서 한 단어는 2바이트인 16비트로 구성된다. RAM은 2Mbyte이므로 단어 수는 1M(2Mbyte/2)이고, ROM은 1Mbyte이므로 단어 수는 0.5M(1Mbyte/2)이다. 따라서 전체 주기억장치는 1.5M 단어로 구성된다.

(3)

기억장치 칩	주소영역 (16진수)	주소 비트						
		A_{21}	A_{20}	A_{19}	A_{18}	A_{17}	A_{16}	$A_{15}{\sim}A_0$
RAM 1 & 2	000000H ~ 0FFFFFH	0	0	x	x	x	x	x
RAM 3 & 4	100000H ~ 1FFFFFH	0	1	x	x	x	x	x
ROM 1	200000H ~ 27FFFFH	1	0	0	x	x	x	x
ROM 2	280000H ~ 2FFFFFH	1	0	1	x	x	x	x

컴퓨터의 주기억장치 용량은 2MB, 블록의 크기는 8B, 캐시의 용량은 8KB이다. 아래 물음에 답하시오. 단, 그림에는 필드의 이름과 비트 수를 표시한다.

(1) 주기억장치의 블록 수, 캐시의 라인 수, 캐시의 한 라인을 공유하는 블록 수를 각각 구하시오.
(2) 직접 사상을 사용하는 경우에 주소 형식을 그림으로 나타내시오.
(3) 4-way 세트-연관 사상을 사용하는 경우에 주소 형식을 그림으로 나타내시오.

풀이 (1) • 주기억 장치 블록 수 : $\dfrac{2M}{8} = 2^{18}$개

　　　 • 캐시 라인 수 : $\dfrac{8K}{8} = 2^{10}$개

　　　 • 한 라인을 공유하는 블록 수 : $2^{18} / 2^{10} = 2^{8}$개

(2)

태그(tag)	라인(slot)	단어(word)
8	10	3

(3) • 캐시 세트 수 : $2^{10} / 2^{2} = 2^{8}$
　　 • 한 세트를 공유하는 블록 수 : $2^{8} \times 4 = 2^{10}$ (또는 $2^{18} / 2^{8} = 2^{10}$)

태그(tag)	세트(set)	단어(word)
10	8	3

다음의 두 가지 캐시 사상(mapping) 방법에 대한 물음에 답하시오.

직접 사상	세트-연관 사상
• 주기억장치 용량 : 2MB • 캐시 용량 : 32KB • 주기억장치 블록의 크기 : 8바이트	• 주기억장치 블록의 수 : 1024개 • 주기억장치 블록의 크기 : 16바이트 • 캐시의 총 라인 수 : 64개 • 캐시에서 각 세트의 라인 수 : 4개

(1) 직접 사상에서 캐시의 라인 수, 주기억장치의 블록 수, 한 라인을 공유하는 주기억장치의 블록 수를 각각 구하시오. 그리고 이에 적합한 기억장치 주소 형식을 각 필드의 비트 수를 포함하여 그림으로 나타내시오.
(2) 세트-연관 사상에서 각 캐시 세트를 공유하는 주기억장치 블록의 수를 구하시오. 그리고 이에 적합한 기억장치 주소 형식을 그림으로 나타내시오.

풀이　(1)　· 라인 수 : $2^{15} / 2^3 = 2^{12} = 4K$

　　　　· 블록 수 : $2^{21} / 2^3 = 2^{18} = 256K$

　　　　· 라인을 공유하는 블록 수 : $2^{18} / 2^{12} = 2^6 = 64$

태그(tag)	라인(slot)	단어(word)
6	12	3

　　(2)　· 주기억장치 크기 : 1K×16B = 16KB (14비트 주소)

　　　　· 세트 수 : 64 / 4 = 16개

　　　　· 세트를 공유하는 주기억장치 블록 수 : 1024 / 16 = 64

태그(tag)	세트(set)	단어(word)
6	4	4

캐시 메모리를 사용하는 시스템에서 주소 사상(mapping)이 필요하다. 조건을 고려하여 아래 물음에 답하시오.

> **조건**
> ① 직접 사상(direct mapping)과 2-way 세트 연관 사상 기법을 사용한다.
> ② 캐시의 라인 수는 8개이고, 각 라인은 16비트 크기의 한 워드 데이터를 저장한다.
> ③ 세트 연관 사상에서 데이터 교체 알고리즘은 FIFO를 사용한다.
> ④ 캐시 메모리는 초기에 비어 있다.
> ⑤ CPU가 데이터 인출을 위해 접근하는 주기억장치의 주소, 각 주소에 저장된 데이터, 접근순서는 아래와 같다.
>
> | 주소 | 111011→000001→010011→101111→011001→111001 |
> |:---:|:---:|
> | 데이터 | a　　　b　　　c　　　d　　　e　　　f |

(1) 2가지 사상 기법에 대한 주소 형식을 각각 나타내시오. 단, 주소 형식에는 필드와 각 필드의 비트 수를 표시한다.

(2) CPU의 기억장치 접근이 종료되었을 때 2가지 사상 기법 각각에 대해 아래 캐시 메모리의 저장 내용을 쓰시오.

라인	태그	데이터
0		
1		
2		
3		
4		
5		
6		
7		

세트	태그	데이터	태그	데이터
0				
1				
2				
3				

풀이 (1) · 직접 사상

3	3
태그	라인

· 2-way 세트 연관 사상

4	2
태그	세트

(2)

라인	태그	데이터
0		
1	000→011→111	b→e→f
2		
3	111→010	a→c
4		
5		
6		
7	101	d

세트	태그	데이터	태그	데이터
0				
1	0000→1110	b→f	0110	e
2				
3	1110→1011	a→d	0100	c

2-way 세트-연관 사상(set-associative mapping) 기법을 사용하는 시스템에서 주기억장치와 캐시 메모리에 상태는 다음과 같다. CPU가 0110, 1000, 0011 주소의 데이터를 순차적으로 인출한다고 가정하고 조건을 고려하여 물음에 답하시오.

〈주기억장치〉

주소(16진수)	0	1	2	3	4	5	6	7	8	9	A	B	C	D	E	F
데이터	A1	A2	A3	A4	B1	B2	B3	B4	C1	C2	C3	C4	D1	D2	D3	D4

〈캐시 메모리〉

세트	태그	데이터	태그	데이터	참조
00	11	D1			0
01	00	A2			0
10	01	B3			0
11	10	C4	01	B4	1

조건

① 데이터는 바이트 단위로 지정된다.

② 주기억장치 주소는 〈태그+라인〉 형태이며 각각 2비트로 구성된다. 예를 들면, 주소 0100 에서 태그는 01이고 라인은 00이다.

③ 주기억장치에서 캐시로 전송되는 데이터 단위는 1바이트이다.

④ 캐시 메모리에서 데이터 교체 방식은 최소 최근 사용(Least Recently Used)을 사용한다.

⑤ 캐시 메모리에서 참조 비트는 해당 라인에서 최근 참조된 데이터가 왼쪽 것이면 0, 오른쪽 것이면 1인 것을 의미한다.

(1) 주소 0110 접근 시에 캐시 적중(hit) 상태와 인출되는 데이터를 쓰시오.

(2) 주소 1000 접근 시에 캐시 적중(hit) 상태와 참조 비트의 상태 변화를 쓰시오.

(3) 주소 0011 접근 후에 캐시 메모리의 저장 상태를 나타내시오.

풀이 (1) 적중(hit), B3

세트	태그	데이터	태그	데이터	참조
00	11	D1			0
01	00	A2			0
10	01	B3			0
11	10	C4	01	B4	1

(2) 비적중(miss), 0 → 1

세트	태그	데이터	태그	데이터	참조
00	11	D1	10	C1	1
01	00	A2			0
10	01	B3			0
11	10	C4	01	B4	1

(3)

세트	태그	데이터	태그	데이터	참조
00	11	D1	10	C1	1
01	00	A2			0
10	01	B3			0
11	00	A4	01	B4	0

다음 표는 캐시를 갖는 시스템에서 ①~⑮까지 순서에 따라 각 주소의 데이터 접근을 나타낸 것이다. 조건을 고려하여 캐시 사상에 관한 물음에 답하시오.

접근순서	①	②	③	④	⑤	⑥	⑦	⑧	⑨	⑩	⑪	⑫	⑬	⑭	⑮
주소	A_0	B_0	C_2	D_1	B_0	E_4	F_5	A_0	D_1	G_3	C_2	H_7	I_6	B_0	J_0

조건

① 캐시의 크기는 8바이트이며, 초기에 모두 비어있다.

② 위 표의 주소에서 아래 첨자는 물리(physical) 메모리 주소의 하위 3비트를 나타낸다.

③ 데이터 교체를 위해 LRU(Least Recently Used) 알고리즘을 사용한다.

④ 직접 사상(direct mapping)과 2-way 세트 연관 사상 기법을 사용한다.

(1) 직접 사상 기법에서 접근이 종료되었을 때 적중(hit)한 경우의 접근순서 번호를 모두 나열 하시오.

(2) 직접 사상 기법에서 접근이 종료되었을 때 캐시의 각 바이트에 대한 최종 접근주소를 쓰 시오.

(3) 세트 연관 사상인 경우 접근이 종료되었을 때 적중한 접근순서 번호를 모두 나열하시오.

(4) 세트 연관 사상인 경우 접근이 종료되었을 때 두 번째 세트의 각 바이트에 대한 최종 접근 주소를 쓰시오.

풀이 (1) 적중한 접근순서 번호 : ⑤, ⑨, ⑪

(2) 최종 접근주소 : J_0, D_1, C_2, G_3, E_4, F_5, I_6, H_7

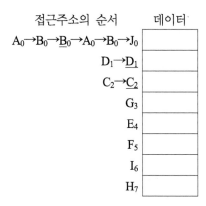

접근주소의 순서	데이터
$A_0 \to B_0 \to \underline{B_0} \to A_0 \to B_0 \to J_0$	
$D_1 \to \underline{D_1}$	
$C_2 \to \underline{C_2}$	
G_3	
E_4	
F_5	
I_6	
H_7	

(3) 적중한 접근순서 번호 : ⑤, ⑨, ⑪

(4) 최종 접근주소 : J_0, F_5, I_6, H_7

접근주소의 순서	태그	데이터	태그	데이터	접근주소의 순서
$A_0 \to E_4 \to B_0$					$B_0 \to \underline{B_0} \to A_0 \to J_0$
$D_1 \to \underline{D_1}$					F_5
$C_2 \to \underline{C_2}$					I_6
G_3					H_7

컴퓨터의 주기억장치 용량이 1MB, 단어 크기는 1바이트, 블록 크기는 16바이트, 캐시 크기는 64KB이다. 다음 물음에 답하시오.

(1) 직접 사상을 사용하는 경우에 주기억장치 주소 형식을 나타내고, 주기억장치 주소 0xF0011에 대하여 주소를 2진수로 나타내시오. 단, 주소 형식에는 필드를 구분하고 필드의 비트 수를 나타낸다.

(2) 2-way 세트 연관 사상을 사용하는 경우에 주기억장치 주소 형식을 나타내고, 주기억장치 주소 0xCAABB에 대하여 주소를 2진수로 나타내시오. 단, 주소 형식에는 필드를 구분하고 필드의 비트 수를 나타낸다.

풀이 (1)

- 한 블록의 크기 : $16B = 2^4$
- 주기억장치 블록 수 : $2^{20} / 2^4 = 2^{16}$
- 캐시의 라인 수 : $2^{16} / 2^4 = 2^{12}$
- 태그 필드 : 주기억장치 블록 수/캐시의 라인 수 $= 2^{16} / 2^{12} = 2^4$

4	12	4
태그	라인	워드

4	12	4
1111	0000 0000 0001	0001

(2)

- 캐시의 세트 수 : $2^{12} / 2 = 2^{11}$

- 태그 필드 : 주기억장치 블록 수/캐시의 세트 수 $= 2^{16} / 2^{11} = 2^5$

5	11	4
태그	세트	워드

5	11	4
11001	010 1010 1011	1011

연관(associative) 캐시 메모리의 워드 참조가 아래와 같다. 〈조건〉을 고려하여 아래 물음에 답하시오.

참조 순서 : B, E, D, A, C, E, C, E

조건

① 캐시 메모리의 세트 크기는 4워드이다. 초기에 각 워드에 저장된 내용은 오래된 것부터 A, B, C, D이고, 해당 워드의 카운터 값은 각각 3, 2, 1, 0이다.

② 워드 교체를 위해 아래와 같은 카운터 기반의 LRU 알고리즘을 사용한다.

- 세트의 각 워드에 2비트 카운터를 배정하고, 0~3까지의 값을 기록한다.
- 캐시 접근이 적중(hit)하면 해당 워드의 카운터가 0으로 변경되고, 참조된 워드의 카운터 값보다 작은 값을 갖는 카운터는 1씩 증가시킨다.
- 캐시 접근이 실패(miss)하면 카운터 값이 3인 워드가 제거되고, 새로운 워드가 그 위치에 저장된다. 이때 다른 세 개의 카운터 값은 1씩 증가시킨다.
- 새로 저장되는 워드의 카운터 값은 0으로 변경된다.

---

(1) 캐시 접근에서 적중한 횟수와 실패한 횟수를 각각 구하시오. 단, 초깃값 접근은 제외한다.

(2) 모든 워드가 참조되었을 때 캐시의 각 워드에 저장된 내용과 카운터 값을 오래된 것부터 순서대로 나열하시오.

풀이 (1) 적중한 횟수 : 5번, 실패한 횟수 : 3번

초깃값		입력							
카운터	내용	B	E	D	A	C	E	C	E
0	D	B	E	D	A	C	E	C	E
1	C	D	B	E	D	A	C	E	C
2	B	C	D	B	E	D	A	A	A
3	A	A	C	C	B	E	D	D	D
hit/miss		h	m	h	m	m	h	h	h

(2) 워드에 저장된 내용 : D, A, C, E

　워드의 카운터 값 : 3, 2, 1, 0

다음 그림은 주기억장치와 캐시 메모리에 적재된 데이터를 나타낸 것이다. 주기억장치 주소는 바이트 단위로 지정되며, 단어 길이는 1B이다. 주기억장치와 캐시 사이의 데이터 전송은 2바이트 크기의 블록 단위이다. 직접 사상(direct mapping)을 사용할 때 아래 물음에 답하시오. [중등교사 임용시험 2022-B-7]

메모리 주소

태그	라인	단어	데이터
0	00	0	A0A1
0	01	0	A0B1
0	10	0	A0C1
0	11	0	A0D1
1	00	0	A0E1
1	01	0	A0F1
1	10	0	B0A1
1	11	0	B0B1

라인	태그	데이터
00	1	A0E1
01	0	A0F1
10	0	A0C1
11	0	A0D1

(1) CPU가 주기억장치 주소 0010을 읽은 후 갱신된 캐시의 내용을 라인, 태그, 데이터로 나타내시오.

(2) 태그, 라인이 각각 2, 1비트로 변경된 경우 캐시에 저장할 수 있는 총 데이터는 몇 바이트인가?

(3) 직접 사상 기법에서 LRU(Least Recently Used)와 같은 교체 알고리즘이 필요하지 않은 이유를 기술하시오.

 (1) 01, 0, A0B1

(2) 4Byte

태그와 라인이 각각 1, 2비트인 경우에는 2B 데이터를 4개씩 저장할 수 있으므로 총 8B이다. 태그와 라인이 각각 2, 1비트인 경우에는 2B 데이터를 2개씩 저장할 수 있으므로 총 4B이다.

(3) 직접 사상은 모든 블록은 저장될 캐시 라인이 1개로 고정되어 있다.

연관 캐시 메모리가 2워드의 블록 크기를 갖고 세트 크기가 1일 때 캐시는 주기억장치로 부터 총 8워드를 수용한다. 주기억장치의 크기는 256×1 워드이다. 주소형식의 tag, index, block, word 필드에 몇 개의 비트가 들어가는가?

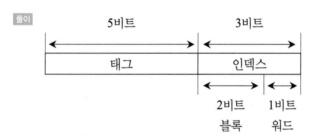

 캐시를 사용하는 시스템에서 아래 조건에 따라 기억장치 접근이 이루어진다고 가정하고 물음에 답하시오.

> **조건**
> ① 시스템에서 주기억장치 접근시간은 150ns, 캐시 접근시간은 10ns이다.
> ② 전체 기억장치 접근에서 80%는 읽기이고, 20%는 쓰기 동작이다.
> ③ 캐시의 적중률은 90%이다.
> ④ Write-back 방식에서 미스가 발생한 경우에 교체할 라인 중에 30%가 수정되었다.

(1) Write-through 방식을 사용할 때 평균 기억장치 접근시간을 구하시오.
(2) Write-back 방식을 사용할 때 평균 기억장치 접근시간을 구하시오.

풀이 (1) • 읽기 평균 : 10×0.9 + 150×0.1 = 24ns
　　　 • 쓰기 평균 : 150ns
　　　 • 전체 평균 : 24×0.8 + 150×0.2 = 49.2ns
　　(2) 10×0.9 + 0.1×(150 + 150×0.3) = 28.5ns

3.5 입출력장치

근원지(source)와 목적지(destination)를 구성하는 두 장치 사이의 비동기적 데이터 전송을
위한 제어신호 교환방법으로 스트로브 펄스(strobe pulse)와 핸드세이킹(handshaking) 방법
을 사용할 수 있다. 데이터 전송을 위한 각 방법의 블록도(block diagram)와 타이밍도(timing
diagram)를 나타내시오. 단, 데이터 전송은 목적지 장치에 의해서 시작된다고 가정한다.

풀이

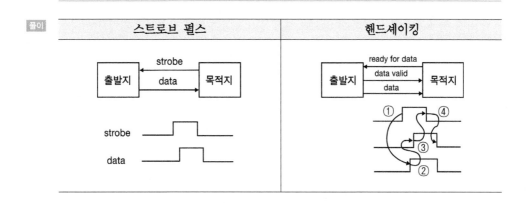

| 스트로브 펄스 | 핸드셰이킹 |

다음 그림과 같이 4개의 입출력 장치가 데이지체인(daisy-chain) 방식으로 연결되어 있다.
아래 물음에 답하시오.

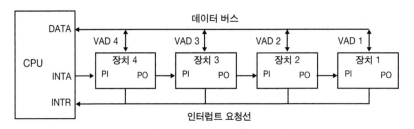

(1) 우선순위가 가장 높은 장치부터 낮은 순서로 나열하시오.
(2) CPU가 인터럽트 요청(INTR) 신호를 받았을 때 인터럽트를 요청한 장치가 어떤 것인지
   판단하는 방법을 설명하시오.
(3) 장치 1과 장치 2가 동시에 인터럽트를 요청하였을 때 어떤 장치가 먼저 서비스 받는가?
   그 이유를 설명하시오.

풀이 (1) 장치 4, 장치 3, 장치 2, 장치 1

(2) 인터럽트를 요청한 장치가 인터럽트 확인(INA) 신호를 받으면 자신의 고유 번호(VAD)
   를 데이터 버스에 실어 CPU로 전송한다. CPU는 VAD를 보고 어떤 장치가 인터럽트
   를 요청하였는지 알 수 있으며, 이것을 이용하여 해당 장치의 인터럽트 서비스루틴의
   시작 위치로 이동한다.

(3) 장치 2
   주어진 데이지체인 회로를 보면 장치 2가 장치 1보다 인터럽트 확인(INTA) 신호를 먼
   저 받는 것을 알 수 있다. INTA 신호를 받은 장치 2는 자신의 고유 번호인 VAD를
   CPU로 보내고 인터럽트 서비스를 받게 된다. 이때 장치 2는 INTA 신호를 장치 1로
   보내지 않는다.

인터럽트에 대한 우선순위가 높은 순서로 장치1〉장치2〉장치3인 3개의 입출력장치가 데이지
체인(daisy-chain)으로 연결되어 있다고 가정하고 물음에 답하시오.

(1) 아래에 있는 장치2의 데이지체인 우선순위 회로에서 ㉠에 들어갈 회로를 나타내고, 함수
   표를 완성하시오.

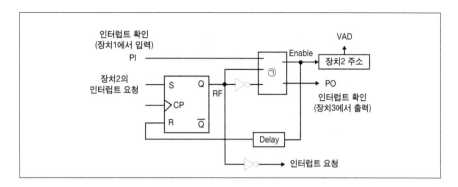

(2) 아래와 같은 순서로 인터럽트 요청이 발생되었을 때 인터럽트 서비스를 받는 장치를 순서
대로 나열하시오.

---

① 장치2가 CPU에게 인터럽트를 요청하였고, CPU가 인터럽트 응답신호를 발생하였다.

② 장치2와 장치3이 동시에 인터럽트를 요청하였고, CPU가 인터럽트 응답신호를 발생하지
않은 상태에서 장치1이 인터럽트를 요청하였다. 이후 CPU가 인터럽트 응답신호를 발생
하였다.

③ 장치2, 장치3이 동시에 인터럽트를 요청하였으며, CPU가 인터럽트 응답신호를 발생하
였다.

---

 (1)

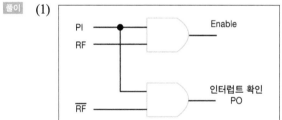

PI	RF	PO	Enable
0	0	0	0
0	1	0	0
1	0	1	0
1	1	0	1

(2) 장치2, 장치1, 장치2

 다음은 DMA 제어기의 내부 구조와 DMA를 이용한 하드디스크 쓰기 과정을 나타낸 것이다.
아래 물음에 답하시오.

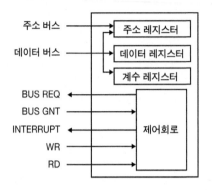

---

① CPU가 DMA 제어기로 출력하기 위해 명령을 전송

② DMA 제어기는 CPU로 버스 요구(BUS REQ) 신호를 전송

③ CPU가 DMA 제어기로 버스 승인(BUS GRANT) 신호를 전송

④ DMA 제어기가 주기억장치로부터 데이터를 읽어서 디스크 제어기에 저장

⑤ _____

⑥ _____

---

(1) ①의 명령에 포함할 정보로 디스크 장치의 주소, 데이터 쓰기 외에 2가지를 쓰시오.

(2) ⑤와 ⑥에 들어갈 각각의 내용을 쓰시오.

---

 (1) 읽을 데이터가 저장된 주기억장치 시작 주소, 전송될 데이터 단어들의 수

(2) ⑤ 전송할 데이터가 남아있으면, ②~④까지를 반복

⑥ 모든 데이터의 전송이 완료되면 CPU로 INTERRUPT 신호를 전송

DMA 제어기가 하드디스크에서 초당 4800개 문자를 받아 한 워드가 16비트인 메모리에 전송한다. CPU는 평균 초당 100만개의 명령을 인출(fetch)하고 실행시킨다고 할 때, DMA 전송으로 인해 CPU의 수행속도가 얼마나 감소하는가?

 • 한 문자 전송시간 : $1 / 4800 = 208.3 \mu s$

• 16비트 워드 전송시간 : $208.3 \times 2 = 416.6 \mu s$

• 1개 명령어 인출하고 실행하는 시간 : $1 \mu s$

• DMA에 의한 속도 감소 : $1 \mu s / 416.6 \mu s = 0.24\%$

CPU가 2개 사이클 명령어로 구성된 경우에 다음과 같은 인터럽트와 DMA 요청이 발생하였을 때 CPU가 수행 중인 프로그램과 인터럽트 처리 루틴, 그리고 DMA 제어기의 주기억장치 사이클의 사용 상태를 그림으로 나타내시오. 단, DMA 제어기는 한 번 요청 시 한 사이클만 사용하며, 인터럽트 처리 루틴은 2개 사이클 명령어 한 개로 구성되어 있다고 가정한다.

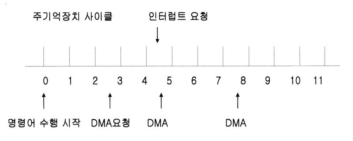

풀이 • CPU의 2사이클 명령어 = (F, E)라고 함
   • DMA 수행 = D (1사이클)
   • 인터럽트 수행 = I (2사이클)

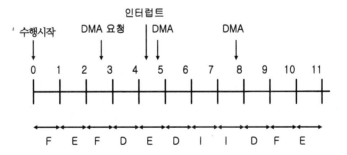

다음 회로는 분산식 고정우선순위 방식의 버스 중재를 위한 방식의 일부이다. 마스터 4의 우선순위가 가장 낮고, 현재 버스 마스터 3이 버스를 사용하고 있다고 가정하고 물음에 답하시오.

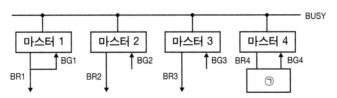

(1) 회로에 주어진 신호와 게이트를 사용하여 마스터 4의 중재기 회로인 ㉠을 그리시오.
(2) 마스터 1이 버스 사용을 요청하고 이어서 마스터 2가 요청하였다. 어떤 마스터가 언제 버스를 사용할 수 있는가?
(3) 마스터 2가 버스 사용을 요청하고 이어서 마스터 1이 요청하였다. 어떤 마스터가 언제 버스를 사용할 수 있는가?

풀이 (1)

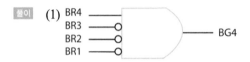

(2) 마스터 1은 마스터 3이 버스 사용을 끝내고 BUSY 신호를 0으로 만들면 버스를 사용할 수 있다. 마스터 2는 마스터 1이 버스 사용을 끝내고 BUSY 신호를 0으로 만들면 사용할 수 있다.

(3) 마스터 2보다 우선순위가 높은 마스터 1이 버스를 먼저 사용한다. 마스터 3이 버스를 사용하고 있는 동안에 마스터 2가 요청신호를 보내면 승인신호를 받는다. 그러나 이때 마스터 1이 요청신호를 보내면 마스터 1이 승인신호를 받으며, 마스터 2의 승인신호는 0으로 된다. 따라서 마스터 3이 버스 사용을 끝내고 BUSY 신호를 0으로 만들면 마스터 1이 버스를 먼저 사용하게 된다.

하드디스크의 회전축 속도는 7500rpm, 탐색시간은 5ms, 전송률은 200MB/s, 제어기 지연시간은 1ms이다. 섹터의 크기가 1024Byte일 때 아래 물음에 답하시오.

(1) 평균 회전 지연시간을 구하시오.
(2) 한 섹터를 읽거나 쓰는데 걸리는 평균 접근시간을 구하시오.

풀이 (1) • 초당 회전수 : 7500 / 60 = 125
　　　 • 1회전에 필요한 시간 : 1 / 125 = 0.008초 = 8ms
　　　 • 평균 회전 지연시간 : 8 × 0.5 = 4ms
　　(2) 평균 접근시간 : 탐색시간 + 회전 지연시간 + 제어기 지연시간 + 전송시간
　　　　 $= 5ms + 4ms + 1ms + 1024B / 200MB \times 10^{-3}ms \fallingdotseq 10ms$

테이프와 하드디스크에 관한 아래 물음에 답하시오.

(1) 속도가 초당 240인치이고 기록밀도가 3200bpi(bits per inch)인 9-트랙 자기 테이프
장치의 전송률을 구하시오.

(2) 하드디스크 드라이브의 신뢰도는 MTBF를 사용하여 시간단위로 나타낼 수 있다. 10개의
디스크 드라이브가 있고 각각이 12,000시간 MTBF를 갖는 시스템이 있다면 하드디스크
드라이브의 고장은 얼마나 빈번히 발생하는가?

 (1) 기록밀도 = 1인치당 비트수 (bpi : bits per inch)

(240inch/s)×(3200bits/inch)×9

= 6,912,000bps = 864,000B/s = 864KB/s

(2) 12000 / 10 = 1200시간

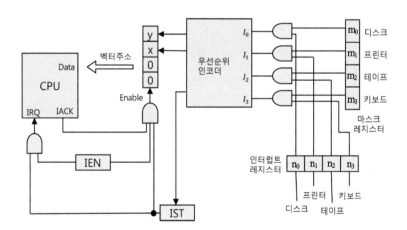

다음 그림은 병렬 우선순위 인터럽트 시스템을 나타낸 것이다. 여기서 우선순위 인코더의 회
로도를 설계하고자 한다. 〈조건〉을 고려하여 물음에 답하시오.

> **조건**
> ① 인터럽트 요청장치는 우선순위가 높은 순서로 디스크, 프린터, 테이프, 키보드가 있으며, 각
>   각의 장치번호는 0, 1, 2, 3이다.
> ② 각 장치의 인터럽트 요청 상태는 비트 단위로 인터럽트 레지스터에 나타난다.
> ③ 시스템은 각 장치에 대한 인터럽트 요청 상태를 조절할 수 있는 마스크 레지스터를 가지고
>   있다. 장치가 인터럽트를 요청하면 그 장치보다 우선순위가 낮은 장치의 마스크 레지스터
>   비트 값이 0으로 변한다.
> ④ 우선순위 인코더는 인터럽트 벡터주소의 하위 2비트(x, y)로 사용될 장치번호를 출력한다.
> I_0가 1인 경우 나머지 입력에 관계없이 출력 (x, y)는 (0, 0)이고, I_0가 0이고 I_1이 1인 경우
>   나머지 입력에 관계없이 출력 (x, y)는 (0, 1)이다.
> ⑤ 마스크 되지 않은 장치가 인터럽트를 발생시키면 인터럽트 상태 플립플롭인 IST의 값이 1로
>   변한다.
> ⑥ 인터럽트 요청 가능 상태를 나타내는 플리플롭 IEN이 있으며, 값이 0이면 인터럽트 금지 상
>   태이다.

(1) 우선순위 인코더의 출력 x와 y에 대한 카르노맵(Karnaugh Map)을 작성하고 간소화된
    부울 합수식을 구하시오.

(2) 인터럽트 상태 플립플롭 IST의 부울 함수식을 구하시오.

풀이 (1) 우선순위 인코더의 진리표

I_0	I_1	I_2	I_3	x	y	IST
1	x	x	x	0	0	1
0	1	x	x	0	1	1
0	0	1	x	1	0	1
0	0	0	1	1	1	1
0	0	0	0	x	x	0

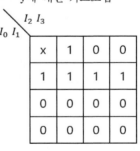

x에 대한 카르노맵

$$x = I_0'I_1'$$

y에 대한 카르노맵

$$y = I_0'I_1 + I_0'I_2'$$

(2) IST의 부울 함수식 : $IST = I_0 + I_1 + I_2 + I_3$

3.6 병렬 컴퓨터

명령어 실행을 위해 4개의 사이클이 필요하고, 각 사이클의 처리시간이 순서대로 0.3ns, 0.2ns, 0.2ns, 0.4ns가 걸리는 시스템이 있다.

(1) 파이프라인을 사용하지 않을 때 한 개의 명령어를 실행하는데 걸리는 시간은 얼마인가?

(2) 4단계로 구성된 파이프라인으로 구현하는 경우 파이프라인 클록의 주기와 주파수를 구하시오. 단, 파이프라인의 모든 단계는 공통 클록에 동기화되어 수행된다고 가정한다.

(3) 4단계의 파이프라인 구조에서 한 개의 명령어를 실행하는데 걸리는 시간을 구하시오.

(4) 파이프라인을 사용하지 않는 경우와 사용하는 경우에 100개의 명령어를 실행하는 데 걸리는 시간을 각각 구하시오. 이때 파이프라인을 사용함으로써 얻게 되는 속도 향상은 얼마인가?

풀이 (1) 0.3ns + 0.2ns + 0.2ns + 0.4ns = 1.1ns

(2) 클록 주기는 0.4ns이고 주파수는 0.4×10^{-9}이므로 $1 / (10^9 \times 0.4) = 2.5GHz$

(3) 파이프라인의 클록 주기가 0.4ns, 4개의 사이클로 구성되어 있으므로

$0.4ns \times 4 = 1.6ns$

한 명령어를 실행할 때는 파이프라인을 사용하지 않는 것이 더 빠르다.

(4) 파이프라인을 사용하지 않는 경우 : $1.1ns \times 100 = 110ns$

파이프라인을 사용하는 경우 : $\{4 + (100 - 1)\} \times 0.4ns = 41.2ns$

$Sp = 110 / 41.2 ≒ 2.67$

단계가 4개로 구성된 명령어 파이프라인에서 각 단계의 처리시간이 다음과 같다. 1000개의 명령어를 처리한다고 가정하고 물음에 답하시오.

IF : 500ns	ID : 400ns	OF : 450ns	EX : 500ns

(1) 파이프라인 클록의 주파수는 몇 GHz로 결정하면 되는가?

(2) 파이프라인에서 전체 명령어를 처리하는데 걸리는 시간은 얼마인가?

(3) 파이프라인에서 처리할 때 속도향상은 얼마인가?

(4) 4-way 슈퍼스칼라에서 전체 명령어를 처리하는데 걸리는 시간은 얼마인가?

(5) 일반적인 파이프라인에 비해 4-way 슈퍼스칼라에서 얻을 수 있는 속도향상은?

---

 (1) $1 / (500 \times 10^{-9}) = 2 \times 10^6$ = 2MHz = 0.002GHz

(2) $(4 + (1000 - 1)) \times 500ns = 1003 \times 500ns = 501500ns = 501.5 \mu s$

(3) $(500 + 400 + 450 + 500) \times 1000 / (4 + (1000 - 1)) \times 500$

    = 1850000 / 501500 = 약 3.6배

(4) $(4 + (1000 - 4) / 4)) \times 500 = (4 + 249) \times 500 = 126500ns$

(5) 501500 / 126500 = 약 3.9배

RISC에서 명령어 처리를 ①명령어의 fetch(I), ②ALU 동작(A), ③명령어의 실행(E)으로 분류하여 세그먼트 명령어 파이프라인을 사용할 수 있다. 명령어 파이프라인에서 분기 명령어로 인한 파이프라인 지연이 발생될 수 있다. 이를 해결하기 위해 명령어를 재배열하는 방법을 사용할 수 있으며, 이것을 지연된 분기(delayed branch)라고 한다. 아래 프로그램에 대한 지연된 분기가 될 수 있도록 표를 완성하시오.

Load :	$R_1 \leftarrow M[주소]$	: 메모리 [주소]에서 R_1으로 로드
Incremen t :	$R_2 \leftarrow R_2 + 1$	: R_2를 하나 증가
Add :	$R_3 \leftarrow R_3 + R_4$	: R_3를 R_4와 더함
Subtrac t :	$R_6 \leftarrow R_6 - R_5$	: R_6에서 R_5를 뺌
Branch :	$PC \leftarrow X$	: 주소 X로 분기

Clock cycle	1	2	3	4	5	6	7	8	...
Load	I	A	E						

명령어＼Clock	1	2	3	4	5	6	7	8	...
Load	I	A	E						
Increment		I	A	E					
Branch to X			I	A	E				
Add				I	A	E			
Subtract					I	A	E		
...									
주소 X의 명령어						I	A	E	
...									

다음은 명령어 파이프라인의 단계 구성과 실행할 명령어 코드를 나타낸 것이다. 명령어 코드를 실행할 때 분기 문제로 인한 파이프라인 지연이 발생한다. 파이프라인에서 각 단계는 한 클럭 사이클을 사용한다고 가정하고 물음에 답하시오.

단계	작업 내용
단계1	명령어 패치 (fetch)
단계2	• 명령어 디코딩 (decoding) • 레지스터의 데이터 패치
단계3	연산 및 연산결과 저장

명령어 코드	명령어 기능
1 : LOAD R5, 100	R5 ← 100
2 : ADD R1, R1, R3	R1 ← R1+R3
3 : ADD R2, R2, R3	R2 ← R2+R3
4 : DEC R5	R5 ← R5−1
5 : IF (R5 ≠ 0) THEN GOTO 2	

(1) 다음 〈프로그램 1〉과 같이 명령어를 재배열하여 분기 문제를 해결하였다. 이때 발생되는 새로운 문제는 무엇인가?

(2) 다음 〈프로그램 2〉와 같이 명령어 재배치와 새로운 명령어를 추가하여 위에서 발생된 문제들을 해결하였다. 아래의 ①에 들어갈 명령어들을 나열하시오.

〈프로그램 1〉
1: LOAD R5, 100
4: DEC R5
5: IF (R5 ≠ 0) THEN GOTO 4
2: ADD R1, R1, R3
3: ADD R2, R2, R3

〈프로그램 2〉
1: LOAD R5, 99
2: ADD   R1, R1, R3
①
6: no-op
7: INC R5

풀이 (1) 데이터 의존성 발생

아래 표의 1~9 클럭 사이클에서 데이터 의존성이 발생하는 것 : 3, 4, 8

<클럭 사이클>

	1	2	3	4	5	6	7	8	9	
1 단계	1	4	5	2	3	4	5	2	3	...
2 단계		1	4	5	2	3	4	5	2	...
3 단계			1	4	5	2	3	4	5	...

(2) 5: IF (R5 ≠ 0) THEN GOTO 2

   3: ADD R2, R2, R3

   4: DEC R5

<클럭 사이클>

	1	2	3	4	5	6	7	8	9	10	11	12					
1 단계	1	2	5	3	4	2	5	3	4	2	5	3		4	6	7	
2 단계		1	2	5	3	4	2	5	3	4	2	5	...	3	4	6	7
3 단계			1	2	5	3	4	2	5	3	4	2		5	3	4	6	7

 다음은 RISC 컴퓨터에서 명령어 파이프라인의 4개 세그먼트(I, A, E, D)와 실행할 프로그램을 나타낸 것이다. 명령어와 데이터는 다른 모듈에 저장되어 있다고 가정하고 물음에 답하시오.

〈세그먼트 구성〉

I	• 명령어 인출
A	• 명령어 해독 및 입력 레지스터의 값 읽기
E	• 유효주소를 계산하여 MAR에 저장 • ALU 수행 후 결과를 목적지 레지스터에 저장
D	• MAR 위치의 메모리를 읽어 목적지 레지스터에 저장

〈명령어 구성〉

번호	프로그램	명령어 설명

① ② ③ ④ ⑤ ⑥	LOAD R$_1$, M[100]
	 LOAD R$_2$, M[101]
	 DEC R$_1$
	 ADD R$_2$, R$_2$, R$_3$
	 ADD R$_1$, R$_1$, R$_3$
	 DEC R$_1$
		• LOAD R$_x$, M[Y] : 메모리 주소 Y의 내용을 레지스터 x 로 전송
		 • DEC R$_x$: 레지스터 x의 내용을 1 감소시킴
		 • ADD R$_x$, R$_y$, R$_z$: 레지스터 y와 z의 내용을 더하여 레지스터 x에 저장함

(1) 일반적인 파이프라인에서 발생할 수 있는 해저드(hazard) 3가지를 설명하시오.

(2) 위 프로그램에서 발생하는 해저드의 이름을 쓰시오. 그리고 해저드를 발생시키는 명령어 가 어떤 것인지 명령어 번호로 모두 나열하시오.

(3) 해저드 문제가 해결될 수 있도록 무연산(No-op) 명령어를 사용하여 프로그램을 수정하 시오. 단, 무연산 수는 최소로 사용한다.

풀이 (1) ① 데이터 해저드 : 이전 명령어의 결과가 저장소에 저장되기 전에 다음 명령어가 해 당 저장소의 값을 사용하는 경우에 발생하는 문제이다.

② 자원 해저드 : 명령어들이 동일한 클럭 사이클에 같은 메모리 모듈을 접근할 때 발 생하는 문제이다.

③ 분기 해저드 : 분기 명령어가 수행될 때 사용되지 않을 명령어들이 파이프라인에 존재하게 되는 문제이다.

(2) 데이터 해저드

해저드 발생 위치 : 명령어 ① ③, 명령어 ② ④, 명령어 ⑤ ⑥

(3)
```
LOAD   R1, M[100]
LOAD   R2, M[101]
No-op
DEC   R1
ADD   R2, R2, R3
ADD   R1, R1, R3
No-op
DEC   R1
```

- 명령어 수행 과정

	1	2	3	4		5		6	7		8
I	①	②	③	④		⑤		⑥			
A		①	②	③	R1 읽기	④	R2 읽기	⑤	⑥	R1 읽기	
E			①	②		③		④	⑤	R1 쓰기	⑥
D				①	R1 쓰기	②	R2 쓰기				

	1	2	3	4	
I	①	②	③	④	
A		①	②	③	R1 읽기
E			①	②	
D				①	R1 쓰기

	1	2	3	4	5	6	7	8	
I	①	②	N	③	④	⑤	⑥		
A		①	②	N	③	④	⑤	⑥	R1 읽기
E			①	②	N	③	④	⑤	R1 쓰기
D			①	②	N	③	④		

	1	2	3	4	5	6	7	8	9	10	11
I	①	②	N	③	④	⑤	N	⑥			
A		①	②	N	③	④	⑤	N	⑥		
E			①	②	N	③	④	⑤	N	⑥	
D				①	②	N	③	④	⑤	N	⑥

운영체제

※ 운영체제 과목의 평가 영역 및 평가 내용 요소

평가 영역	평가 내용 요소
운영체제 개요	운영체제의 목적, 기능, 역할
	하드웨어 이벤트와 하드웨어, 소프트웨어 간 상호작용
	운영체제의 발전
	커널과 시스템 호출
프로세스 관리	프로세스와 쓰레드 개념
	프로세스 상태와 제어
	동기화(임계영역 문제의 개념, 임계영역 문제 해결 알고리즘, 세마포의 개념, 고전적인 동기화 문제 알고리즘) – (모니터, 트랜잭션 제외)
	교착상태(특징, 예방 방법, 회피 개념 및 알고리즘, 탐지 및 회복)
	프로세스 스케줄링
기억장치 관리	기억장치 관리요건
	주기억장치 관리기법(단순 페이징과 단순 세그먼테이션)
	가상메모리의 작동원리
	가상 메모리 관리정책(반입/교체/적재집합관리/클리닝/부하제어 정책)
파일 관리	파일과 파일시스템(파일의 속성, 디렉토리 계층구조, 파일 명명, 파일 연산)
	파일의 구성과 접근(순차파일, 인덱스 파일, 인덱스 순차파일, 해시 파일)
	보조저장공간 관리 및 파일할당 방법
입출력 관리	입출력 장치의 유형과 특성
	입출력 기능의 발전
	디스크 스케줄링

4.1 운영체제 개요

운영체제는 사용자 인터페이스, 프로그램 수행과 같은 사용자(프로그래머)에 대해 편리성을 제공하고 자원할당과 같은 시스템의 효율적인 동작을 보장하기 위한 다양한 기능들을 제공한다. 이들 기능 외에 운영체제가 제공하는 서비스를 5개 이상 나열하시오.

풀이 입출력 연산, 파일 시스템 조작, 통신, 오류 탐지, 회계, 보호와 보안

운영체제에서 매개변수를 전달하는 일반적인 방법 3가지를 간단히 설명하시오.

풀이 ① 레지스터를 사용한 매개변수 전달
② 매개변수 블록의 시작주소를 레지스터로 전달하는 방법
③ 스택을 사용하는 방법(프로그램에서 스택에 push, OS가 스택에서 pop)

C프로그램에서 printf( )을 호출하였을 때 시스템호출(system call)로 처리되는 과정을 그림으로 나타내고 간단히 설명하시오.

풀이 다음 그림과 같이 나타낼 수 있다. 사용자 모드와 커널 모드 사이에 있는 표준 C 라이브러리는 시스템 호출 인터페이스를 제공한다. C라이브러리는 프로그램의 printf() 함수 호출을 가로채고 이를 실행하기 위해 운영체제에 구현된 write() 시스템 호출을 부른다. write() 시스템 호출의 실행이 완료되면 C라이브러리는 write()의 반환 값을 받아서 이를 사용자 프로그램에게 되돌려 준다.

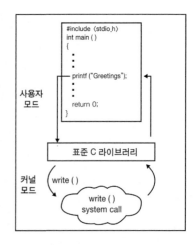

스레드(thread)에 대한 아래 물음에 답하시오.

(1) 다중 스레드의 장점을 설명하시오.
(2) 다중 스레드의 유형인 다대일(many-to-one), 일대일(one-to-one), 다대다(many-to-many) 모델에 대해 각각 장단점을 한 가지씩 나열하시오.

풀이 (1) 단일 스레드와 비교할 때 응답성(Responsiveness), 자원 공유(Resource Sharing), 경제성(Economy), 규모 적응성(다중 처리기 구조의 활용) 측면에서 장점이 있다. 다음 그림은 이러한 관점에서 단일 스레드와 다중 스레드를 비교하여 나타낸 것이다.

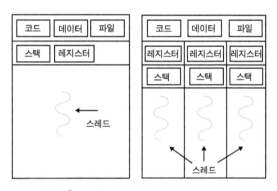

(2) ▪ **다대일(many-to-one) 모델**

　• 개발자가 원하는 만큼의 사용자 스레드를 생성할 수 있다.

　• 한 번에 하나의 스레드만이 커널에 의해서 스케줄링 되기 때문에 동시성을 획득할 수 없다.

　▪ **일대일(one-to-one) 모델**

　• 더 많은 병렬성을 제공한다.

　• 개발자가 너무 많은 스레드를 생성하면 시스템의 효율이 저하될 수 있다.

　▪ **다대다(many-to-many) 모델**

　• 개발자가 원하는 만큼의 사용자 스레드를 생성할 수 있다.

　• 사용자 스레드에 상응하는 커널 스레드가 다중 처리기에서 병렬로 수행될 수 있다.

4.2 프로세스 관리

4.2.1 프로세스 생명주기

다음 그림은 프로세스 스케줄링을 표현하는 큐잉 도표이다. 물음에 답하시오.

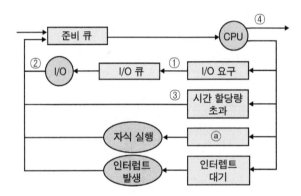

(1) 프로세스의 생성에서 종료까지 상태 변화에 대한 상태도를 나타내시오.

(2) 상태도를 참조하여 ①~④ 각각에 대한 프로세스의 이전 상태와 다음 상태를 쓰시오.

(3) ⓐ에 들어갈 내용을 쓰고, Unix와 Windows에서 ⓐ의 기능을 수행하는 명령어를 각각 쓰시오.

(4) ①~④ 각각에서 수행되는 CPU 스케줄링의 형태가 선점인지 비선점인지 구분하여 쓰시오.

(5) 프로세스(단일 스레드)와 비교할 때 다중 스레드 프로그래밍의 장점을 나열하시오(예: 자원공유).

풀이 (1)

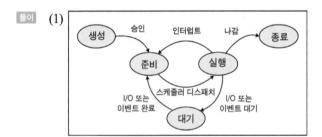

(2) ① 실행-대기 ② 대기-준비 ③ 실행-준비 ④ 실행-종료

(3) 자식 프로세스 생성, fork, Createprocess or Createthread

(4) ① 비선점 ② 선점 ③ 선점 ④ 비선점

(5) 응답성, 경제성, 규모 가변성 등

프로세스의 상태변화와 관련된 아래 물음에 답하시오.

(1) 프로세스의 상태변화 과정을 큐잉 도표(queueing diagram)로 나타내시오.
(2) 실행 중인 프로세스의 입출력이 발생한 경우 이 프로세스의 동작을 (1)을 사용하여 설명하시오.

풀이 (1)

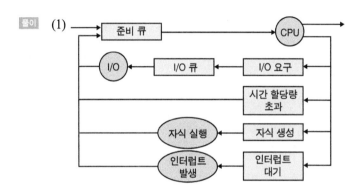

(2) 실행 중인 프로세스에서 입출력이 발생하면 해당 프로세스는 입출력 큐(I/O queue)로 들어가며, 실행에서 대기 상태로 바뀐다. 입출력 큐에서 대기 중인 프로세스가 입출력이 완료되면 준비큐로 들어간다.

4.2.2 프로세스 스케줄링

CPU 스케줄링 알고리즘들은 서로 다른 특성을 가지고 있으며, 스케줄링 알고리즘을 비교하기 위해서 여러 기준을 사용할 수 있다. CPU 스케줄링 알고리즘의 성능을 비교하는데 사용되는 기준을 5가지 나열하시오.

풀이 CPU 이용률(CPU utilization), 처리량(throughput), 총처리 시간(반환시간, turnaround time), 대기 시간(waiting time), 응답 시간(response time)

다음과 같은 4개의 작업에 대하여 물음에 답하시오. 단, CPU 버스트 시간 단위는 10msec이다.

프로세스	도착시간	버스트시간
P_1	0	8
P_2	1	4
P_3	2	9
P_4	3	5

(1) 선점(preemptive) SJF 스케줄링 알고리즘을 사용하는 경우에 Gantt 차트를 나타내고, 평균 대기시간과 평균 반환시간(turnaround time)을 계산하시오.

(2) 비선점(non-preemptive) SJF 스케줄링 알고리즘을 사용하는 경우의 Gantt 차트를 나타내고, 평균 대기시간과 반환시간을 계산하시오.

(3) SRT 스케줄링(preemptive)을 사용하여 Gantt 차트를 나타내고, 평균 대기시간과 반환시간을 계산하시오.

(4) P_1~P_4 프로세스의 도착시간이 각각 0, 2, 3, 5라고 가정하고 SRT(preemptive) 스케줄링을 적용하여 평균 대기시간과 반환시간을 구하시오.

풀이 (1) ① Gantt 차트

P_1	P_2	P_4	P_1	P_3
1	5	10	17	26

② 평균 대기시간

$\{(10 - 1) + 0 + (17 - 2) + (5 - 3)\} / 4 = 26 / 4 = 6.5 \times 10 = 65\text{ms}$

③ 평균 반환시간

$\{17 + (5 - 1) + (26 - 2) + (10 - 3)\} / 4 = 52 / 4 = 13 \times 10 = 130\text{ms}$

(2) ① Gantt 차트

P_1	P_2	P_4	P_3
8	12	17	26

② 평균 대기시간

$(0 + 7 + 15 + 9) / 4 = 31 / 4 = 7.75 \times 10 = 77.5\text{ms}$

③ 평균 반환시간

$(8 + 11 + 24 + 14) / 4 = 57 / 4 = 14.25 \times 10 = 142.5\text{ms}$

(3) SRT 스케줄링은 SJF 스케줄링 기법에 선점을 도입한 것으로 선점 SJF와 동일하다.

(4) ① Gantt 차트

P₁	P₂	P₄	P₁	P₃

$$\quad 2 \qquad 6 \qquad 11 \qquad 17 \qquad 26$$

② 평균 대기시간

$(9 + 0 + 14 + 1) / 4 = 24 / 4 = 6 \times 10 = 60\text{ms}$

③ 평균 반환시간

$(17 + 4 + 23 + 6) / 4 = 50 / 4 = 12.5 \times 10 = 125\text{ms}$

다음 표는 프로세스에 대한 정보를 나타낸 것이다. 조건에 따라 FCFS, SJF, 비선점 우선순위, Round Robin 알고리즘을 적용하여 각 알고리즘에 대한 평균 대기시간을 구하시오.

프로세스	버스트 시간	우선순위
P₁	10	3
P₂	1	1
P₃	2	3
P₄	1	4
P₅	5	2

조건

① 프로세스들은 시간 0에 P₁, P₂, P₃, P₄, P₅의 순서로 도착하였다.

② round robin 알고리즘에서 단위 할당시간(time quantum)은 2이다.

③ 우선순위에서 숫자가 작은 것이 우선순위가 높다.

④ CPU 버스트 시간 단위는 10msec이다.

풀이 ① FCFS

P₁	P₂	P₃	P₄	P₅

$$\qquad\quad 10 \quad 11 \quad 13 \quad 14 \qquad 19$$

· 평균 대기시간 : $\dfrac{0 + 10 + 11 + 13 + 14}{5} \times 10 = 9.6 \times 10 = 96\text{ms}$

② SJF

P₂	P₄	P₃	P₅	P₁

| 1 | 2 | 4 | 9 | 19 |

- 평균 대기시간 : $\dfrac{9+0+2+1+4}{5} \times 10 = 3.2 \times 10 = 32\text{ms}$

③ 비선점 우선순위

P₂	P₅	P₁	P₃	P₄

| 1 | 6 | 16 | 18 | 19 |

- 평균 대기시간 : $\dfrac{6+0+16+18+1}{5} \times 10 = 8.2 \times 10 = 82\text{ms}$

④ round robin(time quantum=2)

P₁	P₂	P₃	P₄	P₅	P₁	P₅	P₁	P₅	P₁	P₁

| 2 | 3 | 5 | 6 | 8 | 10 | 12 | 14 | 15 | 17 | 19 |

- 평균 대기시간 : $\dfrac{(6+2+1)+2+3+5+(6+2+2)}{5} \times 10 = 5.8 \times 10 = 58\text{ms}$

SJF(Shortest Job First) CPU 스케줄링 알고리즘에 대한 아래 물음에 답하시오.

(1) SJF 알고리즘은 최적(optimal)이지만 단기 스케줄러 수준에서 구현될 수 없다. 그 이유를 쓰시오.

(2) SJF 기법은 긴 작업과 짧은 작업 간에 지나친 불평등이 존재한다. 이러한 약점을 보완하는 알고리즘의 예를 들고, 그 알고리즘에서 어떤 방법으로 우선순위를 결정하는지 설명하시오.

풀이 (1) 이유 : 프로세스의 다음 CPU Burst 시간을 알 수 없기 때문에 단기 스케줄러 수준에서 SJF 알고리즘을 구현하기 힘들다.

(2) HRN 알고리즘은 SJF 알고리즘의 단점을 보완할 수 있다.

$$우선순위 = \frac{CPU\,Burst\,time + 대기시간}{CPU\,Burst\,time}$$

위의 식으로 우선순위를 결정하며, 이 값이 큰 것이 우선순위가 높다. 즉, CPU 버스트 시간이 짧거나 대기 시간이 긴 프로세스에 높은 우선순위를 부여한다. CPU 버스트 시간이 길어도 오래 기다린 프로세스는 CPU를 먼저 할당받을 수 있으므로, SJF 알고리즘의 약점을 개선할 수 있다.

프로세스들의 도착시간, CPU 버스트 시간, 우선순위가 다음 표와 같을 때 프로세스의 스케줄링 결과를 Gantt 차트로 나타내고, 평균 대기시간과 평균 반환시간을 계산하시오. 단, CPU 버스트 시간 단위는 10msec이다.

프로세스	도착시간	버스트 시간	우선순위
P_1	0.0	5	3
P_2	0.5	4	2
P_3	1.0	2	4
P_4	3.0	3	1

(1) SRTF(Shortest-Remaining-Time-First) 스케줄링 알고리즘을 사용하는 경우

(2) 비선점 우선순위 스케줄링 알고리즘을 사용하는 경우. 단, 수가 작은 것이 높은 우선순위를 갖는다.

풀이 (1)

0.0	0.5	1.0	3.0	6.0	9.5	14

P_1	P_2	P_3	P_4	P_2	P_1

프로세스	도착시간	버스트시간	대기시간	반환시간
P_1	0.0	5	9	14
P_2	0.5	4	5	9
P_3	1.0	2	0	2
P_4	3.0	3	0	3

• 평균 대기시간

$(9 + 5 + 0 + 0) / 4 = 14 / 4 = 3.5 \times 10 = 35ms$

• 평균 반환시간

$(14 + 9 + 2 + 3) / 4 = 28 / 4 = 7 \times 10 = 70ms$

(2)

0	5	8	12	14

P_1	P_4	P_2	P_3

프로세스	도착시간	버스트시간	우선순위	대기시간	반환시간
P_1	0.0	5	3	0	5
P_2	0.5	4	2	7.5	11.5
P_3	1.0	2	4	11	13
P_4	3.0	3	1	2	5

• 평균 대기시간

(0 + 7.5 + 11 + 2) / 4 = 20.5 / 4 = 5.125×10 = 51.25 ms

• 평균 반환시간

(5+11.5+13+5) / 4 = 34.5 / 4 = 8.625×10 = 86.25ms

 프로세스들의 도착시간과 CPU 버스트 시간이 아래와 같을 때 다단계 피드백 큐(MFQ) 스케줄링 알고리즘에서 평균 대기시간과 평균 반환시간을 계산하시오. 큐는 4단계로 구성되어 있으며, 큐의 단계별 시간 할당량(time slice)은 각각 2, 4, 8, 16으로 가정한다.

프로세스	도착시간	버스트 시간
P_1	0	6
P_2	2	30
P_3	4	15
P_4	11	12
P_5	15	4

풀이 • 다단계 피드백 큐 스케줄링 알고리즘

	0	2	4	6	10	14	16	18	22	26	28	36	44	50	66	67
1단계	P_1	P_2	P_3			P_4	P_5									
2단계				P_1	P_2			P_3	P_4	P_5						
3단계										P_2	P_3	P_4				
4단계													P_2	P_3		

프로세스	도착시간	버스트시간	대기시간	반환시간
P_1	0	6	4	10
P_2	2	30	34	64
P_3	4	15	48	63
P_4	11	12	27	39
P_5	15	4	9	13

• 평균 대기시간

(4 + 34 + 48 + 27 + 9) / 5 = 122 / 5 = 24.4

• 평균 반환시간

(10 + 64 + 63 + 39 + 13) / 5 = 189 / 5 = 37.8

프로세스의 CPU 버스트와 도착시간이 아래 표와 같을 때 스케줄링에 대한 물음에 답하시오.

프로세스	도착시간	CPU 버스트
P_1	0	5
P_2	1	7
P_3	3	1
P_4	9	2
P_5	11	3

(1) SJF를 사용할 때 평균 반환시간을 구하시오.

(2) SJF 알고리즘의 단점을 쓰고 개선방안을 설명하시오.

(3) 최소 잔여 시간 우선(SRTF)을 사용할 때 평균 반환시간을 구하시오.

(4) Round-Robin(time slice = 4)을 사용할 때 평균 대기시간을 구하시오.

(5) 다단계 피드백 큐(MFQ)를 사용할 때 평균 대기시간을 구하시오. 단, 큐는 3개가 있으며 시간 할당량은 각각 1, 2, 4로 가정한다.

풀이 (1) P_1, P_3, P_2, P_4, P_5 : $(5 + 12 + 3 + 6 + 7) / 5 = 6.6$

(2) CPU 버스트가 긴 프로세스는 대기시간이 길어지고, 기아현상이 발생될 수 있다. 이를 개선하는 방안의 하나로 대기시간이 긴 프로세스의 우선순위를 높여주는 HRN과 같은 알고리즘을 사용할 수 있다.

(3) $P_1, P_3, P_1, P_2, P_4, P_5, P_2$: $(6 + 17 + 1 + 2 + 3) / 5 = 5.8$

(4) $P_1, P_2, P_3, P_1, P_2, P_4, P_5$: $(5 + 5 + 5 + 4 + 4) / 5 = 4.6$

P_1	P_2	P_3	P_1	P_2	P_4	P_5
4	8	9	10	13	15	18

새로 도착한 프로세스와 같은 방법으로 time slice가 경과되었으나 종료되지 않은 프로세스는 큐의 끝으로 들어간다.

(5) $(4 + 10 + 1 + 0 + 0) / 5 = 3$

	0	1	2	3	4	5	6	7	8	9	10	11	12	13	14	15	16	17
Q_1	P_1	P_2			P_3					P_4		P_5						
Q_2			P_1	P_1		P_2	P_2	P_1	P_1		P_4		P_5	P_5				
Q_3															P_2	P_2	P_2	P_2

프로세스의 CPU 버스트와 도착시간이 다음 표와 같을 때 스케줄링에 대한 아래 물음에 답하시오.

프로세스	CPU 버스트	도착시간
P_1	3	0
P_2	5	1
P_3	2	3
P_4	5	9
P_5	5	12

(1) 최소 잔여 시간 우선(shortest remaining time first) 알고리즘을 사용할 때 평균 대기시간을 구하시오.

(2) 다단계 피드백 큐(MFQ) 알고리즘을 사용할 때 평균 대기시간을 구하시오. 단, 큐는 3단계로 구성되어 있으며, 큐의 단계별 시간 할당량은 각각 1, 2, 4로 가정한다.

풀이 (1) 평균 대기시간
- 각 프로세스의 대기시간 : $P_1 = 0$, $P_2 = 4$, $P_3 = 0$, $P_4 = 1$, $P_5 = 3$
- 평균 대기시간 : $(4 + 1 + 3) / 5 = 1.6$

(2) 평균 대기시간
- 각 프로세스의 대기시간 : $P_1 = 1$, $P_2 = 4$, $P_3 = 3$, $P_4 = 4$, $P_5 = 3$
- 평균 반환시간 : $(1 + 4 + 3 + 4 + 3) / 5 = 15 / 5 = 3$

프로세스의 도착시간과 서비스 시간이 다음과 같을 때 MFQ 스케줄링 알고리즘을 사용하여 프로세스가 처리되는 과정을 표로 나타내시오. 단, 각 큐의 단계가 i일 때 ($0 \le i \le 2$), 큐의 시간 할당량은 2^i로 가정한다. 프로세스가 실행 중에 상위 단계의 큐에 새로운 프로세스가 입력되면, 할당된 시간(time slice)을 모두 사용한 후 CPU를 반환한다. 평균 대기시간과 평균 반환시간을 구하시오.

프로세스	도착시간	서비스 시간
P_1	0	3
P_2	2	6
P_3	4	4
P_4	6	5
P_5	8	2

	0	1	2	3	4	5	6	7	8	9	10	11	12	13	14	15	16	17	18	19	20
0단계	P_1																				
1단계																					
2단계																					

풀이

	0	1	2	3	4	5	6	7	8	9	10	11	12	13	14	15	16	17	18	19	20
1단계	P₁				P₂	P₃			P₄	P₅											
2단계			P₁				P₂					P₃		P₄	P₅						
3단계																	P₂		P₃	P₄	

프로세스	대기시간	반환시간
P₁	0	3
P₂	9	15
P₃	10	14
P₄	9	14
P₅	4	16

- 평균 대기시간

  $(0 + 9 + 10 + 9 + 4) / 5 = 32 / 5 = 6.4$

- 평균 반환시간

  $(3 + 15 + 14 + 14 + 6) / 5 = 52 / 5 = 10.4$

실시간 CPU 스케줄링 알고리즘에서는 프로세스들이 주기적으로 CPU를 필요로 한다. 프로세스가 CPU 사용 권한을 획득할 때마다 고정된 수행시간, 마감시간, 주기가 정해져 있다. 조건을 고려하여 물음에 답하시오.

조건

① Rate-monotonic 스케줄링에서는 주기가 짧은 프로세스에 높은 우선순위를 부여한다.
② Earliest-Deadline-First 스케줄링에서는 프로세스의 마감시간이 빠를수록 우선순위는 높아지고, 늦을수록 낮아진다.
③ 프로세스들의 처리 시간은 각각의 CPU 버스트와 같다.
④ 스케줄링 알고리즘별 프로세스의 주기, 수행시간, 마감시간은 다음 표와 같다.

스케줄링 알고리즘	프로세스	주기	수행시간	마감시간
Rate-monotonic	P₁	50	20	다음 주기
	P₂	100	35	
Earliest-Deadline-First	P₁	50	25	
	P₂	80	35	

(1) Rate-monotonic 스케줄링에 대한 간트 차트를 작성하고 스케줄링 과정을 설명하시오.

(2) Earliest-Deadline-First 스케줄링에 대한 간트 차트를 작성하고 스케줄링 과정을 설명하시오.

풀이 (1)

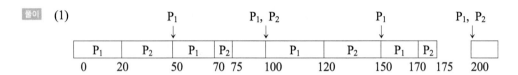

① P_1의 주기가 P_2보다 짧으므로 P_1의 우선순위가 높다.

② P_1의 수행시간이 끝나는 시간 20에서 P_2가 수행을 시작한다.

③ P_1의 주기가 50이므로 시간 50에서 P_2는 P_1에게 선점된다.

④ P_1은 시간 70까지 수행하며, 이어서 P_2가 이전에 수행하지 못한 5를 수행한다.

⑤ P_1과 P_2는 각각 두 번째와 첫 번째 마감시간을 충족한다.

⑥ 시스템은 시간 100까지 유휴시간이 되며, P_1이 다시 시작되어 위와 같은 형태로 스케줄링이 반복된다.

(2)

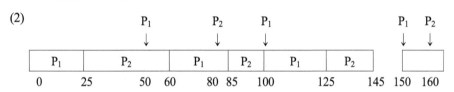

① P_1의 마감시간이 P_2보다 빠르므로 P_1의 우선순위가 높다.

② P_1이 먼저 시작되고, P_2는 P_1의 수행시간이 끝난 후 시작된다.

③ 시간 50에서 P_1의 새로운 주기가 시작되므로 스케줄링을 해야 한다. P_1과 P_2의 마감시간이 각각 100, 80이므로 마감시간이 빠른 P_2가 P_1보다 우선순위가 높다. 따라서 P_2는 선점되지 않고 수행시간 35가 되는 시간 60까지 실행된다.

④ 시간 60까지 P_1, P_2는 모두 첫 번째 마감시간을 만족시킨다.

⑤ 시간 80에서 P_1의 마감시간 100이 P_2의 마감시간 160보다 빠르므로 P_1은 선점되지 않는다.

⑥ 시간 100에서 P_1의 마감시간 150이 P_2의 마감시간 160보다 빠르므로 P_2는 P_1에 선점된다.

다음 표는 우선순위 기반의 선점 라운드로빈 CPU 스케줄링을 위한 프로세스 상태를 나타낸 것이다. 〈조건〉을 고려하여 물음에 답하시오.

프로세스	도착시간	CPU 버스트	우선순위
P_1	0	20	1
P_2	25	25	3
P_3	30	25	3
P_4	60	15	2
P_5	100	10	5
P_6	105	10	4

조건

① 실행할 프로세스가 없으면 CPU는 idle 상태가 된다.
② 시간 할당량(time quantum)은 10이다.
③ 숫자가 작은 것이 우선순위가 높다.
④ 새로 도착한 프로세스의 우선순위가 실행중인 프로세스의 우선순위와 같거나 높으면 CPU를 선점한다.
⑤ 프로세스는 우선순위에 따라 서로 다른 큐에 들어간다.
⑥ 선점된 프로세스는 해당 큐의 마지막에 들어간다.

(1) 스케줄링 과정을 Gantt 차트로 나타내시오.

(2) 평균 반환시간과 평균 대기시간을 구하시오.

(3) CPU 활용도(utilization)를 구하시오.

풀이 (1)

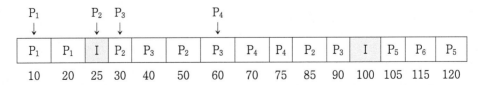

(2) • 평균 반환시간 : $(20 + 60 + 60 + 15 + 20 + 10) / 6 = 30.8$

　　　$P_1 : 20 - 0 = 20, P_2 : 85 - 25 = 60, P_3 : 90 - 30 = 60,$

　　　$P_4 : 75 - 60 = 15, P_5 : 120 - 100 = 20, P_6 : 115 - 105 = 10$

- 평균 대기시간 : $(0 + 35 + 35 + 0 + 10 + 0) / 6 = 13.3$

    $P_1 : 20 - 20 = 0$, $P_2 : 60 - 25 = 35$, $P_3 : 60 - 25 = 35$,

    $P_4 : 15 - 15 = 0$, $P_5 : 20 - 10 = 10$, $P_6 : 10 - 10 = 0$

(3) $105 / 120 \times 100 = 87.5\%$

다음 표는 시점 t_0에서 병행 수행되고 있는 프로세스들의 상태이다. 첫 번째 표는 준비큐에서 CPU 할당을 기다리는 프로세스이고, 두 번째 표는 대기큐에서 디스크 입출력 완료를 기다리는 프로세스이다. 〈조건〉을 고려하여 물음에 답하시오. [중등교사 임용시험 2022-B-11]

프로세스	CPU 버스트
A	500
B	400
C	600

프로세스	I/O 요청 트랙	다음 CPU 버스트
D	380	400
E	310	900
F	340	400
G	180	800
H	350	100

조건

① CPU 스케줄링 알고리즘은 SJF(Shortest Job First)를 사용한다.

② 디스크 스케줄링 알고리즘은 SSTF(Shortest Seek Time First)를 사용한다.

③ t_0에서 SJF 알고리즘에 따라 B가 선택되어 실행된다.

④ t_0에서 H의 입출력 요청을 서비스 중이며, 이것은 시점 50에 끝난다.

⑤ 디스크 입출력 시간은 '탐색시간×2+회전지연시간+전송시간'이다. 여기서 탐색시간은 헤드의 트랙 간 이동 거리이며, 회전지연시간과 전송시간은 각각 150, 50이다.

(1) 대기큐의 프로세스들을 입출력이 완료되는 순서대로 나열하시오.

(2) CPU를 할당받는 순서대로 A~H 프로세스를 나열하시오.

풀이 (1) H, F, E, D, G

프로세스 H의 입출력이 끝난 후 대기큐에 있는 각 프로세스의 입출력 시간과 입출력 종료 시각은 다음과 같다.

	H	**F**	**E**	**D**	**G**
탐색시간		10 (350−340)	30 (340−310)	70 (380−310)	200 (380−180)
I/O 시간	−	220 (10×2+200)	260 (30×2+200)	340 (70×2+200)	600 (200×2+200)
I/O 종료 시각	50	270 (50+220)	530 (270+260)	870 (530+340)	1470 (870+600)

(2) B, H, F, D, A, C, G, E

할당된 프로세스	**B**	**H**	**F**	**D**	**A**	**C**	**G**	**E**
CPU 버스트	400	100	400	400	500	600	800	900
시작 시각	0	400(0+ 400)	500(400+ 100)	900(400+ 500)	1300(900+ 400)	1800(1300 +500)	2400(1800 +600)	3200(2400 +800)
할당 가능 프로세스	−	A,C,F,H	A, C, F	A,C,D,E	A, C, E	C, E, G	E, G	E

다음 표는 프로세스 상태 전이 모델에 따른 현재 시스템의 프로세스별 상태이다. 〈조건〉을 고려하여 물음에 답하시오. [중등교사 임용시험 2023-B-9]

준비 큐에 저장된 프로세스				대기 큐에 저장된 프로세스				실행 중인 프로세스			
PID	생성 시각	잔여 실행 시간		PID	생성 시각	잔여 실행 시간		PID	생성 시각	잔여 실행 시간	
		입출력 버스트	CPU 버스트			입출력 버스트	CPU 버스트			입출력 버스트	CPU 버스트
P7	t0+80	0	15	P9	t0+90	15	25	P5	t0+40	0	5
P4	t0+35	0	45								
P3	t0+20	0	30	P6	t0+50	30	10				
P2	t0+5	0	50								

> **조건**
> • 프로세스 상태를 나타낸 위의 표에서 시간 단위는 ms이다.
> • 선입 선처리(FCFS) 스케줄링을 위한 프로세스의 도착 기준 시각은 프로세스 생성시각으로 한다.
> • 프로세스별 상태에 대한 시점은 현재 시점 t1으로, t1 = (t0+100)ms이고, t1 이후 추가로 생성된 프로세스는 없다.

(1) 선입 선처리 스케줄링 사용 시, (t1+10)ms 시점에 실행 중인 프로세스 ID(PID)는 무엇인가?

(2) 최단 작업 우선(SJF) 스케줄링 사용 시, (t1+10)ms 시점에 실행 중인 프로세스 ID는 무엇인가? 이때 해당 프로세스의 종료 시각은 t0 시점 기준으로 무엇인가?

(3) 최단 작업 우선 스케줄링 사용 시, (t1+25)ms 시점에 실행 중인 프로세스 ID는 무엇인가?

풀이

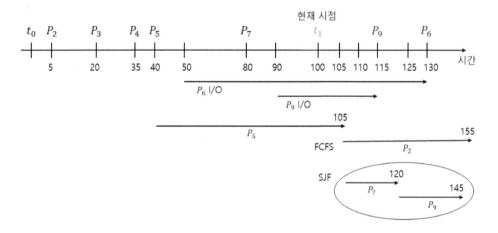

(1) P2

현재 시점 t1(t0 + 100)에서 CPU 작업 중인 P5는 t0 + 105에서 실행이 완료된다. 이 시점에서 P6와 P9은 입출력을 수행하고 있다. 이들을 제외한 프로세스 중에서 생성시각이 가장 빠른 것은 P2이다. 따라서 P2가 CPU를 할당받고 t0 + 155까지 실행된다.

(2) P7, t0 + 120

시점 t0 + 105에서 P5 실행이 완료되었을 때 P6와 P9은 입출력을 수행하고 있다. 이것을 제외하고 작업 시간이 가장 짧은 프로세스는 P7이다. 따라서 P7이 CPU를 할당받고 t0 + 120까지 실행된다.

(3) P9

시점 t0 + 120에서 P7이 종료되었을 때 P9은 입출력이 종료되었고 P6는 입출력을 수행하고 있다. 입출력을 수행 중인 P6와 이미 종료된 P7을 제외한 프로세스 중에서 작업 시간이 가장 빠른 것은 P9이다. 따라서 P9이 CPU를 할당받고 t0 + 145까지 실행된다.

4.2.3 프로세스 동기화

데커(Dekker) 알고리즘은 두 개의 프로세스 P_i와 P_j에 대한 임계영역(critical section) 문제를 소프트웨어적으로 해결한 최초의 알고리즘이다. 알고리즘에 대한 변수와 P_i 구조가 아래와 같을 때 물음에 답하시오.

```
var flag: array[0..1] of boolean ;
turn: 0..1 ;
flag[0] = flag[1] = false로 초기화
turn의 값은 0 또는 1
```

```
while(1) {
  ...
  flag[i] = true ;
  while(flag[j]) {
    if(turn == j) {
      flag[i] = false ;
      ┌─────────────┐
      │      ①      │
      └─────────────┘
    }
  }
  임계영역
  ┌─────────────┐
  │      ②      │
  └─────────────┘
  ...
}
```

(1) 임계영역 문제를 해결하기 위한 3가지 조건을 나열하고 설명하시오.

(2) ①과 ②에 들어갈 내용을 나열하시오.

(3) 위 알고리즘이 한계대기(bounded waiting) 조건을 만족하는 것을 증명하시오.

──

풀이 (1) 임계영역(critical section) 문제를 해결하기 위한 3가지 조건은 다음과 같다.

　① 상호배제(Mutual Exclusion) 조건

　　두 개 이상의 프로세스가 동시에 임계영역에 들어가 코드를 수행하면 안 된다.

　② 진행(Progress) 조건

　　임계 구역 바깥에 있는 프로세스가 다른 프로세스의 임계 구역 진입을 막아서는 안 된다.

　③ 한계대기(Bounded Waiting) 조건

　　어떤 프로세스도 임계 구역으로 들어가는 것이 무한정 연기되어서는 안 된다.

(2) ① while (turn == j) ;

    flag[i] = true ;

② turn = j ;

    flag[i] = false ;

(3) P_i가 임계영역에 진입하려고 한다고 가정하자. 만약, flag[j]가 false라면 P_i가 임계영역에 바로 진입할 수 있고, flag[j]가 true라도 turn 값이 i라면 임계영역에 바로 진입할 수 있다. flag[j]가 true이고 turn이 j로 되어 있다면, P_j가 먼저 임계영역에 진입하게 되고, P_j가 임계영역을 빠져나오면서 turn 값을 i로 바꾸어 주게 되는데 그러면 P_i가 임계영역을 진입할 수 있게 된다. P_i가 임계영역에 진입하기 위해 자신의 flag를 true로 바꾼 후, P_j가 임계영역을 실행하기까지 P_j가 많아야 한 번 실행된 후에는 이어서 P_i가 실행할 수 있게 된다. 따라서 한계 대기 조건을 만족한다.

Peterson 알고리즘은 두 개의 프로세스 P_i와 P_j에 대한 임계영역(critical section) 문제를 해결한다. 알고리즘에 대한 변수와 P_i 구조가 아래와 같을 때 아래 물음에 답하시오.

```
var flag: array[0..1] of boolean ;
trun: 0..1 ;
flag[0] = flag[1] = false로 초기화
turn의 값은 0 혹은 1
```

```
repeat
    ...
    flag[i] = true ;
    ┌─────────────────┐
    │        ①        │
    └─────────────────┘
    임계영역(critical section)
    ...
    flag[i] = false ;
    ...
until false
```

(1) 경쟁 조건(race condition)을 설명하시오.

(2) ①에 들어갈 내용을 쓰시오.

(3) 만약 두 개의 프로세스 P_i와 P_j가 동시에 임계영역에 진입하려고 한다면 어떤 프로세스가 임계영역에 들어갈 수 있는가? 또 그 이유를 설명하시오.

풀이 (1) 경쟁조건은 여러 개의 프로세스가 동시에 동일한 자료를 접근하여 조작할 때 실행 결과가 접근이 발생한 특정 순서에 의존하는 상황이다. 경쟁조건을 해결하는 방법은 협력 프로세스를 동기화(synchronization)해야 한다.

(2) turn = j ;

　　while (flag[j] && turn == j) do no-op ;

(3) 만약 두 프로세스가 동시에 임계영역에 들어가기를 시도했다면 turn 변수는 거의 동시에 i와 j로 바뀌었을 것이다. 결국 2개 중에서 나중에 기록된 값이 바뀌어 남아있을 것이며, 나중에 기록된 값에 해당하는 프로세스가 먼저 임계영역에 들어가게 된다.

다음 알고리즘은 TestAndSet 하드웨어 명령어로 n개 프로세스에 대한 임계영역 문제를 해결하는 P_i의 구조를 나타낸 것이다. 아래 조건에 따라 프로세스가 실행된다고 가정하고 물음에 답하시오.

조건

① $P_0 \sim P_9$까지 10개의 프로세스가 있다.

② P_5가 임계영역을 수행하고 있을 때 P_3, P_9, P_7, P_1이 순서대로 임계영역 진입을 시도하였다.

③ lock과 waiting은 공유 변수이며, 초깃값은 false이다.

```
do {
    waiting[i] = TRUE ;
    key = TRUE ;
    while (waiting[i] && key)  key = TestAndSet(&lock) ;
    waiting[i] = FALSE ;
       // 임계영역
    j = (i+1) % n;
    while ((j != i) && !waiting[j])  j = (j+1) % n ;
    if (j == i)
       lock = FALSE ;   ←  ①
    else
       waiting[j] = FALSE ;   ←  ②
    // 나머지 영역
} while (TRUE) ;
```

(1) TestAndSet 명령어를 정의하시오.

(2) ①번 문장과 ②번 문장을 수행하는 프로세스를 각각 나열하시오.

(3) 임계영역에 들어가는 순서대로 프로세스를 나열하시오.

(4) j 값의 변화를 순서대로 나열하시오.

(5) 위 알고리즘이 한계대기 조건을 만족하는가? 그 이유를 설명하시오.

풀이 (1)
```
boolean TestAndSet(boolean *target) {
    boolean rv = *target;
    *target = TRUE;
    return rv;
}
```

(2) ① P_3

'while ((j != i) && !waiting[j]) j = (j+1) % n;' 문장을 수행하면 i가 3일 때 j도 3이 된다. while문을 빠져 나와서 if문을 수행하므로 P_3이 ①번 문장을 수행한다.

② P_5, P_7, P_9, P_1

'while ((j != i) && !waiting[j]) j = (j+1) % n;'에서 !waiting[j]가 FALSE가 되어 while 문이 빠져나온다. 이어서 if문의 조건이 성립하지 않아 else문의 ②번 문장을 수행한다.

(3) (P_5), P_7, P_9, P_1, P_3

조건에 보면 P_5가 임계영역을 수행하고 있을 때 P_3, P_9, P_7, P_1이 순서대로 임계영역진입을 시도하였다고 한다. j값의 변화를 보면 (6, 7, 8, 9, 0, 1, 2, 3, 4, 5, 6, 7, 8, 9, 0, 1, 2, 3)의 순서로 바뀐다. 먼저 j값이 7이 되어 else문에 의해 waiting[j] 값이 FALSE가 된다. P_7은 'while(waiting[j] && key) key = TestAndSet(&lock)' 문장을 빠져나와 임계영역에 P_5 다음으로 들어가게 된다. 나머지 P_9, P_1, P_3도 이와 같은 방법으로 진행된다.

(4) 6, 7, 8, 9, 0, 1, 2, 3, 4, 5, 6, 7, 8, 9, 0, 1, 2, 3

프로세스가 실행되는 순서는 P_5, P_7, P_9, P_1, P_3이고, P_5가 임계영역을 빠져나오면 j값은 6이 된다. 그리고 다음으로 실행될 프로세스의 번호를 검색하는데 j가 7이 되면 P_7이 수행하고, j가 7→8→9가 되면 P_9가 수행된다. 이런 방식으로 P_3까지 수행하면 다음으로 실행할 프로세스가 없으므로 j 값은 계속 증가하다가 다시 j가 3이 되었을 때 종료된다. 따라서 j는 5 → 6 → 7 → 8 → 9 → 0 → 1 → 2 → 3 → 4 → 5 → 6 → 7 → 8 → 9 → 0 → 1 → 2 → 3 순서로 값이 변경된다.

(5) 한계대기 조건은 프로세스가 임계영역에 들어가기 위해 무한정 기다리지 않는 것을 말한다. 여기서 j 값을 1씩 더해주면서 다음에 실행할 프로세스를 찾는다. 그리고 나머지 연산자(%)를 통하여 방금 임계영역을 수행한 프로세스라도 최대 (n-1)번만 기다리면 다시 임계영역에 진입할 수 있으므로 한계대기 조건을 만족한다.

세마포(semaphore) 변수 S에 대한 V(signal) 연산을 아래와 같이 2가지 방법으로 표현할 수 있다. 방법 1을 사용하는 경우 대응되는 P(wait) 연산을 정의하시오.

방법 1	방법 2

S.signal :
if (S.L 대기리스트에 프로세스가 있다면)
  then
   하나의 프로세스를 선택하여 실행함 ;
else
   S.value++ ;
	V(S) :
	S.value = S.value + 1 ;
	if (S.value ≤ 0) then
	  S.L 대기리스트에서 프로세스 P를 제거함 ;
	wakeup(P);
	}

방법 1

S.wait :
  if (S.value > 0) then
     S.value-- ;
  else
     S.L 리스트에 추가한다.

 다음은 공유 버퍼를 사용하는 생산자/소비자(producer/consumer) 프로세스의 구조를 나타낸 것이다. 데이터 저장을 위한 버퍼 영역이 n이라고 할 때 물음에 답하시오. 단, 변수 in과 out의 초깃값은 0이다.

생산자 프로세스	소비자 프로세스

while (true) {
  while (((in + 1) % BUFFER SIZE) == out) ;
  buffer[in] = item ;
  in = (in + 1) % BUFFER SIZE ;
}
	while (true) {
	  while (in == out) ;
	  버퍼에서 1개 데이터를 소비함
	  item = buffer[out] ;
	  out = (out + 1) % BUFFER SIZE ;
	  return item ;
	}

(1) 위 프로그램은 최대 (n-1)개의 버퍼 영역을 사용할 수 있다. 버퍼가 empty인 경우와 full인 경우를 구분하는 방법은 무엇인가?

(2) n개의 버퍼 영역을 모두 사용할 수 있도록 프로그램을 수정하고자 한다. 버퍼에 있는 데이터의 개수를 변수에 저장하는 방법을 사용하여 소비자 프로세스의 구조를 정의하시오.

풀이 (1) empty와 full 상태의 조건

① empty : in == out

② full : ((in + 1) % n) == out

(2) 버퍼의 p개의 저장 공간을 모두 사용할 수 있도록 수정한 소비자 알고리즘

소비자 프로세스

```
while(1) {
    while(counter == 0) ;
    nextc = buffer[out] ;
    out = (out + 1) % p ;
    counter = counter − 1 ;
    ...
    nextc 위치의 데이터를 소비함 ;
    ...
}
```

읽기(R)와 쓰기(W) 프로세스들이 R_1, R_2, W_1, W_2, R_3의 순서로 수행된다. R_1, R_2가 ⓒ 부분을 수행하는 동안에 다른 모든 프로세스들이 시작되었으며, 시간이 지난 후 모두 종료되었다고 가정하고 물음에 답하시오.

읽기(Reader) 프로세스

```
do {
    wait(mutex) ;
    read_cnt = read_cnt + 1 ;
    if (read_cnt == 1) wait(w_smp) ;   ㉠
    signal(mutex) ;
    읽기가 수행된다.    ㉢
    wait(mutex) ;
    read_cnt = read_cnt − 1 ;
    if(read_cnt == 0) signal(w_smp) ;   ㉡
    signal(mutex) ;
} while (true) ;
```

초기화

```
semaphore mutex, w-smp ;
mutex = w_smp = 1 ;
int read_cnt = 0 ;
```

쓰기(Writer) 프로세스

```
do {
    wait(w_smp) ;    ㉣
    쓰기가 수행된다.
    signal(w_smp) ;    ㉤
} while (true) ;
```

(1) 문장 ⑤의 wait와 ⑥의 signal 연산을 수행하는 프로세스를 순서대로 나열하시오.

(2) 모든 프로세스들이 종료될 때까지 read_cnt 값의 변화를 순서대로 나열하시오.

(3) 블록(block)되는 프로세스를 순서대로 표에 쓰시오. 그리고 각 프로세스에 대해 표를 완성하시오.

블록되는 프로세스	블록시킨 연산 (⑤~⑩)	블록될 때의 세마포의 값	wakeup시킨 프로세스	wakeup시킨 연산 (⑤~⑩)

(1) R_1, R_3

(2) 0-1-2-3-2-1-0

(3)

블록되는 프로세스	블록시킨 연산 (⑤~⑩)	블록될 때의 세마포의 값	wakeup시킨 프로세스	wakeup시킨 연산 (⑤~⑩)
W_1	⑫	-1	R_3	⑥
W_2	⑫	-2	W_1	⑩

세마포(semaphore)를 사용하여 생산자/소비자 문제를 정의할 수 있다. 버퍼는 10개의 데이터를 저장할 수 있고, 세마포는 상호배제를 위한 mutex, 버퍼의 비어 있는 영역의 수인 empty, 버퍼에 저장된 데이터 수인 full을 사용한다고 가정하고 물음에 답하시오.

(1) 생산자 프로세스를 나타낸 다음 구조에서 ⑤과 ⑥에 들어갈 내용을 순서대로 쓰시오.

```
while(1) {
        ...
        ⑤     ;
    mutex.wait() ;
        ...          // buffer에 데이터를 추가
    mutex.signal() ;
        ⑥     ;
        ...
}
```

(2) 다음 표와 같은 순서로 생산자/소비자 프로세스가 수행되었고, 현재 마지막 생산자 프로세스가 임계영역을 수행하고 있다. 각 프로세스가 수행되었을 때 세마포 변수들의 값을 쓰고, empty나 full의 대기 리스트로 들어갔던 프로세스와 그렇지 않은 프로세스를 각각 O와 X 기호를 사용하여 나타내시오.

	초깃값	생산자	생산자	소비자	소비자	소비자	소비자	생산자
empty								
full								
mutex								
O / X								

 풀이 (1) ㉠ : empty.wait(), ㉡ : full.signal()

(2)
	초깃값	생산자	생산자	소비자	소비자	소비자	소비자	생산자
empty	10	9	8	9	10	10	10	9
full	0	1	2	1	0	-1	-2	-2
mutex	1	1	1	1	1	1	1	0
O / X	-	X	X	X	X	O	O	X

세마포(Semaphore) S에 대한 wait() 연산과 이를 적용한 생산자 프로세스의 구조가 아래와 같다. 조건에 따라 물음에 답하시오.

```
wait(S) {
    S.value-- ;
    if (S.value < 0) {
        이 프로세스를 대기 큐에 넣음
        block() ;
    }
}
```

```
while (true) {
    // 데이터를 생산함
    wait (empty) ;
    wait (mutex) ;
    // 데이터를 버퍼에 추가함(임계영역)
    signal (mutex) ;
    signal (full) ;
}
```

조건

① 버퍼는 10개의 데이터를 저장할 수 있다.

② 상호배제, 버퍼에서 비어있는 슬롯의 수, 버퍼에 저장된 데이터 수를 나타내는 세마포로 각각 mutex, empty, full을 사용한다.

③ mutex, empty, full의 초깃값은 각각 1, 10, 0이다.

④ P_1, C_1, C_2, C_3, P_2, P_3, P_4, P_5 순서로 프로세스들이 실행된다. 여기서 P_i는 생산자 프로세스이고, C_i는 소비자 프로세스를 나타낸다.

⑤ 블록(block)된 경우를 제외하고 각 프로세스는 이전 프로세스의 생산 및 소비 작업이 종료된 후 시작된다.

(1) 블록된 프로세스들을 나열하고, 각각에 대해 블록되는 큐와 wakeup 시켜주는 프로세스를 쓰시오.

(2) P_5의 실행이 종료되었을 때 mutex, empty, full의 값을 나열하시오.

(3) P_5가 임계영역에 있을 때 C_4가 시작되어 블록 된 경우 이 시점의 mutex, empty, full의 값을 나열하시오.

 풀이

(1) · C_2 블록 됨 : full 큐, P_2가 wakeup
    · C_3 블록 됨 : full 큐, P_3가 wakeup

(2) 1, 8, 2

(3) −1, 8, 0

	mutex	empty	full
P_4	1	9	1
P_5	0	8	-
C_4	-1	-	0

이후 진행은 아래와 같음

	mutex	empty	full
P_5	0	-	1
C_4	1	9	1

다음과 같은 조건에서 식사하는 철학자(Dining-philosophers) 문제에 관한 물음에 답하시오.

조건

· 철학자 프로세스 P_i와 젓가락의 배치는 그림과 같다.
· 모든 철학자는 젓가락을 잡고 놓을 때 오른쪽부터 시작한다고 가정한다.
· 철학자 P_2가 식사하고 있을 때 P_3, P_1, P_0가 순서대로 식사하기를 시도하였다.
· 철학자 P_3, P_1, P_0가 식사를 끝낼 때까지 P_4는 식사하지 않는다.
· 모든 철학자의 식사하는 시간은 동일하다고 가정한다.

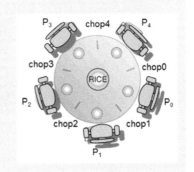

(1) 위 조건에 적합한 철학자 P_i의 구조를 쓰시오.

(2) 철학자 P_0, P_1, P_3을 식사하는 순서대로 나열하시오.

(3) $P_0 \sim P_4$ 중에서 실행 중에 블록(block)되는 프로세스에 대해 다음 표를 완성하시오.

항목＼프로세스	P_0	P_1	P_2	P_3	P_4
블록되는 큐(세마포)의 이름					
wakeup 시켜주는 프로세스					

풀이 (1)

```
Semaphore chop[5]
    initialized to 1

while(true) {
    wait (chop[i]) ;
    wait (chop[(i + 1) % 5]) ;
    // eat
    signal (chop[i]) ;
    signal (chop[(i + 1) % 5]) ;
    // think
}
```

(2) P_1, P_3, P_0

(3)

항목＼프로세스	P_0	P_1	P_2	P_3	P_4
프로세스가 블록되는 큐	chop1	chop2	-	chop3	-
wakeup 시켜주는 프로세스	P_1	P_2	-	P_2	-

다음은 식사하는 철학자(Dining Philosophers) 문제에서 5명의 철학자 i (0≤ i ≤4)에 대한 프로세스 구조를 나타낸 것이다. 이 구조에서 5명의 철학자가 식사하기 위해 동시에 왼쪽 젓가락을 잡는 경우 교착상태가 발생한다. 교착상태 문제 해결 방안에 대한 아래 물음에 답하시오.

문장번호	프로세스 구조
−	`semaphore chopstick[5] = {1, 1, 1, 1, 1} ;`
−	`philosopher (int i) {`
−	`    while (TRUE) {`
①	`        think( ) ;`
②	`        P (chopstick[i]) ; //왼쪽 젓가락`
③	`        P (chopstick[(i+ 1) % 5]) ; //오른쪽 젓가락`

문장번호	프로세스 구조

④
⑤
⑥
–
–
	``
	        eat( );
	        V (chopstick[(i+ 1) % 5]) ;
	        V (chopstick[i]) ;
	    }
	}
	``

(1) 최대 4명의 철학자만 동시에 젓가락을 잡을 수 있도록 하여 교착상태 문제를 해결하고자 한다. 그 방안을 설명하시오.

(2) 순환대기(circular wait) 조건이 성립되지 않도록 하여 교착상태 문제를 해결하는 방안을 설명하시오.

풀이 (1) 위의 프로세스 구조에서 새로운 세마포 변수를 선언하고 구조를 변경하여 교착상태 문제를 해결할 수 있다. 예를 들면, 세마포 변수 eatnum을 선언하고 초깃값으로 4를 배정한다. 그리고 이 세마포 변수에 대한 P 연산과 V 연산인 P(eatnum)과 V(eatnum)을 각각 문장 ①과 ⑥ 다음에 추가하면 된다. 모든 철학자는 젓가락을 잡기 전에 P(eatnum) 연산을 수행한다. 이때 초깃값이 4인 eatnum 변수는 P 연산이 수행될 때마다 1씩 감소된다.

이러한 수정된 프로세스 구조에서 5명이 동시에 식사하기 위해 왼쪽 젓가락 잡기를 시도할 수 있다. 이 경우 마지막에 젓가락 잡기를 시도한 철학자는 P(eatnum) 연산에서 eatnum 값이 -1이 되며, P 연산의 정의에 따라 대기 큐에 블록된다. 이후 블록된 철학자의 왼쪽 인접한 철학자가 식사를 마친 후 오른쪽 젓가락을 내려놓을 때 큐에 블록되어 있는 철학자를 꺼내어 wakeup 시켜준다. 이러한 방법을 적용하면 최대 4명의 철학자가 동시에 왼쪽 젓가락을 잡을 수 있으며, 블록된 철학자의 오른쪽에 있는 철학자는 두 개의 젓가락을 모두 잡을 수 있어서 식사할 수 있다. 따라서 교착상태가 발생되지 않는다.

(2) 위의 프로세스 구조는 모든 철학자가 왼쪽 젓가락을 잡은 후 오른쪽 젓가락을 잡게 되어 있다. 5명의 철학자를 홀수와 짝수로 나누어 홀수 철학자는 왼쪽, 오른쪽 순서로 젓가락을 잡고, 짝수 철학자는 오른쪽, 왼쪽 순서로 젓가락을 잡도록 하면 교착상태 문제를 해결할 수 있다.

예를 들면, 짝수 철학자($i=4$)인 경우 오른쪽, 왼쪽 순서로 젓가락을 잡아야 한다. 이를 위해 위의 프로세스 구조에서 ②번과 ③번 문장의 위치를 바꾸어야 한다. 이렇게 구조를 수정하면 4번 철학자의 경우 오른쪽 젓가락인 P(chopstick[0])를 잡은 후 왼쪽 젓가락인 P(chopstick[4])를 잡게 된다. 즉, 두 개의 젓가락을 잡는 철학자가 존재하므로 교착상태가 발생하지 않는다.

다음은 병행 수행되는 프로세스 P₁, P₂와 이들이 공유하는 변수를 나타낸 것이다. 세마포(sema-phore) 변수에 대한 연산을 고려하여 물음에 답하시오. [중등교사 임용시험 2022-A-4]

```
int share = 0, delta = 0 ;
semaphore s1 = 0, s2 = 0, mutex = 1 ;
```

세마포 변수 s에 대한 wait(s), signal(s) 연산은 다음과 같다.
– wait(s) : s가 1이면 0으로 변경한 후 리턴하고, s가 0이면 프로세스는 s의 큐에 블록된다.
– signal(s) : s의 큐에 블록된 프로세스가 있으면 그중 첫 번째 프로세스를 깨운(wakeup)
후 리턴하고, 블록된 프로세스가 없으면 s를 1로 변경하고 리턴한다.

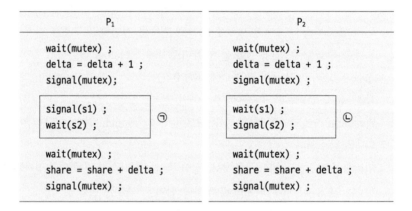

(1) P₁이 ㉠의 wait를 수행할 때 P₂가 수행을 시작하는 경우 블록되는 프로세스는 무엇인가?
이때 블록되는 프로세스는 어떤 세마포의 대기큐로 들어가는가?

(2) P₁, P₂가 병행 수행될 때 share의 최종값은 무엇인가?

(3) ㉠과 ㉡ 코드를 제거한 후 P₁, P₂를 병행 수행할 때 share의 가능한 최종값을 모두 쓰시오.

풀이 (1) P₁, s2

세마포 변수 s1 또는 s2에 대해 signal 연산이 수행되지 않은 상태에서 wait 연산을 수행하면 wait 연산을 수행한 프로세스는 해당 세마포 큐에 블록된다.

(2) 4

다양한 순서의 병행수행이 가능하며, 아래 2가지 예로 결과를 확인할 수 있다.

① P₁이 ㉠의 wait를 수행할 때 P₂가 수행을 시작하는 경우

P₁이 수행되면 delta는 1이며, ㉠의 wait 연산을 수행할 때 블록된다. P₂가 수행되면서 delta는 2가 된다. P₂가 ㉡의 wait 연산을 수행한 후 signal 연산을 수행하면서 P₁을

wakeup 시킨다. 이어서 수행 순서에 상관없이 P_1, P_2가 share = share + delta 연산을 1번씩 실행하므로 0 + 2, 2 + 2 연산이 되어 share 값은 4가 된다.

② P_2가 ⓛ의 wait를 수행할 때 P_1이 수행을 시작하는 경우

　P_2가 수행되면 delta는 1이며, ⓛ의 wait 연산을 수행할 때 블록된다. P_1이 수행되면서 delta는 2가 된다. P_1이 ㉠의 signal 연산을 수행하면서 P_2를 wakeup 시킨다. P_1과 P_2는 각각 ㉠의 wait 연산과 ⓛ의 signal 연산을 수행한다. 이어서 P_1, P_2가 share = share + delta 연산을 1번씩 실행하므로 0 + 2, 2 + 2 연산이 되어 share 값은 4가 된다.

(3) 3, 4

　P_1이 delta와 share 값을 바꾼 상태에서 P_2가 delta와 share 값을 바꾸면 share는 3이 된다. P_1과 P_2가 delta 값을 바꾼 상태에서 share 값을 바꾸면 share는 4가 된다.

실시간이나 우선순위 기반 시스템에서 동기화와 관련하여 우선순위 역전(priority inversion) 현상이 발생할 수 있다. 다음 그림은 3개의 프로세스 P_1, P_2, P_3가 실행되는 과정을 나타낸 것이다. P_1, P_2, P_3의 도착시간은 각각 t_2, t_4, t_0이다. P_1과 P_3는 자원을 공유하며, P_2는 자원을 공유하지 않는다. 공유자원에 대한 동기화를 위해 세마포를 사용한다. 우선순위는 P_1이 가장 높고 이어서 P_2, P_3 순서인 것으로 가정하고 아래 물음에 답하시오.

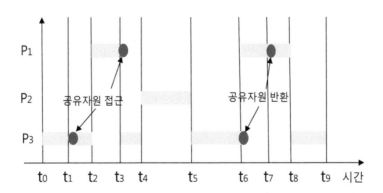

(1) wait 연산이 수행되는 시점(t_0~t_9)을 모두 나열하시오.

(2) signal 연산이 수행되는 시점(t_0~t_9)을 모두 나열하시오.

(3) 우선순위 역전 현상이 발생한 구간을 쓰고, 그 판단 근거를 설명하시오.

(4) 우선순위 역전 현상의 해결 방안 2가지를 쓰고 위의 그림으로 설명하시오.

풀이 (1) t_1, t_3

(2) t_6, t_7

(3) $t_4 \sim t_5$, t_4에서 P_3보다 우선순위가 높은 P_2가 도착하였다. 스케줄러는 P_3를 중단시키고 P_2를 실행시킨다. 이때 P_2보다 우선순위가 높고 먼저 도착한 P_1이 있음에도 우선순위가 낮은 P_2가 실행되는 우선순위 역전 현상이 발생한다. 이것은 P_3가 공유자원을 사용하고 있어서 P_1이 블록된 상태이기 때문이다.

(4)

① 우선순위 올림(priority ceiling) : 프로세스 P_3가 공유자원을 할당받을 때 우선순위를 일시적으로 미리 정해진 우선순위로 높이는 방법이다. 이 우선순위는 P_1뿐만 아니라 공유자원에 접근할 모든 프로세스의 우선순위보다 높게 설정한다. P_3의 공유자원에 대한 접근이 끝나면 우선순위를 원래 수준으로 설정한다.

② 우선순위 상속(priority inheritance) : 프로세스 P_3가 공유자원을 할당받고 실행되는 동안 높은 우선순위의 P_1이 공유자원을 요청하면, P_3의 우선순위를 P_1보다 높게 설정하여 계속 실행되도록 한다. P_3의 공유자원에 대한 접근이 끝나면 우선순위를 원래 수준으로 설정한다.

4.2.4 교착상태

교착상태(deadlock)에 관한 물음에 답하시오.

(1) 교착상태 발생을 위한 네 가지 조건을 쓰시오.

(2) 교착상태 발생을 위한 네 가지 조건을 사용하여 교착상태 예방(prevention) 방법을 설명하시오.

풀이 (1) 상호배제(mutual exclusion), 점유와 대기(hold and wait), 비선점(no preemption), 순환 대기(circular wait)

(2) ① 상호배제 조건 부정

상호배제 조건은 비공유를 전제로 한다. 공유 가능한 자원들은 배타적인 접근을 요구하지 않으므로 교착상태로 될 수 없다. 따라서 이 조건을 부정하여 임계영역 문제를 해결할 수 없다.

② 점유와 대기조건 부정

각 프로세스는 필요한 자원들을 모두 한꺼번에 요청하도록 한다. 시스템은 한 프로세스가 요구한 자원을 전부 할당하거나, 하나라도 부족하면 전혀 할당하지 않는다.

③ 비선점 조건 부정

자원을 소유한 프로세스가 자원할당 요구가 받아들여지지 않는 경우 원래 가지고 있던 자원을 일단 반납한다. 필요하다면 다시 그 자원이나 다른 자원을 요구하도록 한다. 무한 연기의 발생 가능성이 있다.

④ 순환 대기조건 부정

모든 프로세스에 각 자원의 유형별로 할당순서를 부여한다. 프로세스가 주어진 유형의 모든 자원을 할당받은 경우 자원의 할당순서에 따라 나중에 위치하는 유형의 자원만을 요구한다. 자원에 번호를 부여할 때 프로세스가 실행 중에 자원을 사용하는 순서를 반영할 수 있어야 한다.

프로세스 P_1, P_2, P_3, P_4와 자원유형 R_1, R_2에서 자원에 대한 할당과 요구 상태가 각각 행렬 A와 B로 나타났다. 조건에 따라 자원할당 그래프에 대한 아래 물음에 답하시오.

조건

① 자원할당행렬 A에서 A_{ij}는 프로세스 P_i에 할당된 R_j 자원의 수를 나타낸다.

② 자원요구행렬 B에서 B_{ij}는 프로세스 P_i가 요구하는 R_j 자원의 수를 나타낸다.

③ 자원유형 R_1, R_2에서 단위자원의 수는 각각 2개이다.

④ 행렬 A와 B가 각각 아래와 같다.

$$A = \begin{bmatrix} 0 & 1 \\ 1 & 0 \\ 1 & 0 \\ 0 & 1 \end{bmatrix} \quad B = \begin{bmatrix} 1 & 0 \\ 0 & 0 \\ 0 & 1 \\ 0 & 0 \end{bmatrix} \quad 1 \leq i \leq 4,\ 1 \leq j \leq 2$$

(1) 자원할당 그래프를 그리시오.

(2) 교착상태가 발생하였는지 판단하시오.

(1)

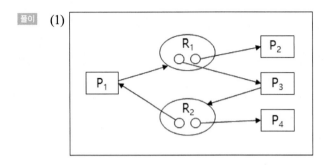

(2) 교착상태가 아니다.

그래프에 사이클이 존재하고 자원유형 R_1과 R_2에 각각 자원이 2개씩 있으므로 교착상태 발생 가능성이 있다. 다음과 같이 교착상태 발생 유무를 확인할 수 있다. 먼저 P_2는 요구하는 자원이 없으므로 시간이 경과되면 종료되고, 할당받은 R_1 자원을 반납하게 된다. 이때 R_1을 요구하는 P_1이 P_2에서 반납된 R_1을 할당받아 실행 후 종료될 수 있다. P_3는 자원 R_2를 요구하고 있다. 시간이 경과되면 R_2를 할당받은 P_4가 종료되고 R_2를 반환한다. 이때 P_3는 R_2를 할당받아 종료될 수 있다. 따라서 모든 프로세스가 실행 후 종료 가능하므로 교착상태가 아니다.

교착상태 탐지(detection)를 위해 자원할당 그래프를 사용할 수 있다. 자원할당 그래프의 사이클(cycle) 포함 유무와 교착상태 발생과의 관계를 설명하시오. 이와 연관하여 자원할당 그래프와 대기 그래프(wait-for graph)와의 관계를 설명하시오.

---

① 자원할당 그래프에서 각 자원 유형별로 자원이 하나씩 있는 경우에 자원할당 그래프에 사이클이 있으면 반드시 교착상태가 발생한다. 자원할당 그래프에서 자원 유형에 자원이 두 개 이상 존재하는 경우에는 자원할당 그래프에 사이클이 있으면 교착상태가 발생할 수도 있고 발생하지 않을 수도 있다.

② 각 자원 유형별로 자원이 하나씩 있는 경우에 대기 그래프를 사용하여 교착상태를 탐지할 수 있다. 이를 위하여 자원할당 그래프를 변형시켜 대기 그래프를 생성한다. 자원할당 그래프에서 자원 노드를 제거하고 간선들을 결합하여 프로세스 노드들로만 구성된 대기 그래프를 만든다. 시스템은 주기적으로 대기 그래프에서 사이클이 존재하는지 탐지하며, 사이클이 탐지되면 교착상태가 발생된 것으로 판단한다.

프로세스의 집합을 P, 자원의 집합을 R, 프로세스와 자원과의 연결 간선을 E라고 할 때 자원 할당 그래프가 다음과 같이 표현하였다. 사용 가능한 자원은 각 유형에 2개씩 존재한다고 가정하고 물음에 답하시오.

- P = {P_1, P_2, P_3, P_4}
- R = {R_1, R_2}
- E = {$P_1 \rightarrow R_1$, $R_1 \rightarrow P_2$, $R_1 \rightarrow P_3$, $R_2 \rightarrow P_1$, $P_3 \rightarrow R_2$, $R_2 \rightarrow P_4$}

(1) 자원할당 그래프를 그리시오.

(2) 시스템에 교착상태가 발생하였는지 판단하시오.

(3) (2)에서 교착상태가 발생하였다면 교착상태에 들어있는 프로세스를 나열하고, 그렇지 않으면 교착상태가 아닌 이유를 설명하시오.

(4) 자원할당 그래프에서 사이클과 교착상태와의 관계를 정의하시오.

 (1)

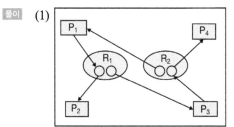

(2) 교착상태가 발생하지 않는다.

(3) 프로세스 P_2와 P_4가 수행을 끝내고 자원 R_1과 R_2를 반납하면 프로세스 P_1과 P_3에 자원을 할당해주면 되므로 교착상태는 발생하지 않는다.

(4) 각 자원 유형별로 자원이 하나씩 있는 경우에는 자원할당 그래프에 사이클이 있으면 반드시 교착상태가 발생한다. 그러나 자원이 여러 개 있는 경우에는 자원할당 그래프에 사이클이 있더라도 반드시 교착상태가 발생하는 것은 아니다.

다음 그래프는 프로세스 P_i, 자원유형 R_i에 대한 현재 시스템의 상태를 나타낸 것이다. 교착상태에 대한 ①~⑤의 설명에서 잘못된 것을 모두 나열하고 각각에 대한 이유를 설명하시오.

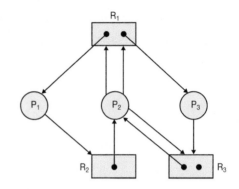

① 현재 상태에서 추가적으로 사용 가능한 자원의 수는 R_1, R_2, R_3가 각각 0, 0, 1개이다.

② 교착상태 탐지는 각 프로세스가 사용할 최대 자원 요구량을 미리 알고 있어야 한다.

③ 교착상태 탐지는 교착상태 회피에 비해 자원선점과 프로세스 수행의 롤백이 필요 없는 기법이다.

④ 경로 $P_1 \rightarrow R_2 \rightarrow P_2 \rightarrow R_1 \rightarrow P_3 \rightarrow R_3 \rightarrow P_2 \rightarrow R_1 \rightarrow P_1$에 사이클이 존재하므로 P_1, P_2, P_3는 교착상태에 있다.

⑤ 교착상태 탐지는 현재 교착상태 프로세스가 있는지를 검사하며, 자원선점과 같은 회복(recovery) 기법을 적용하여 교착상태 문제를 해결할 수 있다.

풀이

② 교착상태 탐지는 회피와 달리 교착상태 발생을 허용하므로 최대 자원 요구량과 무관하다.

③ 교착상태가 발생 시에 이를 해결하기 위해 자원 선점과 롤백을 수행한다.

④ 사이클은 존재하지만 R_3 자원을 P_3에 할당하면 P_3는 종료될 수 있다. 따라서 P_3는 교착상태에 있지 않다. 현재 상태에서 교착상태 탐지 알고리즘을 적용할 수도 있다. 현재 자원에 대한 요구는 P_1, P_2, P_3가 각각 (0 1 0), (2 0 1), (0 0 1)며, 사용 가능한 자원의 수는 (0 0 1)이다. 사용 가능한 자원을 P_3에 할당하면 P_3는 종료될 수 있다. P_3가 종료되면 사용 가능한 자원의 수는 (1 0 1)이 된다. 이 자원은 P_1, P_2가 요구하는 자원 수를 만족하지 않으므로 할당될 수 없다. 따라서 P_1, P_2는 교착상태이다.

시스템에 5개의 프로세스와 4개의 자원 유형이 존재하며, 시스템의 현재 상태가 다음과 같다고 가정하고 아래 물음에 답하시오.

	Allocation				Max				Available			
	A	B	C	D	A	B	C	D	A	B	C	D
P₁	0	0	0	2	0	0	0	2	2	3	1	0
P₂	2	0	0	0	2	7	5	0				
P₃	0	0	3	4	6	6	5	6				
P₄	2	3	5	4	4	3	5	6				
P₅	0	3	3	2	1	6	5	2				

(1) 현재 상태가 안전 상태인지 불안전 상태인지 판단하고, 그 근거를 제시하시오.

(2) 프로세스 P_3이 자원 (0, 2, 1, 0)을 요청했다면 이 요청을 허용해도 되는지 판단하시오. 단, 판단 과정을 모두 나열하시오.

(3) (2)의 요청에 대한 처리가 종료된 후 프로세스 P_5가 자원 (0, 1, 1, 0)을 요청했다면 이 요청을 허용해도 되는지 판단하시오. 단, 판단 과정을 모두 나열하시오.

풀이 (1) 안전상태, 안전 순서열인 $(P_1, P_4, P_5, P_2, P_3)$가 존재한다.

	Allocation				Need				Available			
	A	B	C	D	A	B	C	D	A	B	C	D
P₁	0	0	0	2	0	0	0	0	2	3	1	0
P₂	2	0	0	0	0	7	5	0				
P₃	0	0	3	4	6	6	2	2				
P₄	2	3	5	4	2	0	0	2				
P₅	0	3	3	2	1	3	2	0				

- Available의 변화: $(2,3,1,0)-(2,3,1,2)-(4,6,6,6)-(4,9,9,8)-(6,9,9,8)-(6,9,12,12)$

(2) 안전 순서열이 존재하여 수용 가능함

$(0, 2, 1, 0) \leq (6, 6, 2, 2)$: 요구량이 필요량보다 적으므로 만족함

$(0, 2, 1, 0) \leq (2, 3, 1, 0)$: 요구량이 잔여량보다 적으므로 만족함

	Allocation				Need				Available			
	A	B	C	D	A	B	C	D	A	B	C	D
P₁	0	0	0	2	0	0	0	0	2	1	0	0
P₂	2	0	0	0	0	7	5	0				
P₃	0	2	4	4	6	4	1	2				
P₄	2	3	5	4	2	0	0	2				
P₅	0	3	3	2	1	3	2	0				

- Available의 변화 : (2, 1, 0, 0)-(2, 1, 0, 2)-(4, 4, 5, 6)-(4, 7, 8, 8)-(6, 7, 8, 8)-(6, 9, 12, 12)
- 안전 순서열인 (P₁, P₄, P₅, P₂, P₃)이 존재하므로 요청을 허용할 수 있다.

(3) 수용 불가능

    (0, 1, 1, 0) ≤ (0, 3, 2, 0) : 요구량이 필요량보다 적으므로 만족함

    (0, 1, 1, 0) ≤ (2, 1, 0, 0) : 요구량이 잔여량보다 많으므로 만족하지 않음

은행가 알고리즘(Banker's algorithm)을 사용한다고 가정하고, 시스템의 상태가 다음과 같을 때 물음에 답하시오.

프로세스	Allocation				Max				Available			
	A	B	C	D	A	B	C	D	A	B	C	D
P₀	0	0	1	2	0	0	1	2	1	5	2	0
P₁	1	0	0	0	1	7	5	0				
P₂	1	3	5	4	2	3	5	6				
P₃	0	6	3	2	0	6	5	2				
P₄	0	0	1	4	0	6	5	6				

(1) Need 행렬을 구하시오.

(2) 시스템의 상태가 안전 상태인지 불안전 상태인지를 판단하시오

(3) (A, B, C, D) 자원에 대한 P₁의 요청이 (0, 4, 2, 0)이라면 이 요청이 즉시 허용될 수 있는가?

풀이 (1) Need = Max - Allocation

Need			
A	B	C	D
0	0	0	0
0	7	5	0
1	0	0	2
0	0	2	0
0	6	4	2

(2)

프로세스	Allocation				Max				Need				Available				실행순서
	A	B	C	D	A	B	C	D	A	B	C	D	A	B	C	D	
P_0	0	0	1	2	0	0	1	2	0	0	0	0	1	5	2	0	
P_1	1	0	0	0	1	7	5	0	0	7	5	0	1	5	3	2	P_0
P_2	1	3	5	4	2	3	5	6	1	0	0	2	2	8	8	6	P_2
P_3	0	6	3	2	0	6	5	2	0	0	2	0	2	14	11	8	P_3
P_4	0	0	1	4	0	6	5	6	0	6	4	2	2	14	12	12	P_4
													3	14	12	12	P_1

- 안전상태 ($P_0 \rightarrow P_2 \rightarrow P_3 \rightarrow P_4 \rightarrow P_1$)

(3)

프로세스	Allocation				Max				Need				Available				실행순서
	A	B	C	D	A	B	C	D	A	B	C	D	A	B	C	D	
P_0	0	0	1	2	0	0	1	2	0	0	0	0	1	1	0	0	
P_1	1	4	2	0	1	7	5	0	0	3	3	0	1	1	1	2	P_0
P_2	1	3	5	4	2	3	5	6	1	0	0	2	2	4	6	6	P_2
P_3	0	6	3	2	0	6	5	2	0	0	2	0	2	10	9	8	P_3
P_4	0	0	1	4	0	6	5	6	0	6	4	2	2	10	10	12	P_4
													3	14	12	12	P_1

- 안전상태 ($P_0 \rightarrow P_2 \rightarrow P_3 \rightarrow P_4 \rightarrow P_1$)이므로 요청 시 즉시 허용될 수 있다.

자원 형태 A, B, C가 각각 10, 5, 7개인 시스템에서 현재 상태가 다음과 같다. 은행원 알고리즘을 사용하여 아래 물음에 대한 답을 풀이과정과 함께 쓰시오.

	Allocation			Max			Available		
	A	B	C	A	B	C	A	B	C
P_1	0	1	0	7	5	3	3	3	2
P_2	2	0	0	3	2	2			
P_3	3	0	2	9	0	2			
P_4	2	1	1	2	2	2			
P_5	0	0	2	4	3	3			

(1) 시스템이 현재 안전상태인지 판단하시오.

(2) P_2가 (A B C) 자원을 각각 (1 0 1)개 요청하여 수용하였으며, 그 후 P_1이 (0 2 0)개 요청하였다. P_1의 요청을 수용할 수 있는지 판단하시오.

풀이 (1)

	Allocation			Max			Available				Need		
	A	B	C	A	B	C	A	B	C		A	B	C
P_1	0	1	0	7	5	3	3	3	2	P_1	7	4	3
P_2	2	0	0	3	2	2				P_2	1	2	2
P_3	3	0	2	9	0	2				P_3	6	0	0
P_4	2	1	1	2	2	2				P_4	0	1	1
P_5	0	0	2	4	3	3				P_5	4	3	1

• Available(Work) :

3 3 2	→	5 3 2	→	7 4 3	→	7 4 5	→	7 5 5	→	10 5 7
	P_2		P_4		P_5		P_1		P_3	

이와 같이 안전 순서열 <P_2, P_4, P_5, P_1, P_3>가 존재하므로 안전상태이다.

(2) P_2의 (1 0 1) 요청을 수락한 후의 상태

	Allocation			Max			Available				Need		
	A	B	C	A	B	C	A	B	C		A	B	C
P_1	0	1	0	7	5	3	2	3	1	P_1	7	4	3
P_2	3	0	1	3	2	2				P_2	0	2	1
P_3	3	0	2	9	0	2				P_3	6	0	0
P_4	2	1	1	2	2	2				P_4	0	1	1
P_5	0	0	2	4	3	3				P_5	4	3	1

P_1의 (0 2 0) 요청에 대한 처리는 다음과 같다.

① Request ≤ Need 조건 확인, (0 2 0) ≤ (7 4 3) 조건을 만족함

② Request ≤ Available 조건 확인, (0 2 0) ≤ (2 3 1) 조건을 만족함

P_1의 요구를 수용한 것으로 가정하면 자원할당 상태는 다음과 같다.

	Allocation			Max			Available				Need		
	A	B	C	A	B	C	A	B	C		A	B	C
P_1	0	3	0	7	5	3	2	1	1	P_1	7	2	3
P_2	3	0	1	3	2	2				P_2	0	2	1
P_3	3	0	2	9	0	2				P_3	6	0	0
P_4	2	1	1	2	2	2				P_4	0	1	1
P_5	0	0	2	4	3	3				P_5	4	3	1

이 상태에서 안전 알고리즘을 수행한다.

• Available(Work) :

2 1 1	→	4 2 2	→	7 2 3	→	10 2 5	→	10 5 5	→	10 5 7
P_4		P_2		P_3		P_1		P_5		

이와 같이 안전 순서열 <P_4, P_2, P_3, P_1, P_5> 또는 <P_4, P_2, P_1, P_3, P_5> 또는 <P_4, P_2, P_1, P_5, P_3>가 존재하므로 안전상태이다. (<P_4, P_2, P_3, P_5, P_1>은 불가능)

교착상태 회피를 위해 은행가 알고리즘(Banker's algorithm)을 사용한다고 가정하고, 시스템의 상태가 다음과 같을 때 물음에 답하시오.

	Max					Allocation					Available
	R_1 R_2 R_3 R_4 R_5					R_1 R_2 R_3 R_4 R_5					2 0 0 2 1
P1	2	3	3	1	2	0	2	1	1	1	
P2	4	1	1	2	1	3	1	1	1	0	
P3	2	1	1	4	1	1	1	0	1	0	
P4	1	2	1	1	0	1	0	1	0	0	
P5	1	0	1	5	3	0	0	1	1	1	

(1) 안전 순서열을 구하시오.

(2) 프로세스에 의한 자원의 할당과 반환 요청이 다음과 같을 때 가장 먼저 자원을 할당받는 프로세스는 무엇인가?

① P1이 자원 (1 0 0 0 1)의 할당을 요청함

② P3이 자원 (0 0 0 2 0)의 할당을 요청함

③ P5가 자원 (0 0 1 1 0)의 반환을 요청함

④ P4가 자원 (0 1 0 1 0)의 할당을 요청함

풀이 (1) 안전 순서열 : P2, P3, P4, P1, P5

	Allocation	Need	Available 2 0 0 2 1	종료 프로세스
P1	0 2 1 1 1	2 1 2 0 1	5 1 1 3 1	P2
P2	3 1 1 1 0	1 0 0 1 1	6 2 1 4 1	P3
P3	1 1 0 1 0	1 0 1 3 1	7 2 2 4 1	P4
P4	1 0 1 0 0	0 2 0 1 0	7 4 3 5 2	P1
P5	0 0 1 1 1	1 0 0 4 2	7 4 4 6 3	P5

(2) 가장 먼저 자원을 할당받는 프로세스 : P3

① P1 요청 (1 0 0 0 1)을 수용하는 경우 아래와 같이 상태가 바뀌며, P1~P5의 모든 프로세스에 대해 Need를 충족할 수 없다.

	Allocation	Need	Available 1 0 0 2 0	종료 프로세스
P1	1 2 1 1 2	1 1 2 0 0		
P2	3 1 1 1 0	1 0 0 1 1		
P3	1 1 0 1 0	1 0 1 3 1		
P4	1 0 1 0 0	0 2 0 1 0		
P5	0 0 1 1 1	1 0 0 4 2		

② P3 요청 (0 0 0 2 0)을 수용하는 경우 아래와 같이 상태가 바뀌며, P1~P5의 모든 프로세스에 대해 Need를 충족할 수 없다.

	Allocation	Need	Available 2 0 0 0 1	종료 프로세스
P1	0 2 1 1 1	2 1 2 0 1		
P2	3 1 1 1 0	1 0 0 1 1		
P3	1 1 0 3 0	1 0 1 1 1		
P4	1 0 1 0 0	0 2 0 1 0		
P5	0 0 1 1 1	1 0 0 4 2		

③ P4 요청인 (0 1 0 1 0)은 R_2의 부족으로 수용할 수 없다. 위의 안전 순서열이 존재하는 상태에서 Available은 (2 0 0 2 1)이다.

④ P5가 (0 0 1 1 0)을 반환하는 경우, 아래와 같이 시스템의 상태가 변경된다. 이 상태에서 프로세스들의 요청을 수용할 수 있는지 확인한다.

	Allocation	Need	Available 2 0 1 3 1	종료 프로세스
P1	0 2 1 1 1	2 1 2 0 1		
P2	3 1 1 1 0	1 0 0 1 1		
P3	1 1 0 1 0	1 0 1 3 1		
P4	1 0 1 0 0	0 2 0 1 0		
P5	0 0 0 0 1	1 0 0 4 2		

⑤ 위의 ④ 상태에서 P1 요청 (1 0 0 0 1)을 수용하는 경우 아래와 같이 상태가 바뀌며, P1~P5의 모든 프로세스에 대해 Need를 충족할 수 없다.

	Allocation	Need	Available 1 0 1 3 0	종료 프로세스
P1	1 2 1 1 2	1 1 2 0 0		
P2	3 1 1 1 0	1 0 0 1 1		
P3	1 1 0 1 0	1 0 1 3 1		
P4	1 0 1 0 0	0 2 0 1 0		
P5	0 0 0 0 1	1 0 0 4 2		

⑥ 위의 ④ 상태에서 P3 요청 (0 0 0 2 0)을 수용하는 경우 아래와 같이 상태가 바뀌며, 안전 순서열이 존재하므로 수용할 수 있다.

	Allocation	Need	Available 2 0 1 1 1	종료 프로세스
P1	0 2 1 1 1	2 1 2 0 1	5 1 2 2 1	P2
P2	3 1 1 1 0	1 0 0 1 1	6 2 2 5 1	P3
P3	1 1 0 3 0	1 0 1 1 1	7 2 3 5 1	P4
P4	1 0 1 0 0	0 2 0 1 0	7 2 3 5 2	P5
P5	0 0 0 0 1	1 0 0 4 2	7 4 4 6 3	P1

⑦ 위의 ④ 상태에서 P4 요청인 (0 1 0 1 0)은 R_2의 부족으로 수용할 수 없다. ④에서 Available은 (2 0 1 3 1)이다.

시스템에 5개의 프로세스와 3개의 자원 유형이 존재하며, 시스템의 현재 상태가 다음과 같다고 가정하고 아래 물음에 답하시오.

	Allocation			Request			Available		
	A	B	C	A	B	C	A	B	C
P_1	0	1	0	0	0	0	0	0	0
P_2	2	0	0	2	0	2			
P_3	3	0	1	0	1	0			
P_4	2	1	3	1	1	0			
P_5	0	0	2	0	0	2			

(1) 교착상태가 발생되기 위한 조건 4가지를 나열하시오.

(2) 현재 상태가 교착상태인지 판단하고, 그 근거를 제시하시오.

(3) 현재 상태에서 P_3가 C 자원을 한 개 요청한 경우 교착상태가 발생하는지 판단하시오.

(4) 현재 상태에서 P_3 종료 직후에 P_5가 자원 B를 한 개 요청하여 추가로 할당하였다. 이때 교착상태가 발생하였는지 판단하고, 교착상태가 발생하였다면 교착상태인 프로세스를 나열하고, 그렇지 않았으면 그 이유를 간단히 설명하시오.

풀이 (1) 상호배제, 비선점, 점유와 대기, 순환대기

(2) P_1, P_3, P_4, P_2, P_5 (또는 P_1, P_3, P_4, P_5, P_2) 순서로 모든 프로세스가 종료될 수 있다. 따라서 교착상태가 아니다.

(3) 교착상태가 발생한다. 이 경우에 P_3의 Request 행렬이 (0 1 1)이 된다. 자원을 요구하지 않고 있는 P_1은 종료될 수 있다. P_1이 종료된 후 자원을 회수하더라도 다른 프로세스들의 요구를 충족시킬 수 없으므로 교착상태가 발생한다. 교착상태에 빠진 프로세스는 P_2, P_3, P_4, P_5이다.

(4) 교착상태가 발생한다. P_1과 P_3는 종료될 수 있으며, 이때 Available은 (3 1 1)이 된다. 이 상태에서 P_5가 요청한 자원을 할당하였으므로 P_5의 Allocation은 (0 1 2)이고 Request는 변화가 없다. Available은 (3 0 1)이 되고, 이것으로 프로세스 P_2, P_4, P_5의 요구를 충족시킬 수 없으므로 교착상태가 발생한다. 교착상태에 빠진 프로세스는 P_2, P_4, P_5가 된다.

4.3 기억장치 관리

4.3.1 주기억장치 할당

가변분할 메모리 시스템에서 사용 가능한 영역과 메모리 요청이 다음과 같다. 최초적합, 최적적합, 최악적합 기법을 사용하여 요청을 처리하고자 한다. 물음에 답하시오.

> • 사용 가능한 영역 : 190KB, 550KB, 220KB, 420KB, 650KB, 110KB
> • 메모리 요청 : 210KB(A), 430KB(B), 100KB(C), 200KB(D), 420KB(E)

(1) 3가지 할당 기법을 설명하시오.
(2) 메모리 요청 A~E가 각각 어떤 영역에 할당되는지 표를 완성하시오.

	할당 예시	최초적합	최적적합	최악적합
190KB	C			
550KB				
220KB	A			
420KB	E			
650KB	B, D			
110KB				

풀이 (1) ① 최초적합 : 요구된 공간의 크기보다 크거나 같은 크기를 지닌 첫 번째 공간을 선택한다.

② 최적적합 : 요구된 공간의 크기보다 크거나 같은 비어있는 공간 중에서 가장 작은 공간을 할당한다. 이 기법에서는 사용 가능한 공간이 크기 순서로 오름차순으로 정렬되어 관리되어야 한다.

③ 최악적합 : 요구된 공간의 크기보다 크거나 같은 것 중에서 가장 큰 가용 공간을 할당한다. 이 기법에서는 사용 가능한 공간이 크기 순서로 내림차순으로 정렬되어 관리되어야 한다.

(2)

	최초적합	최적적합	최악적합
190KB	C		
550KB	A, D	B	B
220KB		A	
420KB	E	D	D
650KB	B	E	A, C
110KB		C	

시스템이 동적 분할 기법을 사용한다. 아래 주기억장치 그림에서 ㉠~㉫은 현재 할당되지 않은 블록이다. 40B, 20B, 10B 크기의 프로세스가 차례로 들어온다. 메모리 할당 기법에 따라 각 프로세스에 할당될 주기억장치의 시작주소를 구하시오.

(Byte)	㉠	㉡	㉢	㉣	㉤	㉫
블록의 크기 →	20	60	10	40	30	50
주기억장치 주소 →	20	80	160	230	290	360

알고리즘＼크기	40B	20B	10B
최초 적합			
최적 적합			
최악 적합			

풀이

알고리즘＼크기	40B	20B	10B
최초 적합	80	20	120
최적 적합	230	20	160
최악 적합	80	360	230

4.3.2 페이징(Paging) 기법

페이지가 1KB, 주기억장치가 1MB인 시스템에서 8500Byte 크기의 프로세스가 실행된다. 페이지 테이블의 상태가 다음과 같고, 페이지와 프레임 번호는 0번부터 시작된다고 가정한다. 아래 물음에 대한 답을 계산과정과 함께 쓰시오.

항목 번호	0	1	2	3	4	5	6	...
프레임 번호	–	5	–	2	3	㉠	4	...
존재 비트	i	v	i	v	v	v	v	...

(1) 페이지 개수와 프레임의 개수를 구하시오.

(2) 내부 단편화의 크기를 구하시오.

(3) 논리주소 3200에 대한 물리주소를 구하시오.

(4) 논리주소 5220에 대한 물리주소가 1124일 때 ㉠에 들어갈 내용은 무엇인가?

풀이 (1) • 페이지 개수 : 9개 (8500 / 1024 = 8.3)

　　　 • 페이지 프레임 수 : 1024개 (1MB / 1KB = 1024), $2^{20} / 2^{10} = 2^{10}$

(2) • 프로세스의 마지막 페이지 크기 : 8500 − 1024 × 8 = 308바이트

　　 • 내부 단편화 크기 : 1024 − 308 = 716Byte

(3) 3200 = 1024×3 + 128 = 4번째 페이지

　　 4번째 페이지는 페이지 테이블 3번 항목에서 확인 : 2번 프레임에 있음

따라서 물리주소는 2×1024 + 128 = 2176

(4)　‒ 1번 프레임

　　‒ 논리주소 5220 = 5×1024 + 100

　　‒ 물리주소 1124 = 1×1024 + 100

 페이징 기법에서 가상주소로부터 실제주소로 변환시키는 과정을 아래 조건을 만족하도록 그림으로 나타내시오.

> **조건**
> ① 가상주소와 실제주소는 16비트로 표현된다.
> ② 한 페이지의 크기는 4K이며, 페이지 사상표의 시작주소는 1025이다.
> ③ 입력 가상주소는 8198이며, 실제주소는 24582이다.
> ④ 모든 주소는 이진수(binary)로 표현한다.

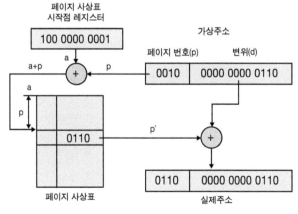

페이지 / 세그먼트 혼용기법에서 가상주소로부터 실제주소로 변환시키는 예를 아래 조건을 만족하도록 그림으로 나타내시오.

> **조건**
>
> ① 가상주소에서 세그먼트, 페이지, 변위가 각각 0, 2, 250이며, 실제주소는 10500으로 변환된다.
> ② 세그먼트 사상표의 시작주소는 3000이며, 페이지 사상표의 시작주소는 각각 5000, 5200, 5400, 5600 등이다.
> ③ 세그먼트 사상표, 페이지 사상표, 세그먼트 사상표 시작 레지스터, 가상주소 레지스터, 실제 주소 레지스터 등을 사용한다.
> ④ 페이지 사상표에서 각 페이지의 주기억장치 주소는 임의의 값을 사용할 수 있다.

풀이

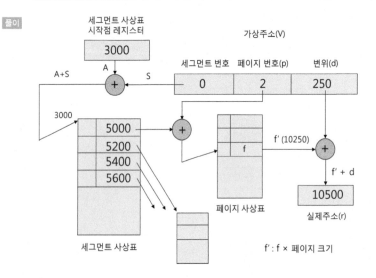

 512워드를 가진 페이지들이 16개로 구성된 논리주소 공간에 있다. 이들을 32개의 페이지 프레임으로 매핑(mapping)시키고자 한다. 다음 물음에 답하시오.

(1) 논리주소와 물리주소는 각각 몇 개의 비트로 구성되는가?

(2) 2번째 페이지의 8번째 워드에 대한 매핑 과정을 그림으로 나타내시오. 단, 2번째 페이지는 5번째 프레임에 있으며, 페이지 번호는 0번부터 시작한다고 가정한다.

(1) ・ 논리주소 = $\log_2 2^{13}$ = 13비트 (512×16개 = $2^9 \times 2^4 = 2^{13}$)

　　 ・ 물리주소 = $\log_2 2^{14}$ = 14비트 (512×32개 = $2^9 \times 2^5 = 2^{14}$)

(2) ・ 2번째 페이지의 페이지 번호 = 0001 (1번)

　　 ・ 5번째 페이지 프레임의 프레임 번호 = 00100 (4번)

　　 ・ 8번째 워드의 변위 = 000000111 (7번)

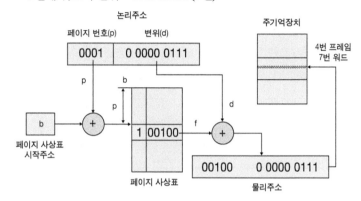

요구 페이징(demand paging) 기법을 사용하는 시스템에서 페이지 사상표와 TLB(Translation Look-aside Buffers)의 내용이 다음과 같다. 조건을 고려하여 물음에 답하시오.

〈페이지 사상표〉

항목 번호	0	1	2	3	4	5	6	7	...
프레임 번호	010	011	100	110		001			...
존재 비트	1	1	1	1	0	1	0	0	...

〈TLB〉

항목 번호	0	1	2	3
페이지 번호	0000	0011	0010	0101
프레임 번호	010	110	100	001

조건

① 시스템은 연관(associative) 메모리로 구성된 TLB를 사용한다.

② 페이지 사상표에서 존재 비트가 1이면 해당 페이지가 주기억장치 프레임에 있으며, 0이면 없다.

③ 주기억장치에서 페이지 사상표의 시작주소는 0이다.

④ 가상기억장치, 주기억장치, 페이지의 크기는 각각 64KB, 32KB, 4KB이다.

⑤ 주기억장치와 TLB의 접근시간은 각각 20μs, 100ns이다.

⑥ MOV 명령어인 'MOV R, X'는 메모리 주소 X의 내용을 레지스터 R로 전송하는 것이다.

(1) 프로세스가 실행되면서 가상주소 12295가 발생하였다. 이에 대한 물리주소를 구하시오.

(2) 프로세스가 실행되면서 물리주소 20479이 발생하였다. 이에 대한 가상주소를 구하시오.

(3) 다음 명령어들이 수행되었을 때 각 명령어에 대한 가상주소의 페이지 번호와 물리주소의 프레임 번호를 구하고, TLB 접근에 대한 적중(hit)/실패(miss) 여부를 판단하시오.

명령어	페이지 번호	프레임 번호	적중/실패
MOV R1, 1010			
MOV R2, 5330			
MOV R3, 12295			
MOV R4, 20480			

(4) 위 명령어들의 TLB 접근에 대한 적중/실패 결과를 사용하여 기억장치 유효 접근시간 (effective access time)을 구하시오.

풀이 (1) 물리주소 : 24583

- 가상주소 12295(4096×3 + 7)는 3번 페이지에 있음
- TLB에서 3번 페이지는 6번 프레임에 있음을 확인함
- 물리주소는 24583(4096×6 + 7)이 된다.

(2) 가상주소 : 12287

- 물리주소 20479(4096×4 + 4095)는 4번 프레임의 마지막 워드임
- TLB에서 4번 프레임에는 2번 페이지가 있음을 확인함
- 가상주소는 2번 페이지의 마지막 워드인 12287(4096×2 + 4095)이 된다.

(3)

명령어	페이지 번호	프레임 번호	적중/실패
MOV R1, 1010	0	2	적중
MOV R2, 5330	1	3	실패
MOV R3, 12295	3	6	적중
MOV R4, 20480	5	1	적중

① MOV R1, 1010

- 1010은 0번 페이지에 있음. 이 페이지가 2번 프레임에 저장된 것을 TBL에서 알 수 있음

② MOV R2, 5330

- 5330(4096 + 1234)는 1번 페이지에 있음. 이 페이지에 대한 정보가 TBL에 없으므로 실패임

- 1번 페이지가 3번 프레임에 저장된 것을 페이지 사상표에서 알 수 있음

③ MOV R3, 12295

- 12295(4096×3 + 7)는 3번 페이지에 있음. 이 페이지가 6번 프레임에 저장된 것을 TBL에서 알 수 있음

④ MOV R4, 20480

- 20480(4096×5)는 5번 페이지에 있음. 이 페이지가 1번 프레임에 저장된 것을 TBL에서 알 수 있음

(4) 유효 접근시간 : 25100ns

$$(M_a + TLB_a)×α + (2M_a + TLB_a)×(1 - α)$$

- M_a : 주기억장치 접근시간, TLB_a : TLB 접근시간, $α$: TLB 적중률

- $(20000 + 100)×0.75 + (40000 + 100)×0.25 = 25,100$ns

직접사상과 연관사상을 혼용하여 사용하는 시스템이 있다. 적중률이 80%와 90%인 경우에 각각 평균 유효 기억장치 접근시간을 구하시오. 단, 연관 기억장치 접근시간은 50ns이고, 주기억장치 접근시간은 750ns로 가정한다.

풀이 ① 적중률이 80%일 때

$$(50 + 750)×0.8 + (50 + 750 + 750)×0.2$$

$$= 800×0.8 + 1550×0.2 = 640 + 310 = 950$$ns

② 적중률이 90%일 때

$$(50 + 750)×0.9 + (50 + 750 + 750)×0.1$$

$$= 800×0.9 + 1550×0.1 = 720 + 155 = 875$$ns

TLB(Translation Look-aside Buffers)를 사용하는 페이징 시스템에서 TLB 탐색시간은 20ns, 메모리 접근시간은 100ns이다. 아래 물음에 답하시오.

(1) TLB 적중률(hit ratio)이 80%일 때 유효 메모리 접근시간을 구하시오.
(2) 유효 메모리 접근시간의 지연을 30% 이내로 낮추려고 할 때 TLB 적중률을 구하시오.

풀이 (1) $0.8 \times 120 + 0.2 \times 220 = 140$ns

(2) $p \times 120 + (1-p) \times 220 < 130$

$120p + 220 - 220p < 130$

$100p > 90$

$p > 0.9$, 따라서 90% 이상이다.

페이징(paging)과 세그먼테이션(segmentation) 기법을 사용하는 시스템은 CPU에서 발생되는 논리 주소를 물리 주소를 변환한 후 주기억장치에 접근한다. 다음 물음에 답하시오.

(1) 페이징 기법에서 논리 주소는 페이지 번호(p)와 변위(d)로 구성된다. 논리 주소에서 p와 d의 용도를 설명하고, d의 비트 수와 페이지 테이블 크기와의 관계를 설명하시오.
(2) 주소 변환 시 페이지 테이블의 접근 속도를 단축하기 위하여 연관 메모리(associative memory)로 구성된 TLB(Translation Look-aside Buffer)를 사용할 수 있다. 페이징 기법에서 TLB를 통하여 논리 주소가 물리 주소로 변환되는 과정을 설명하시오.
(3) 페이징 기법에서 TLB 적중률(hit ratio)과 유효 메모리 접근시간과의 관계를 설명하시오.
(4) 세그먼테이션 기법에서 논리 주소는 세그먼트 번호(s)와 변위(d)로 구성된다. 세그먼트 테이블 항목에 저장된 세그먼트 크기와 세그먼트 시작주소 정보를 사용하여 논리 주소를 물리 주소로 변환하는 과정을 설명하시오.
(5) 두 기법의 장점을 이용하기 위해 페이지화 된 세그먼테이션 기법을 사용할 수 있다. 이 기법의 논리 주소 구성이 어떻게 되는지 쓰고, 주소 변환 과정을 설명하시오. 단, TLB는 사용하지 않는 것으로 가정한다.

풀이 (1) 페이지 번호(p)는 페이지 테이블에 대한 색인이며, 페이지 테이블의 시작주소에 p를 더하여 테이블 항목에 접근한다. 페이지 테이블의 항목에는 해당 페이지가 주기억장치의 어느 프레임에 저장되었는지 정보를 가지고 있다. 변위(d)는 페이지 내에서의 위치를 나타내는 변위(offset)로 사용된다. 변위(d)의 비트 수가 많아지면 논리 주소에서 페이지 번호(p)로 사용되는 비트 수가 줄어든다. 따라서 페이지 테이블의 항목의 수가 줄어들며, 페이지 테이블의 크기가 감소한다. 반대로 변위의 비트 수가 적어지면 페이지 테이블의 크기는 증가한다.

(2) TLB 내의 각 항목은 키(key)와 값(value)의 두 부분으로 구성된다. 키에는 페이지 번호가 저장되며, 값에는 해당 페이지가 들어있는 프레임 번호를 저장하고 있다. CPU에서 논리 주소가 발생되면 논리 주소의 페이지 번호(p)와 TLB의 모든 키를 동시에 비교한다. p와 같은 키가 발견되면 해당 항목의 두 번째 부분에 저장된 값을 읽어서 프레임 번호로 사용한다. 이 프레임 번호와 논리 주소의 변위(d)를 더하면 물리 주소가 된다. 만약 페이지 번호가 TLB에 없으면 주기억장치에 저장된 페이지 테이블에 접근하여 물리 주소를 구하게 된다.

(3) 페이지 번호가 TLB에 있어서 적중(hit)하면 TLB를 통하여 물리 주소를 구할 수 있으며, 물리 주소로 주기억장치에 접근한다. 페이지 번호가 TLB에 없어서 실패(miss)하면 주기억장치에 저장된 페이지 테이블에 접근하여 물리 주소를 구한 후 주기억장치에 접근한다. 따라서 적중한 경우에는 TLB와 주기억장치를 각각 한 번씩 접근하며, 실패한 경우에는 TLB과 주기억장치를 각각 한 번과 두 번 접근하게 된다. 따라서 유효 메모리 접근시간은 아래와 같이 나타낼 수 있다.

유효 메모리 접근시간 = 적중률×(TLB 접근시간 + 주기억장치 접근시간) +

(1 − 적중률)×(TLB 접근시간 + 주기억장치 접근시간×2)

(4) 세그먼트 테이블의 각 항목에는 해당 세그먼트 크기와 주기억장치에서 세그먼트의 시작 주소를 저장하기 위한 필드가 있다. CPU에서 논리 주소가 발생되면 논리 주소의 세그먼트 번호(s)와 세그먼트 테이블의 시작주소를 더하여 테이블의 한 항목에 접근한다. 접근한 항목에 저장된 세그먼트 크기와 논리 주소의 변위(d)를 비교한다. 변위가 세그먼트 크기보다 적으면 유효한 접근으로 판단하며, 그렇지 않으면 접근 오류가 발생한다. 유효한 접근인 경우에는 세그먼트 테이블에서 해당 세그먼트의 주기억장치 시작주소를 읽어 논리 주소의 변위와 더하면 물리 주소가 된다.

(5) 페이지화된 세그먼테이션 기법의 논리 주소는 세그먼트 번호(s), 페이지 번호(p), 변위(d)로 구성된다. 주소변환은 세그먼트 테이블과 접근할 세그먼트의 페이지 테이블을 사용하여 이루어진다. 먼저 논리 주소의 세그먼트 번호(s)와 세그먼트 테이블의 시작주소를 더하여 세그먼트 테이블의 한 항목에 접근한다. 접근한 항목에서 페이지 테이블의 시작주소를 읽어오고 이것과 논리 주소의 페이지 번호(p) 값을 더하여 페이지 테이블의 한 항목에 접근한다. 접근한 항목에서 페이지가 저장된 주기억장치의 프레임 번호를 읽어오고 이것을 논리 주소의 변위(d)와 더하여 물리 주소를 구할 수 있다.

세그먼테이션과 페이징 기법을 혼합하여 사용하는 시스템이 있다. 여기서 크기가 같은 4개의 세그먼트로 구성된 프로그램이 실행된다. 각 세그먼트는 페이지로 분할되며, 페이지 테이블은 8개의 항목으로 구성된다. 페이지 크기가 2KB라고 가정하고 아래 물음에 답하시오.

(1) 각 세그먼트의 최대 크기는 얼마인가?

(2) 프로그램의 논리주소 공간의 최대 크기는 얼마인가?

(3) 프로그램 실행을 위한 논리주소의 형식을 나타내시오.

(4) 프로그램에 의해 물리주소 000123AB가 참조되었다. 이 시스템의 물리주소 공간의 최대 크기를 구하시오.

[풀이] (1) 각 세그먼트는 최대 8개 페이지로 구성된다. 따라서 각 세그먼트의 최대 크기는 2KB×8개이므로 16KB이다.

(2) 16KB 크기의 4개 세그먼트가 존재한다. 따라서 논리주소 공간의 최대 크기는 16KB×4개이므로 64KB이다.

(3) 세그먼트는 4개, 페이지 테이블의 항목 수는 8개, 페이지 크기는 2KB이다. 따라서 논리주소 형식은 다음과 같다.

2	3	11
세그먼트	페이지	변위

(4) 참조된 물리주소가 32비트이므로 물리주소 공간의 최대 크기는 2^{32}이 되어 4GB이다.

페이징 시스템에서 다음 C 프로그램이 실행될 때 메모리 접근(access) 과정을 알아보고자 한다. 〈조건〉을 고려하여 물음에 답하시오.

```
int data[200] ;
int sum = 0 ;
for(int i = 0 ; i < 200 ; i++)
    sum += data[i] ;
```

조건

① CPU는 32비트이고, 페이지 크기는 4KB이다.

② 바이트 단위 주소를 사용하며, 페이지/프레임 번호와 페이지 테이블의 항목번호는 0부터 시작한다.

③ 배열 data의 논리주소는 0x3000부터 시작된다.

④ 배열 data의 물리주소는 0x9000부터 시작된다.

⑤ 배열 data의 한 원소의 크기는 4바이트이고, 배열의 크기는 800바이트이다.

⑥ 페이지 테이블은 물리 메모리 0xB000 번지에서 시작하며, 한 항목의 크기는 4바이트이다.

(1) data[199] 원소의 논리주소와 물리주소를 16진수로 나타내시오.

(2) for문의 'sum += data[i] ;' 문장이 수행되는 동안 배열을 위한 물리 메모리 접근의 총횟수를 구하시오.

(3) TLB를 사용하는 경우에 for문의 'sum += data[i] ;' 문장이 수행되는 동안 배열을 위한 물리 메모리 접근의 총횟수를 구하시오.

풀이 (1) 논리주소 : 0x331C, 물리주소 : 0x931C

배열 data의 각 원소에 대한 논리주소는 0x3000, 0x3004, 0x3008, 0x3000C, ... 순서가 되며, 물리 메모리 접근을 위해 주소변환이 필요하다. data[0]는 논리주소가 0x3000이 므로 프로세스의 3번(4번째) 페이지에 저장되어 있다. data[199] 원소의 변위는 199×4 = 796(0x31C)이다. 따라서 논리주소는 0x331C가 된다.

배열의 물리주소 변환을 위해 페이지 테이블의 항목 3에 접근해야 한다. 페이지 테이블의 시작주소가 0xB000이고 한 항목이 4바이트이므로 3번 항목의 주소는 0×B00C가 된다. 배열 data의 물리주소가 0x9000이므로 페이지 테이블 3번 항목의 값이 9인 것을 알 수 있다. 페이지 테이블의 항목 값으로 프레임 번호를 확인하고, 변위를 합하면 배열 원소의 물리주소를 구할 수 있다. data[199] 원소의 변위는 199×4 = 796(0x31C)이다. 따라서 물리주소는 0x931C가 된다.

(2) 200×2 = 400회

배열의 각 원소에 대해 페이지 테이블과 배열 원소의 메모리 접근이 필요하므로 2번의 메모리 접근을 한다. 따라서 메모리 접근 총횟수는 200×2 = 400회가 된다.

(3) 2 + 199 = 201회

data[0]를 읽기 위해 TLB를 접근하면 해당 페이지 정보를 찾을 수 없다. 이 경우 페이지 테이블을 접근하여 프레임 번호를 확인하고 물리주소로 변환할 수 있다. 배열 data가 포함된 페이지 3의 주소변환을 위해 페이지 테이블의 3번 항목에 접근한다. 배열 data의 물리주소가 0x9000이므로 페이지 테이블 3번 항목의 값이 9인 것을 알 수 있다.

프레임 9의 시작주소에 변위를 더하여 물리주소로 변환한 후 메모리를 접근한다. 그리고 프로세스의 3번 페이지가 9번 프레임에 있다는 정보를 TLB에 저장한다. 따라서 배열의 첫 번째 원소에 접근하기 위해 2번의 물리메모리 접근이 이루어진다. 이후 data[1] ~ data[199]의 접근에서는 페이지 테이블을 접근하지 않고 TLB 접근으로 프레임 번호를 확인할 수 있다. 이 경우에는 배열의 각 원소에 대해 한 번의 물리메모리 접근이 이루어진다. 따라서 물리메모리에 대한 총 접근 횟수는 2 + 199이 므로 201회가 된다.

디스크에 접근하고 전송하는데 평균 20ms, 주기억장치 접근시간은 1μs인 요구페이징 시스템이 있다. 주기억장치의 페이지 테이블을 거쳐 실제 메모리의 데이터 접근을 위해서는 두 번의 메모리 접근이 필요하다. 이를 개선하기 위하여 페이지 테이블을 연관 메모리(associative memory)에 저장하고 메모리 접근시간을 단축할 수 있다. 접근의 80%가 연관 메모리에서 적중하고, 나머지의 10%(또는 전체의 2%)가 페이지 부재를 일으킨다고 하면 유효 메모리 접근시간은 얼마인가?

풀이
- 연관 메모리에서 적중한 80%의 경우는 한 번의 주기억장치 접근이 필요하며, 이때는 항상 페이지 부재가 발생되지 않는다.
- 연관 메모리에서 실패한 20% 중에서 10%(전체의 2% : 0.2×0.1 = 0.02)의 페이지 부재가 발생된다. 따라서 이것은 연관 메모리에서 실패한 20% 중에서 90%(전체의 18% : 0.2×0.9 = 0.18)는 페이지 부재가 발생되지 않는 것을 의미한다.

유효 메모리 접근시간은 페이지 테이블 항목이 연관 메모리에 있는 경우, 연관 메모리에 없는 경우(2번의 메모리 접근), 페이지 부재가 발생하는 경우를 합한 것이다.

$$(0.8×1μs) + \{0.18×(1μs + 1μs)\} + \{0.02×(1μs + 20000μs + 1μs)\}$$
$$= 0.8 + 0.36 + 400.04$$
$$= 401.2μs$$

TLB(Translation Look-aside Buffer)를 사용하는 시스템에서 접근의 90%가 TLB에 적중하고, 10%는 TLB 실패를 일으킨다. TLB 실패 중 20%가 페이지 부재를 일으킨다고 가정하고 아래 조건을 고려하여 물음에 답하시오.

- 전체 페이지 테이블은 주기억장치에 있다.
- TLB의 접근시간은 0, 주기억장치 접근시간은 1μs이다.
- 디스크 시스템은 접근하고 전송하는 데 평균 10μs가 소요된다.
- 페이지 부재 처리에서 인터럽트와 프로세스 재시작 시간은 무시한다.

(1) 유효 메모리 접근시간을 구하시오.

(2) 페이지 부재 발생 시 교체될 페이지의 30%가 변경된 경우 유효 메모리 접근시간을 구하시오.

풀이   (1) $0.9 \times 1\mu s + 0.1 \times \{0.8 \times (1\mu s + 1\mu s) + 0.2 \times (10\mu s + 1\mu s + 1\mu s)\}$

       $= 0.9\mu s + 0.16\mu s + 0.24\mu s$

       $= 1.3\mu s$

   (2) $0.9 \times 1\mu s + 0.1 \times \{0.8 \times (1\mu s + 1\mu s) + 0.2 \times (0.3 \times 22\mu s + 0.7 \times 12\mu s)\}$

       $= 0.9\mu s + 0.16\mu s + 0.3\mu s$

       $= 1.36\mu s$

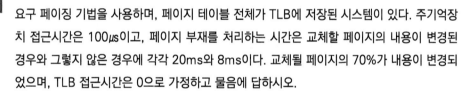

요구 페이징 기법을 사용하며, 페이지 테이블 전체가 TLB에 저장된 시스템이 있다. 주기억장치 접근시간은 100μs이고, 페이지 부재를 처리하는 시간은 교체할 페이지의 내용이 변경된 경우와 그렇지 않은 경우에 각각 20ms와 8ms이다. 교체될 페이지의 70%가 내용이 변경되었으며, TLB 접근시간은 0으로 가정하고 물음에 답하시오.

(1) 위에서 주어진 숫자들을 사용하여 메모리 유효 접근시간(effective access time)을 식으로 나타내시오. 단, 페이지 부재율은 p로 가정한다.

(2) 메모리 유효 접근시간을 200μs보다 크지 않도록 할 때 최대로 허용할 수 있는 페이지 부재율은 얼마인가?

풀이   (1) 메모리 유효 접근시간 : $(1 - p) \times 100\mu s + p \times (0.7 \times 20ms + 0.3 \times 8ms + 100\mu s)$

   (2) $200\mu s \geq (1 - p) \times 100\mu s + p \times (0.7 \times 20ms + 0.3 \times 8ms + 100\mu s)$

       $200 \geq 100 - 100p + (14 \times 10^3 p) + (2.4 \times 10^3 p) + 100p$

       $100 \geq 16.4 \times 10^3 p$

       $p \leq 1 / 164 = 0.006$

       따라서 최대로 허용할 수 있는 페이지 부재율은 약 0.006이다.

8비트 논리주소 공간을 갖는 시스템에서 2단계 페이징 기법을 사용한다. 아래 각 경우에 대해 논리주소의 구성을 그림으로 나타내시오.

(1) 페이지 크기가 8B, 페이지 테이블의 각 항목이 1B인 경우
(2) 페이지 크기가 8B, 페이지 테이블의 각 항목이 4B인 경우

풀이 (1) • 페이지 테이블의 항목 수(페이지 수) : $2^8 / 2^3 = 2^5 = 32$
  • 페이지 변위(d)의 비트 수 : 8(페이지 크기) = $2^3 = 3$비트
  • 내부 페이지(P_2)의 비트 수 : 8(한 페이지의 항목 수) = $2^3 = 3$비트
  • 외부 페이지(P_1)의 비트 수 : $2^5 / 2^3 = 2^2 = 2$비트

←——— 페이지 번호 ———→		변위
P_1	P_2	d
2	3	3

(2) • 페이지 테이블의 항목 수(페이지 수) : $2^8 / 2^3 = 2^5 = 32$
  • 페이지 변위(d)의 비트 수 : 8(페이지 크기) = $2^3 = 3$비트
  • 내부 페이지(P_2)의 비트 수 : 2(한 페이지의 항목 수) = $2^1 = 1$비트
  • 외부 페이지(P_1)의 비트 수 : $2^5 / 2^1 = 2^4 = 4$비트

←——— 페이지 번호 ———→		변위
P_1	P_2	d
4	1	3

계층적 페이징 기법으로 페이지 테이블을 구성하고자 한다. 논리주소 공간은 64비트이고 페이지의 크기는 8KB일 때 다음 물음에 답하시오.

(1) 페이지 테이블의 항목의 개수를 구하시오.
(2) 페이지 내에서 변위를 지정하기 위한 비트수를 구하시오.
(3) 2단계 페이징 기법을 사용하고, 페이지 테이블의 각 항목이 1B인 경우에 논리주소의 비트 구성을 그림으로 나타내시오.
(4) 3단계 페이징 기법을 사용하고, 페이지 테이블의 각 항목이 4B인 경우에 논리주소의 비트 구성을 그림으로 나타내시오.

[풀이] (1) 페이지 테이블 항목수 = 페이지 개수 : $2^{64} / 2^{13} = 2^{51}$

(2) 페이지 크기 : 8KB = 2^{13} = 13비트

(3) ① P_2 : 내부 페이지 테이블 주소

      • 페이지 테이블에서 만들어지는 페이지에서의 변위

      • 한 페이지의 항목 수 = 페이지 크기 : 2^{13}

  ② P_1 : 외부 페이지 테이블 주소

      • 페이지 테이블에서 만들어지는 페이지들에서의 위치

      • 외부 페이지 테이블의 항목 수 = 페이지 테이블의 페이지 수

      • 페이지 테이블 항목 수 / 한 페이지의 항목 수 = $2^{51} / 2^{13} = 2^{38}$

←———페이지 번호———→		변위
P_1	P_2	d
38	13	13

(4) 페이지 테이블의 한 항목 크기가 1B에서 4B로 커지는 경우

  ① P_2, P_3 : 내부 페이지 테이블 주소

      • 페이지 크기가 고정되어 있으므로 한 페이지를 구성하는 항목의 수는 1/4로 감소한다. 따라서 페이지에서 항목의 위치를 나타내는 P_2, P_3의 비트수는 13비트에서 11비트로 감소한다.

      • $2^{13} / 2^2 = 2^{11}$

  ② P_1 : 외부 페이지 테이블 주소

      • 한 페이지를 구성하는 항목의 수가 1/4로 감소하면 페이지 테이블을 분할하여 만들어지는 페이지 수는 4배로 증가한다. 따라서 이를 페이지를 지정하는 P_1의 비트수는 2비트 증가한다.

      • $2^{51} / 2^{11} = 2^{40}$, $2^{40} / 2^{11} = 2^{29}$

←———페이지 번호———→			변위
P_1	P_2	P_3	d
29	11	11	13

페이징 시스템에서 페이지 테이블로 인한 메모리 낭비 문제를 해결하기 위해 역 페이지 테이블(inverted page table)을 사용할 수 있다. 〈조건〉을 고려하여 아래 물음에 답하시오.

> **조건**
> ① CPU는 32비트이고, 페이지 크기는 4KB이다.
> ② 페이지 테이블의 한 항목 크기는 4바이트이다.
> ③ 물리 메모리의 크기는 4GB이다.
> ④ 역 페이지 테이블의 한 항목의 크기는 8바이트이며, 프로세스 번호와 페이지 번호가 각각 4바이트 저장된다.

(1) 페이지 테이블로 인해 메모리가 낭비되는 이유를 2가지 쓰시오.

(2) 페이지 테이블의 크기를 구하시오.

(3) 역 페이지 테이블을 사용할 때 논리주소 형식을 나타내시오.

(4) 역 페이지 테이블의 크기를 구하시오.

(5) 10개 프로세스가 실행되는 경우 역 페이지 테이블 사용에 따른 메모리 절약 정도를 판단하시오.

(6) 위와 같은 역 페이지 테이블을 사용할 때의 단점을 쓰고 이를 개선하는 방법을 제시하시오.

풀이 (1)

① 프로세스마다 페이지 테이블이 있어야 한다.

② 프로세스 크기가 CPU 주소 공간의 크기보다 작은 경우 페이지 테이블의 일부 항목만 사용된다.

(2) 프로세스의 최대 페이지 개수 $= 2^{32} / 2^{12} = 2^{20}$

페이지 테이블의 크기 $= 2^{20} \times 4$바이트 $= 4MB$

(3) 논리주소 = [프로세스 번호, 페이지 번호, 옵셋]

(4) 물리 메모리의 프레임 개수 $= 2^{32} / 2^{12} = 2^{20}$개

역 페이지 테이블의 크기 $= 2^{20} \times 8$바이트 $= 8MB$

(5) 페이지 테이블을 사용하는 경우 : $4MB \times 10 = 40MB$

역 페이지 테이블을 사용하는 경우 : 8MB

따라서 역 페이지 테이블을 사용하면 페이지 테이블의 20% 크기 메모리를 사용하게 된다.

(6) 주소변환 시에 역 페이지 테이블 항목을 일일이 비교하여 일치하는 항목을 찾아야 하므로 많은 시간이 걸리는 단점이 있다. 이를 개선하는 방안으로 역 페이지 테이블을 해시 테이블로 만드는 해시 역 페이지 테이블 방식이 있다. 이 경우에는 프로세스 번호와 페이지 번호를 키로 사용하여 테이블에서 일치하는 항목을 바로 찾을 수 있다.

다음 그림은 TLB(Translation Look-aside Buffer)를 사용하는 시스템에서 논리 주소를 물리 주소로 변환하는 과정을 나타낸 것이다. 〈조건〉을 고려하여 물음에 답하시오. [중등교사 임용시험 2023-B-10]

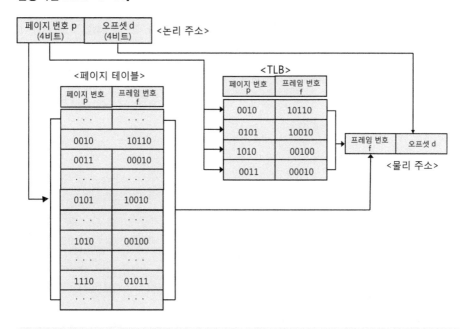

조건

- TLB에 접근하여 페이지 번호에 대한 프레임 번호를 확인(적중 혹은 부재)하는 경우 20ns의 시간이 소요된다.
- 페이지 테이블은 주기억장치에 존재하며, 주기억장치로부터 데이터를 읽는 경우 100ns의 시간이 소요된다.

(1) 논리 주소 10101101에 대한 물리 주소를 구하시오.

(2) 논리 주소 00100011과 11100100을 통해 주기억장치에 저장된 데이터를 읽는 경우 각각에 대한 소요 시간을 구하시오.

(3) 다음 설명의 ㉠에 들어갈 용어는 무엇인가?

> TLB를 사용하는 주소변환 전략의 핵심은 ㉠ 개념에 있다. 이는 프로세스가 편중된 패턴으로 주기억장치를 참조하는 경향을 의미한다. ㉠ 은/는 시간적(temporal) 측면과 공간적(spatial) 측면에서 나타난다.

---

(1) 001001101

논리 주소 10101101에서 페이지 번호인 1010을 TLB에서 찾는다. 그리고 이에 대응되는 프레임 번호가 00100인 것을 알 수 있다. 따라서 물리 주소는 이것에 변위를 더하면 된다.

(2) 120ns, 220ns

논리 주소 00100011은 TLB에 접근 후 주기억장치에 접근하므로 20 + 100 = 120ns이다. 논리 주소 11100100은 TLB 접근에서 페이지 부재가 발생한다. 이 경우에는 주기억장치에 저장된 페이지 테이블에 접근하여 프레임 번호를 확인해야 한다. 이것으로 물리 주소를 구한 후 주기억장치에 접근한다. 따라서 20 + 100 + 100 = 220ns이다.

(3) 구역성(지역성, locality)

4.3.3 가상 메모리

컴퓨터가 2^{24}바이트의 가상 메모리 공간을 제공하며, 실제 메모리는 2^{16}바이트의 크기를 갖는다. 가상 메모리는 페이징 기법을 사용하며, 페이지의 크기는 256바이트이며 직접사상으로 페이지 주소를 변환한다. 프로세스가 가상주소 00A85B(Hex)를 발생한 경우에 실제주소로 변환하기 위한 아래 물음에 답하시오.

(1) 가상주소 00A85B(Hex)를 2진수로 나타내시오. 단, 페이지 번호와 변위를 분리하여 표시한다.

(2) 페이지 사상표의 시작주소가 0F00(Hex)일 때 주소변환을 위하여 접근할 페이지 사상표의 주소를 16진수로 나타내시오.

(3) 변환된 실주소가 3번째 프레임에 있다고 가정할 때 변환된 주소를 16진수로 나타내시오. 단, 프레임 번호는 0부터 시작한다.

(4) 위의 주소 변환 과정을 그림으로 나타내시오. 단, 모든 숫자는 이진수로 표시한다.

풀이 (1) • 페이지의 크기가 256(2^8)이므로 가상주소에서 변위는 하위 8비트
  • 가상 메모리의 크기가 2^{24}이므로 가상주소에서 상위 16비트가 페이지 번호

페이지 번호	변위
0000000010101000	01011011

(2) 00A85B(hex)의 페이지 사상표의 주소
  • 페이지 사상표의 첫 번째 주소 : 0F00(hex)
  • 페이지의 크기가 256(2^8)이므로 가상주소에서 변위는 하위 8비트
  • 가상 메모리의 크기가 2^{24}이므로 가상주소에서 상위 16비트가 페이지 번호
  • 사상표의 주소와 페이지 번호를 합하면 주소는 다음과 같다.
    0F00(hex) + 00A8(hex) = 0FA8(hex)

(3) 프레임 번호가 0부터 시작하므로 3번째 프레임 번호는 2가 된다. 페이지 크기가 256이므로 2번 프레임의 시작주소는 0200(hex)이 된다. 따라서 실제주소는 0200(hex)와 변위 5B(hex)를 합한 025B(hex)가 된다.

(4)

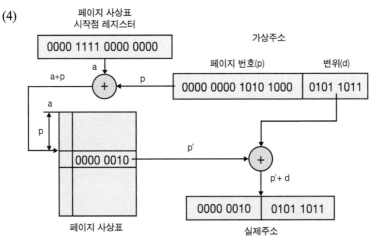

페이지는 64Byte, 가상 메모리는 2KByte, 물리 메모리는 256Byte 크기를 갖는 시스템이 있다. 프로세스가 가상주소 56A(Hex)를 발생한 경우에 실주소로 변환하기 위한 아래 물음에 답하시오.

(1) 페이지 테이블의 시작주소가 십진수로 1000일 때 주소변환을 위해 접근할 페이지 테이블의 항목 주소를 구하시오.

(2) 실주소가 주기억장치의 2번 프레임에 있다고 가정할 때 실주소를 2진수로 나타내시오.
단, 프레임 번호는 0부터 시작한다.

풀이 (1) 페이지의 크기가 64(2^6)이므로 가상주소에서 변위는 하위 6비트

가상 메모리의 크기가 2^{11}이므로 가상주소에서 상위 5비트가 페이지 번호

페이지 번호	변위
10101	101010

- **페이지 사상표의 주소**
  - 페이지 테이블의 첫 번째 주소 : 1000
  - 테이블의 주소와 페이지 번호를 합하면 주소는 1000 + 21 = 1021

(2) 첫 번째 프레임의 번호는 0, 변환된 주소가 2번 프레임에 있다면 페이지 테이블의 항목에는 10이 저장되어 있어야 한다. 따라서 실제주소는 10과 변위 101010을 합한 10101010이 된다.

LRU 알고리즘을 사용하여 페이지 교체를 수행하고자 한다. 아래 조건을 사용하는 경우에 페이지의 수, 페이지 프레임의 수, 페이지 부재율을 구하시오.

> **조건**
> ① 페이지 크기 : 512바이트
> ② 프로그램의 크기 : 4KB
> ③ 사용 가능한 주기억장치 크기 : 2KB
> ④ 페이지 참조열 : 0, 4, 1, 2, 5, 3, 1, 2, 0, 4, 7, 3, 1

풀이
- 페이지의 수 : 8개
- 페이지 프레임의 수 : 4개
- 페이지 부재율 : 11 / 13×100 = 84.61%

프레임 \ 참조열	0	4	1	2	5	3	1	2	0	4	7	3	1
0	0	0	0	0	5	5			0	0	0	0	1
1		4	4	4	4	3			3	4	4	4	4
2			1	1	1	1			1	1	7	7	7
3				2	2	2			2	2	2	3	3

프로세스가 사용할 수 있는 프레임의 수가 4개이고, 페이지 참조열이 아래와 같을 때 물음에 답하시오. 단, 동일 조건에서는 FIFO를 적용한다.

> 페이지 참조열 : 1, 2, 1, 5, 0, 3, 5, 0, 4, 2, 5, 6, 4, 1, 3, 0, 5, 6

(1) 최적(Optimal) 알고리즘을 사용할 때 페이지 부재가 발생된 페이지 번호를 순서대로 나열하시오.

(2) LRU 알고리즘을 사용할 때 페이지 부재가 발생된 페이지 번호를 순서대로 나열하시오.

(3) (1)과 (2)에서 모든 참조가 끝났을 때 4개 프레임에 저장된 페이지를 프레임 순서대로 나열하시오.

풀이

(1) Optimal : 1-2-5-0-3-4-6-1-0

1	2	1	5	0	3	5	0	4	2	5	6	4	1	3	0	5	6
1	1		1	1	3			3			3		3		0		
	2		2	2	2			2			6		6		6		
			5	5	5			5			5		5		5		
				0	0			4			4		1		1		

(2) LRU : 1-2-5-0-3-4-2-6-1-3-0-5-6

1	2	1	5	0	3	5	0	4	2	5	6	4	1	3	0	5	6
1	1		1	1	1			4	4		4		4	4	4	5	5
	2		2	2	3			3	2		2		1	1	1	1	6
			5	5	5			5	5		5		5	3	3	3	3
				0	0			0	0		6		6	6	0	0	0

(3) Optimal : 0-6-5-1, LRU : 5-6-3-0

100바이트 페이지 크기를 갖는 900바이트 프로그램에 대하여 LRU, FIFO, 최적(Optimal) 페이지 교체 알고리즘을 사용하여 페이지 부재율을 계산하시오. 단, 이 프로그램은 400바이트의 주기억장치를 사용할 수 있으며, 아래의 기억장치 참조를 가정한다. 단, 동일조건에서는 FIFO를 적용한다.

> 기억장치 참조 : 80, 150, 270, 340, 444, 290, 350, 51, 520, 660, 720, 650, 770,
> 850, 655, 732, 888, 420, 333, 435, 324, 125

풀이 페이지 크기가 100바이트이며 수행할 프로그램이 900바이트이므로 프로그램은 9개의 페이지가 필요하다. 프로그램에 할당된 메모리 크기가 400바이트이므로 4개의 프레임을 사용할 수 있다. 위의 메모리 참조를 페이지 크기인 100바이트 단위로 분할하면 다음과 같다.

- 참조열 : 0, 1, 2, 3, 4, 2, 3, 0, 5, 6, 7, 6, 7, 8, 6, 7, 8, 4, 3, 4, 3, 1

<FIFO>

0	1	2	3	4	2	3	0	5	6	7	6	7	8	6	7	8	4	3	4	3	1
0	0	0	0	4			4	4	4	7			7				7	7			1
	1	1	1	1			0	0	0	0			8				8	8			8
		2	2	2			2	5	5	5			5				4	4			4
			3	3			3	3	6	6			6				6	3			3

<LRU>

0	1	2	3	4	2	3	0	5	6	7	6	7	8	6	7	8	4	3	4	3	1
0	0	0	0	4			4	5	5	5			5				4	4			4
	1	1	1	1			0	0	0	0			8				8	8			8
		2	2	2			2	2	6	6			6				6	3			3
			3	3			3	3	3	7			7				7	7			1

<Optimal>

0	1	2	3	4	2	3	0	5	6	7	6	7	8	6	7	8	4	3	4	3	1
0	0	0	0	0			5	5	7			7						7			7
	1	1	1	4			4	4	4			4						4			1
		2	2	2			2	6	6			6						3			3
			3	3			3	3	3			8						8			8

- FIFO 페이지 부재율 : 13 / 22×100 = 59%
- LRU 페이지 부재율 : 13 / 22×100 = 59%
- Optimal 페이지 부재율 : 11 / 22×100 = 50%

다음 표는 페이징 기법을 사용하는 시스템에서 프로세스의 실행 상태를 나타낸 것이다. 표에서 시간은 프로세스가 시작되고 해당 이벤트가 발생될 때까지 경과된 시간이다. 시점 127부터 참조되는 페이지들이 아래와 같다고 가정하고 물음에 답하시오.

페이지 참조열 : 5, 0, 0, 0, 2, 5, 2, 1, 0, 2

페이지 번호	프레임 번호	적재 시점	참조 시점	참조 비트	변경 비트
2	6	10	126	1	0
1	7	80	124	0	1
0	8	30	125	1	0
3	9	90	123	1	1

(1) 시점 127에서 페이지 5를 참조할 때 페이지 부재가 발생하였다. FIFO, LRU, 클록, 최적 페이지 교체 알고리즘을 적용하는 경우에 각각 교체되는 페이지는 무엇인가?

(2) 주어진 페이지 참조열에 대해 윈도우 크기 4의 작업 집합(working set) 정책을 사용한다. 이때 발생되는 페이지 부재 횟수, 사용된 평균 프레임 수를 각각 구하시오.

풀이 (1) FIFO : 2, LRU : 3, 클록 : 1, 최적 : 3

(2) 페이지 참조열 : {3, 1, 0, 2}, 5, 0, 0, 0, 2, 5, 2, 1, 0, 2

시점	작업 집합	hit/miss	프레임 수
t_1	{1 0 2 5}	m	4
t_2	{0 2 5}	h	3
t_3	{2 5 0}	h	3
t_4	{5 0}	h	2
t_5	{0 2}	m	2
t_6	{0 2 5}	m	3
t_7	{0 2 5}	h	3
t_8	{2 5 1}	m	3
t_9	{5 2 1 0}	m	4
t_{10}	{2 1 0}	h	3

① 페이지 부재 횟수 : 5회

② 사용된 평균 프레임 수 : 30/10 = 3개

다음은 현재 시각 t_0에서 프로세스 P_1의 페이지 적재 현황과 이후 P_1이 참조하는 페이지 참조열을 나타낸 것이다. 〈조건〉을 고려하여 물음에 답하시오.

O 페이지 적재 현황

페이지 번호	1	2	3	4	5	6	7	8	9
참조 비트	1	0	0	-	1	0	0	-	0

O 페이지 참조열 : 2 3 8 2 3 6 2 4 9 6 2 5 7 4

조건

① P_1은 t_0 직전 페이지 참조에서 페이지 부재가 발생하였다.

② P_1은 t_0 이후 페이지 참조열에 따라 수행된다.

③ 페이지 부재 관리를 위해 다음과 같은 정책을 사용한다.

 • 프로세스가 페이지를 참조하면 시간은 1씩 증가하며, 해당 페이지의 참조 비트는 1이 된다.

 • 페이지 부재 발생 시 직전 페이지 부재 시점에서 현재까지 경과 시간이 3 이상이면 추가 작업을 한다. 이때 참조 비트가 0인 페이지는 모두 회수하고, 참조 비트가 1인 페이지는 참조 비트를 0으로 설정한다.

(1) t_0 이후 P_1에서 페이지를 회수하게 하는 페이지 번호와 이로 인해 회수되는 페이지 번호를 모두 나열하시오.

(2) P_1이 페이지 참조열에 따라 수행될 때 페이지 부재가 발생되는 페이지를 순서대로 나열하시오.

(3) P_1이 참조열의 모든 페이지를 참조한 후 각 페이지의 참조 비트 상태를 쓰시오.

풀이　페이지 참조열의 각 페이지를 참조할 때 페이지 참조 비트의 변화와 페이지 부재 발생 유
무는 다음과 같다.

참조열 ＼ 페이지	1	2	3	4	5	6	7	8	9
−	1	0	0	−	1	0	0	−	0
2	1	1	1	−	1	0	0	−	0
3	1	1	1	−	1	0	0	−	0
8(페이지 부재)	1	1	1	−	1	0	0	1	0
2	1	1	1	−	1	0	0	1	0
3	1	1	1	−	1	0	0	1	0
6	1	1	1	−	1	1	0	1	0
2	1	1	1	−	1	1	0	1	0
4(페이지 부재)	0	0	0	1	0	0	회수	0	회수
9(페이지 부재)	0	0	0	1	0	0	−	0	1
6	0	0	0	1	0	1	−	0	1
2	0	1	0	1	0	1	−	0	1
5	0	1	0	1	1	1	−	0	1
7(페이지 부재)	회수	0	회수	0	0	0	1	회수	0
4	−	0	−	1	0	0	1	−	0

(1)

회수하게 하는 페이지	4	7
회수되는 페이지	7, 9	1, 3, 8

(2) 8, 4, 9, 7

(3)

페이지	1	2	3	4	5	6	7	8	9
참조 비트	−	0	−	1	0	0	1	−	0

다음 조건에 따라 프로세스가 실행될 때 코드1과 코드2에 의해 발생되는 페이지 부재의 수를 각각 구하시오.

> **조건**
> ① 페이지의 크기가 200인 페이징 시스템이다.
> ② 프로세스의 페이지 0(0~199)에는 배열을 처리하는 코드가 있고, 주소 200에는 다음과 같은 2차원 배열 A가 있다.
> int A[][] = new int [100][100] ;
> ③ A[i][j]에서 i와 j는 각각 행과 열을 나타내며, 배열 데이터는 행우선으로 저장된다.
> ④ 3개의 주기억장치 프레임을 사용하며, LRU 교체기법을 사용한다.
> ⑤ 페이지 프레임 1에는 프로세스가 있으며, 다른 2개는 처음에 비어 있다.

코드1	```for(int i = 0 ; i < 100; i++) for(int j = 0 ; j < 100; j++) A[i][j] = 0 ;```
코드2	```for(int j = 0 ; j < 100 ; j++) for(int i = 0 ; i < 100 ; i++) A[i][j] = 0 ;```

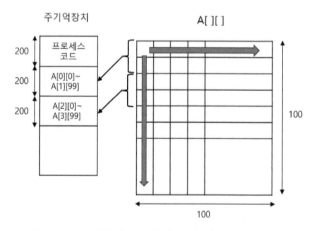

(1) 행 단위로 데이터에 접근한다. 2개 행이 1개 페이지를 구성한다. 50개 페이지가 프레임에 1번씩 올라온다. 따라서 페이지 부재 수는 50번이 된다.

(2) 열 단위로 데이터에 접근한다. 각각의 j값에 대해 i가 2 증가할 때마다 새로운 페이지가 필요하다. 따라서 1행을 처리하는데 50번의 페이지 부재가 발생한다. 100개의 열에 대해 위의 과정을 반복해야 한다. 따라서 총 페이지 부재 수는 50×100 = 5000번이 된다.

프로세스의 페이지가 보조기억장치에 연속되어 저장되어 있다면 프리페이징(prepaging) 개념을 사용하는 것이 효과적이다. LRU 페이지 교체 알고리즘을 사용하여 기억장치 참조열에 대한 다음 표를 완성하시오. 단, 조건에 따라 프리페이징 정책을 사용한다고 가정한다.

조건
① 보조기억장치에서 페이지를 불러올 때는 3개의 연속된 페이지를 읽어온다.
② 프로세스가 처음 시작될 때는 첫 번째 페이지부터 연속된 페이지를 가져온다.
③ 페이지 부재가 발생하면 페이지 부재를 발생시킨 페이지를 포함하여 연속된 페이지를 가져온다.

항목 \ 참조열		0	1	3	5	3	7	8	9	7	8	5	6	7	9	10	11
페이지 프레임 번호	1	0	0														
	2	1	1														
	3	2	2														
	4																
페이지부재 발생유무(O/X)		O	X														

항목 \ 참조열		0	1	3	5	3	7	8	9	7	8	5	6	7	9	10	11
페이지 프레임 번호	1	0	0	5	5	5	9	9	9	9	9	6	6	6	11	11	11
	2	1	1	1	1	1	8	8	8	8	8	8	8	8	9	9	9
	3	2	2	4	4	4	7	7	7	7	7	7	7	7	7	7	7
	4			3	3	3	3	3	3	3	3	5	5	5	10	10	10
페이지부재 발생유무(O/X)		O	X	O	X	X	O	X	X	X	X	O	X	X	O	X	X

2차 기회(clock policy) 알고리즘을 사용하여 페이지를 교체하고자 한다. 조건을 고려하여 물음에 답하시오.

조건
① 페이지 프레임의 개수는 3이다.
② 페이지 참조열은 (2 3 2 1 5 2 4 5 3 2 5 2)이다.
③ 페이지 프레임이 비어있는 상태에서 참조된 페이지는 부재가 발생되지 않은 것으로 한다.
④ 참조된 페이지와 참조되지 않은 페이지의 참조비트는 각각 1과 0으로 표시한다.

(1) 페이지 부재가 발생되는 페이지를 순서대로 나열하시오.

(2) 페이지 부재가 발생된 페이지를 교체한 후 각 프레임에 있는 페이지의 참조비트 상태를 다음 표로 나타내시오.

페이지 부재가 발생된 페이지 번호					…
참조비트					…
					…
					…

 (1) 5 2 4 3 5

* 페이지 교체 과정

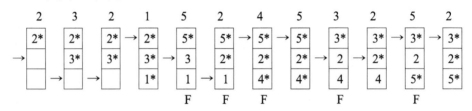

(* : 참조된 페이지, → : 교체할 페이지 확인 지점)

(2)

페이지 부재가 발생된 페이지 번호	5	2	4	3	5
참조비트	1	1	1	1	1
	0	1	1	0	0
	0	0	1	0	1

2차 기회(clock policy) 알고리즘을 사용하여 페이지를 교체하고자 한다. 조건을 고려하여 물음에 답하시오.

조건

① 페이지 크기는 1KB이며, 페이지 프레임의 개수는 4개이다.

② 페이지 참조열은 (3 1 0 6 4 1 3 6 0 8 6 0 4)이다.

③ 페이지 참조열의 처음 4개 페이지인 (3 1 0 6)은 각각 프레임 (3 2 7 5)에 저장되어 있으며, 페이지 부재가 발생되지 않은 것으로 한다.

④ 참조된 페이지와 그렇지 않은 페이지의 참조비트는 각각 1과 0으로 표기한다.

⑤ 페이지와 프레임 번호는 모두 0부터 시작한다.

(1) 페이지 부재가 발생된 페이지를 순서대로 나열하시오.

(2) 페이지 참조가 종료되었을 때 프레임 (3 2 7 5)에 있는 페이지 번호와 각 페이지의 참조 비트를 쓰시오.

(3) 페이지 참조열에서 첫 번째 4가 참조될 때 가상주소가 4196인 경우 이에 해당하는 물리 주소를 구하시오.

(4) 페이지 참조열에서 8이 참조되기 직전 상태에서 물리주소가 7300인 경우 이에 해당하는 가상주소를 구하시오.

풀이

(1) 4 3 0 8 6 4

(2) 페이지 번호 : 6 0 4 8, 참조비트 : 1 0 1 1

- 페이지 참조열 : 3 1 0 6 4 1 3 6 0 8 6 0 4

프레임	페이지	참조	P		페이지	참조	P	
3	3	1 0	x		4	1		
2	1	1 0		→	1	1 0	x	→
7	0	1 0			3	1	x	
5	6	1 0			6	1 0	x	

프레임	페이지	참조	P		페이지	참조	P		페이지	참조	P
3	4	0	x		6	1	x		6	1	
2	0	1	x	→	0	1	x	→	0	0	
7	3	0	x		3	0			4	1	x
5	8	1	x		8	1			8	1	x

<참고>

프레임	참조 비트 변화	페이지 교체						
3	1 0 1 0 1	3	4	4	4	4	6	6
2	1 0 1 0 1 0	1	1	1	0	0	0	0
7	1 0 1 0 1	0	0	3	3	3	3	4
5	1 0 1 0 1	6	6	6	6	8	8	8

(3) 가상주소 4196(= 1024×4 + 100)은 4번 페이지에 있으며, 변위가 100임

4번 페이지는 3번 프레임에 있으므로 물리주소는 3172(= 1024×3 + 100)가 됨

(4) 물리주소 7300(= 7168 + 132)은 7번 프레임이며, 변위가 132임

페이지 8이 참조되기 직전 상태에서 7번 프레임에는 3번 페이지가 있음

따라서 가상주소는 3204(=1024×3+132)가 됨

페이지 부재 발생 시에 참조비트와 변경비트(modify bit)를 사용하여 교체할 페이지를 선택할 수 있다. 다음 표는 페이지에 대한 참조비트와 변경비트의 상태를 나타낸 것이다. 가장 최근에 교체된 페이지는 35번이고, 이후 교체할 대상 페이지의 검사는 55, 64, 15, 16, 33, 26 순서로 한다. 물음에 답하시오.

페이지 번호	33		26		35		55		64		15		16	
참조(R) / 변경(M) 비트의 상태	R	M	R	M	R	M	R	M	R	M	R	M	R	M
	1	0	1	1	1	0	1	1	1	0	1	0	1	1

(1) 페이지 부재가 발생 시에 교체할 페이지 번호는 몇 번인가?

(2) 페이지가 교체되기 직전 각 페이지에 대한 비트의 상태를 나타내시오.

풀이 (1) 교체할 페이지 : 64번

(2)
페이지 번호	33		26		35		55		64		15		16	
참조(R) / 변경(M) 비트의 상태	R	M	R	M	R	M	R	M	R	M	R	M	R	M
	0	0	0	1	0	0	0	1	0	0	0	0	0	1

- 검색 순서 : $(0, 0)$을 찾고, 없으면 $(0, 1)$을 찾음
- 비트 수정 : $(1, 0) \rightarrow (0, 0)$, $(1, 1) \rightarrow (0, 1)$

각 페이지에 대한 참조 유무를 바이트 단위로 저장하며, 현재 상태는 다음과 같다. 페이지와 프레임이 각각 5개, 3개라고 가정하고 조건을 고려하여 물음에 답하시오.

페이지 참조열 : ... 2 3
↑
T_1

페이지 1 : 10010000
페이지 2 : 10001010
페이지 3 : 10100100
페이지 4 : 11000001
페이지 5 : 10001100

조건

① 페이지 참조바이트는 10ms 단위로 우측 시프트하여 업데이트된다.
② T_1은 페이지를 참조하여 적재하고 80ms가 지난 시점이다.
③ LRU 페이지 교체 알고리즘을 사용한다.
④ 동일한 기간에 두 개 이상의 페이지가 참조된 경우에는 페이지 번호가 작은 것이 먼저 참조된 것이다.
⑤ 교체할 조건이 동일한 페이지가 두 개 이상인 경우에는 FIFO 기준을 적용한다.

(1) 페이지 참조열에 따라 페이지를 참조한 후의 페이지 부재 횟수를 구하시오.

(2) T_1 이전 80ms 동안의 페이지 참조열을 구하시오.

풀이 (1) 페이지 부재 횟수 : 13번

(2) 페이지 참조열 : 4 2 3 5 2 5 1 3 4 1 2 3 4 5

	4	2	3	5	2	5	1	3	4	1	2	3	4	5	2	3
프레임 할당	4	4	4	5	5	5	5	5	4	4	4	3	3	3	2	2
		2	2	2	2	2	2	3	3	3	2	2	2	5	5	5
			3	3	3	3	1	1	1	1	1	1	4	4	4	3
페이지 부재	F	F	F	F			F	F	F		F	F	F	F	F	F

스레싱(thrashing)에 관련된 다음 물음에 답하시오.

(1) 다중 프로그래밍과 CPU 이용률의 관계를 사용하여 스레싱을 그림으로 나타내고 설명하시오.

(2) 페이지 부재 빈도(page-fault frequency)를 조절하여 스레싱을 방지하고자 한다. 그림을 사용하여 방법을 설명하시오.

풀이 (1) 스레싱은 프로세스에서 페이지 부재가 계속 발생하여 프로세스의 처리 시간보다 페이지 교체 시간이 더 많아지는 현상이다. 너무 많은 페이지 교체가 일어남으로써 시스템의 성능이 저하된다.

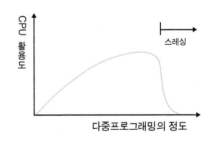

(2) 프로세스에 대한 페이지 부재율의 상한 값과 하한 값을 설정한 후 이 범위에서 페이지 부재가 발생될 수 있도록 프레임의 수를 적절히 조절한다. 프로세스의 페이지 부재율이 하한 값보다 낮으면 해당 프로세스에 할당된 프레임을 더 줄여준다. 프로세스의

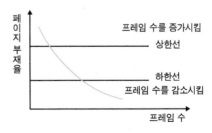

페이지 부재율이 상한 값보다 높으면 해당 프로세스에 프레임을 더 할당한다.

작업 집합 모델(working-set model)에서 페이지 참조열은 아래와 같다. 스레싱(thrashing)에 관련된 물음에 답하시오.

> 30, 17, 15, 23, 24, 24, 15, 13, 17, 17, 17, 22, 24, 18, 33, 18, ...
>
> $\qquad\qquad\qquad\qquad\quad\uparrow\qquad\qquad\qquad\qquad\qquad\qquad\qquad\uparrow$
>
> $\qquad\qquad\qquad\qquad\quad t_1\qquad\qquad\qquad\qquad\qquad\qquad\qquad t_2$

(1) 윈도우 크기 $\triangle$가 5인 경우에 t_1, t_2 시점에서 작업 집합 $W(t_1, \triangle)$과 $W(t_2, \triangle)$를 구하시오.

(2) 프로세스 $P_i (0 \le i \le n-1)$의 작업 집합을 W_i, 주기억장치의 프레임 수를 M이라고 가정한다. M과 W_i를 사용하여 스레싱이 발생되는 조건을 식으로 나타내시오.

풀이 (1) $W(t_1, \triangle) = \{15, 23, 24\}$, $W(t_2, \triangle) = \{18, 22, 24, 33\}$

(2) 스레싱이 발생하는 조건 : $\displaystyle\sum_{i=0}^{n-1} W_i > M$

작업집합 모델(working set model)을 사용하여 스레싱(thrashing)을 예방할 수 있다. 다음 표는 시간(t)의 변화에 따라 4개 프로세스인 $P_1 \sim P_4$가 참조하는 페이지를 나타낸 것이다. 작업집합 창의 크기는 5, 페이지 크기가 5KB, 페이지 번호는 0부터 시작한다고 가정하고 물음에 답하시오.

t	0	1	2	3	4	5	6	7	8	9	10	11	12
P_1	0	0	2	1	1	1	1	1	2	2	1	1	1
P_2	5	5	6	5	5	6	5	4	5	6	6	6	7
P_3	10	10	10	11	12	11	11	13	14	10	10	11	12
P_4	16	16	16	15	15	15	17	15	16	17	18	19	16

(1) 시각 t가 6과 8일 때 각 프로세스의 작업집합을 구하시오.

(2) 메모리의 크기가 55K 바이트라고 가정할 때 스레싱이 처음 발생하는 시각은 무엇인가?

(3) 메모리의 크기가 60K 바이트라고 가정할 때 t가 10일 때 스레싱이 발생하는지 판단하시오.

다음 표는 시간의 경과에 따라 4개 프로세스의 각 작업집합에 포함된 페이지의 개수와 이들의 합을 나타낸 것이다.

t	0	1	2	3	4	5	6	7	8	9	10	11	12
P_1	0	0	2	1	1	1	1	1	2	2	1	1	1
		1	2		3		2	1		2			
P_2	5	5	6	5	5	6	5	4	5	6	6	6	7
		1			2				3				
P_3	10	10	10	11	12	11	11	13	14	10	10	11	12
		1		2		3				4			
P_4	16	16	16	15	15	15	17	15	16	17	18	19	16
		1			2		3	2		3	4	5	4
합계		4	6	9		10		9		12	13	14	13

(1) t = 6 : P_1 = {1, 2}, P_2 = {5, 6}, P_3 = {10, 11, 12}, P_4 = {15, 16, 17}

  t = 8 : P_1 = {1, 2}, P_2 = {4, 5, 6}, P_3 = {11, 12, 13, 14}, P_4 = {15, 16, 17}

(2) 메모리 55KB에는 11개 페이지를 적재할 수 있다. 따라서 4개 프로세스의 작업집합에 포함된 페이지의 수가 11보다 크면 스레싱이 발생한다. t가 8일 때 4개 프로세스의 작업집합에 포함된 페이지의 합이 12가 된다. 따라서 t가 8일 때 스레싱이 처음 발생한다.

(3) 메모리 크기가 60KB에는 12개 페이지를 적재할 수 있다. 시각 t가 10에서 작업집합은 13개 페이지를 포함하고 있다. 따라서 작업집합에 포함된 페이지 수가 주기억장치의 프레임 수보다 크므로 스레싱이 발생한다.

가상 메모리(virtual memory)를 사용하는 시스템에서 페이지 크기를 결정할 때 여러 가지를 고려해야 한다. 페이지 크기가 아래 각각에 대해 어떤 영향이 있는지 설명하시오.

(1) 페이지 테이블의 크기

(2) 내부 단편화(internal fragmentation)

(3) 디스크 입출력 시간

(4) 지역성(locality)

(5) 프레임(frame)의 수

[풀이] (1) 주어진 가상 메모리 공간에서 페이지 크기를 감소시키면 페이지의 수가 증가하게 된다. 따라서 페이지 테이블의 크기가 증가한다. 모든 활성화된 프로세스는 독립된 페이지 테이블을 유지해야 하므로 페이지 크기가 큰 것이 페이지 테이블의 크기 측면에서 유리하며, 테이블 저장을 위한 메모리를 적게 사용한다.

(2) 프로세스를 페이지로 나눌 때 마지막 부분은 페이지의 크기보다 작을 수 있다. 그러나 이 부분도 한 페이지로 할당되어 주기억장치 프레임에 저장되므로 메모리 일부를 낭비하게 된다. 이것이 내부 단편화이며, 각 프로세스는 평균적으로 페이지 크기의 절반을 낭비하게 된다. 따라서 이와 같은 내부 단편화를 최소화하고 메모리를 효율적으로 사용하기 위해서는 페이지 크기가 작은 것이 유리하다.

(3) 페이지를 읽거나 기록하는 디스크 입출력 시간은 탐색 시간, 회전지연 시간, 전송 시간으로 구성된다. 이들 중에서 전송 시간은 다른 것보다 상대적으로 매우 짧다. 따라서 디스크 입출력 시간의 효율을 높이기 위해서는 페이지 크기를 크게 하는 것이 유리하다.

(4) 페이지 크기가 작으면 각 페이지가 프로그램의 지역성을 보다 정확히 추적하도록 해준다. 따라서 페이지 크기가 작으면 지역성이 향상되어 전체 입출력은 더 줄어들게 되며, 전체 메모리 사용량도 줄어들게 된다. 그러나 페이지 크기가 너무 작으면 페이지 부재 발생률이 증가하게 된다.

(5) 주기억장치 프레임의 크기는 페이지 크기와 같다. 따라서 물리 메모리인 주기억장치의 전체 크기는 일정하므로 페이지 크기를 크게 하면 프레임의 수는 줄어들며, 페이지 크기를 작게 하면 프레임의 수는 늘어나게 된다.

다음의 6가지 현상을 각각 그래프로 나타내시오.

① 다중 프로그래밍의 정도와 CPU 이용률과의 관계를 사용한 스래싱(thrashing) 현상
② 페이지 크기와 페이지 부재율과의 관계
③ 워킹세트의 크기와 페이지 부재율과의 관계
④ 무작위(random)와 최적(optimal) 페이지 교체 알고리즘에 대한 할당된 페이지 프레임의 수와 페이지 부재율과의 관계
⑤ 윈도우 크기와 워킹세트 크기와의 관계
⑥ SCAN과 C-SCAN 스케줄링 알고리즘에 대한 디스크 트랙번호와 평균 대기시간과의 관계

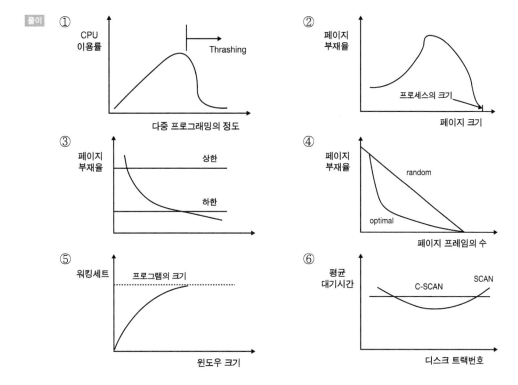

다음 표는 페이지 크기에 따른 페이지 테이블의 크기, 내부 단편화, 지역성의 영향을 설명한 것이다. 페이지 크기에 따른 입출력 시간과 페이지 부재율의 영향을 설명하시오.

	페이지 크기가 작은 경우	페이지 크기가 큰 경우
페이지 테이블의 크기	페이지의 수가 많아지므로 페이지 사상표의 크기가 커지고 이로 인한 기억공간이 낭비될 수 있음	페이지의 수가 적어지므로 페이지 사상표 크기가 줄어듦
내부 단편화	마지막 페이지의 낭비가 줄어들어 페이지 내부 단편화가 감소함	페이지의 내부 단편화가 증가함
지역성	효과적인 워킹세트 확보가 가능하며, 이를 적용하면 지역성이 향상되어 전체적으로 페이지 부재율이 감소할 수 있음	참조 정보와 무관한 정보의 양이 증가하여 지역성이 감소함

풀이	페이지 크기가 작은 경우	페이지 크기가 큰 경우
입출력 시간	한 페이지 관점에서는 감소하지만, 페이지 수가 많으므로 디스크 전체 입출력 시간은 증가함. 전송시간은 무시될 정도로 짧음	디스크 전체 입출력 시간이 감소함
페이지 부재의 수	한 페이지 관점에서는 페이지에 담긴 내용이 적어서 부재율이 증가함	페이지에 들어있는 내용이 많으므로 페이지 부재율이 감소함

4.4 파일 관리

다음 파일 접근을 위한 순차 접근(Sequential access)와 임의 접근(random access) 방법을 설명하고, 각 방법을 사용하는 응용프로그램의 예를 나열하시오.

풀이 순차 접근법은 파일의 한쪽 끝에서부터 차례로 데이터에 접근한다. 파일의 앞부분에 목차를 두어 목차를 찾은 다음 해당 부분으로 순차 접근하는 색인 순차 접근 방법이 있다. 순차 접근법을 사용하는 응용프로그램은 워드프로세서, 음악 또는 비디오 재생, 웹 서버 등이 있다.

임의 접근법은 파일 중의 레코드 배열이나 위치 등과는 관계없이 불규칙한 순서로 접근이 가능하다. 이 방법을 사용하는 응용프로그램은 데이터베이스, 오디오 또는 비디오 편집기 등이 있다.

다음 그림은 디스크 할당 방법인 연속 할당(contiguous allocation), 연결 할당(linked allocation), 색인 할당(indexed allocation)으로 파일을 저장한 것이다. 물음에 답하시오.

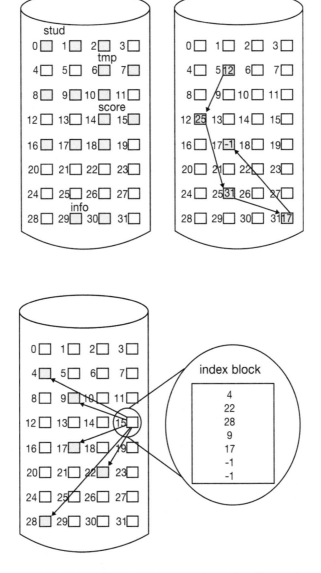

(1) 각 할당 방법으로 저장된 파일에 대한 디렉토리(파일 할당 테이블) 구조를 쓰시오.

(2) 각 할당 방법에 대해 순차 접근법과 임의 접근법을 사용하는 경우의 특성을 비교 설명하시오.

풀이 (1)

<연속 할당>		
file	start	length
stud	0	3
score	14	5
info	29	2
tmp	6	5

파일 나열 순서는 임의로
지정한 것임

<연결 할당>		
file	start	end
profit	5	17

파일 이름은 임의로
사용한 것임

<색인 할당>	
file	index block
profit	15

파일 이름은 임의로
사용한 것임

(2)

	순차 접근	임의 접근
연속 할당	연속된 디스크 블록을 접근하는 것과 동일한 간단한 효율적인 기법임	현재 블록에서 인접한 블록을 접근하는 것처럼 접근할 블록을 쉽게 알 수 있음
연결 할당	한 블록에서 다음 블록으로 단순히 링크를 따라 이동하는 것과 같음	접근할 위치로 갈 때까지 여러 개의 디스크 블록에 해당하는 링크들을 따라가야 하므로 효율적이지 않음
색인 할당	인덱스 블록의 위치를 찾은 후 인덱스 블록에서 순서대로 접근하는 기법임	접근할 위치를 포함한 디스크 블록과 연관된 인덱스 블록을 쉽게 결정할 수 있으므로 효율적임

다음 조건을 참조하여 디스크 할당 기법에 관한 물음에 답하시오.

> **조건**
> ① 파일 시스템에서 논리 및 물리 블록의 크기는 512B이다.
> ② 색인 기법의 경우 파일은 항상 512 블록보다 작다.
> ③ 현재 파일 포인터의 위치는 논리 블록 10이다.
> ④ 각 파일에 대한 메타 정보는 메모리에 저장되어 있다.
> ⑤ 파일의 시작 주소(블록 번호)는 Z로 가정한다.
> ⑥ 디스크 할당 기법은 연속 할당, 연결 할당, 색인 할당의 세 가지가 있다.

(1) 논리 블록의 위치 정보가 물리 블록으로 매핑되는 과정을 세 가지 할당 기법에 대하여 각각 설명하시오.

(2) 논리 블록 4에 접근하고자 할 때 디스크에서 몇 번의 물리 블록 접근이 필요한지 세 가지 할당 기법에 대하여 각각 구하시오.

풀이　(1) ① 연속 할당
- 논리 주소를 512로 나누고, 몫과 나머지를 각각 X, Y로 한다.
- (Z + X)를 구하여 물리 블록 번호를 구한다.
- 위에서 구한 물리 블록에서 변위는 Y로 하여 접근한다.

② 연결 할당
- 논리 주소를 511로 나누고, 몫과 나머지를 각각 X, Y로 한다.
- 연결 리스트를 따라 (X + 1)번째 블록까지 간다.
- 위에서 구한 마지막 물리 블록에 변위를 (Y + 1)로 하여 접근한다.

③ 색인 할당
- 논리 주소를 512로 나누고, 몫과 나머지를 각각 X, Y로 한다.
- 인덱스 블록을 메모리에 저장한다.
- 물리 블록 주소는 인덱스가 저장된 블록의 위치 X에 저장되어 있다.
- 접근할 물리 블록에서 변위를 Y로 하여 접근한다.

(2) ① 연속 할당 : 1번(해당 블록 접근)
② 연결 할당 : 4번(링크를 따라 4개 블록을 처음부터 모두 접근)
③ 색인 할당 : 2번(인덱스 블록과 해당 블록 접근)

다음 조건을 만족하는 파일 시스템이 있다. 이 파일 시스템에 저장될 수 있는 파일의 최대 크기를 구하시오.

> **조건**
> ① 파일 시스템은 파일을 표현하기 위해 inode를 사용한다.
> ② 디스크 블록의 크기는 8KB이다.
> ③ 디스크 블록을 가리키는 포인터는 4B이다.
> ④ 파일 시스템은 12개의 디스크 블록과 단일, 이중, 삼중 간접 블록을 가지고 있다.

풀이　① 직접 블록 : $12 \times 8KB = 12 \times 2^3 KB$

② 단일 간접 블록 : $2048 \times 8KB = 2^{14}KB$

③ 이중 간접 블록 : $2048 \times 2048 \times 8KB = 2^{25}KB$

④ 삼중 간접 블록 : $2048 \times 2048 \times 2048 \times 8KB = 2^{36}KB = 64TB$

　따라서 파일의 최대 크기는 64Tera 바이트가 된다.

다음 표는 디스크 가용공간 관리방법인 비트 벡터와 연결 리스트의 특징을 설명한 것이다. 이들 외에 그룹핑(grouping)과 카운팅(counting) 디스크 가용공간 관리방법의 특징을 설명하시오.

방법	특징
비트 벡터 (비트맵)	① 블록이 비어 있는 경우 그 비트를 0으로 하고, 블록이 할당되어 있으면 비트는 1이 됨 ② 디스크 내의 연속적인 n개 가용블록을 찾을 때 효과적임 ③ 비트 벡터가 디스크에 기록되는 경우 비효율적이므로 주기억장치에 기록함
연결 리스트 (linked list)	① 모든 가용공간 블록들을 포인터로 연결함 ② 리스트 탐색 시 리스트를 모두 탐색해야 하므로 많은 시간이 소요됨

풀이

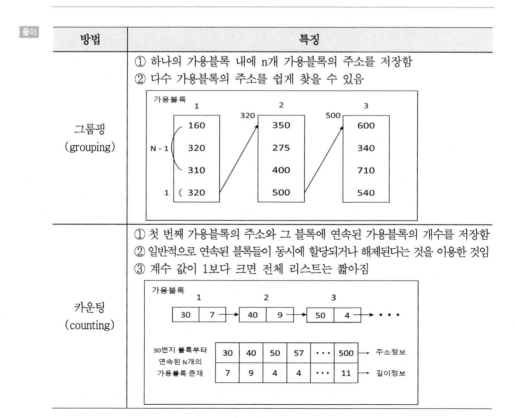

방법	특징
그룹핑 (grouping)	① 하나의 가용블록 내에 n개 가용블록의 주소를 저장함 ② 다수 가용블록의 주소를 쉽게 찾을 수 있음
카운팅 (counting)	① 첫 번째 가용블록의 주소와 그 블록에 연속된 가용블록의 개수를 저장함 ② 일반적으로 연속된 블록들이 동시에 할당되거나 해제된다는 것을 이용한 것임 ③ 계수 값이 1보다 크면 전체 리스트는 짧아짐

다음 그림은 하드디스크의 블록별 사용 상태와 이 정보를 주기억장치에 비트맵(비트 벡터)으로 표현한 것이다. 〈조건〉을 고려하여 물음에 답하시오. [중등교사 임용시험 2023-A-4]

〈저장장치(2GB)〉

… 가용 블록

… 할당 블록

〈주기억장치〉

0	1	1	0	0	1	…
0	0	1	0	0	0	…
0	0	0	1	0	0	…
⋮	⋮	⋮	⋮	⋮	⋮	

0 : 가용 블록
1 : 할당 블록

비트맵(비트 벡터)

조건

① 저장장치 크기는 2GB, 한 블록의 크기는 8KB이다.

② 파일 시스템은 저장장치에 새로운 데이터를 저장할 수 있도록 가용 블록(free block)에 대한 정보를 유지한다.

③ 비트맵은 개별 블록에 대한 사용 유무를 비트로 표현하거나, 여러 블록들을 클러스터링(clustering)하여 하나의 비트로 표현할 수 있다.

(1) 디스크의 가용 블록 추적을 위해 필요한 비트맵 크기를 구하시오.

(2) 비트맵이 하나의 블록에 저장되도록 블록 클러스터링을 수행할 때, 하나의 비트로 표현 가능한 최소 블록 개수는 무엇인가?

풀이 (1) 2GB / 8KB = 2×2^{20}KB / 8KB = 2^{18}비트

블록의 사용 여부는 블록당 비트맵 1비트로 표현할 수 있으므로 블록의 개수와 비트맵의 크기는 같다. 블록의 개수는 저장장치의 크기를 블록의 크기로 나누면 되고, 이것은 비트맵의 크기와 같다.

(2) 2^{18}비트 / $(2^{13} \times 8)$비트 = 4비트

(1)에서 구한 비트맵의 크기인 2^{18}비트가 8KB에 저장되어야 한다.

4.5 입출력 관리

컴퓨터에 다음과 같은 조건을 만족하는 디스크 드라이브가 있다고 가정하고 물음에 답하시오.

> **조건**
> ① 사용 가능한 최대 저장 공간 : 20GB
> ② 디스크에서 내부 버퍼로의 최대 전송률 : 48.25MB/s
> ③ 평균 전송률 : 34.5MB/s
> ④ 평균 탐색시간 : 12ms
> ⑤ 디스크 회전 속도 : 5400RPM
> ⑥ 섹터 크기 : 512B

(1) 연속된 디스크 섹터에 데이터가 저장되어 있을 때, 평균 전송률로 200MB 파일을 읽는
   데 걸리는 시간을 구하시오.
(2) 데이터가 랜덤하게 저장되어 있을 때, 200MB 파일을 읽는데 걸리는 시간을 구하시오.

풀이 (1) 파일을 읽는데 걸리는 시간 : 탐색시간 + 회전지연시간 + 데이터 전송시간
   - 회전지연시간 : (1 / 5400)×60×0.5×1000 = 5.6ms
   - 데이터 전송시간 : 200 / 34.5 = 5.797s = 5797ms
   - 파일을 읽는데 걸리는 시간 : 12ms + 5.6ms + 5797ms = 5815ms
(2) - 한 블록을 읽는데 걸리는 시간 : 12ms + 5.6ms + 512B / 48.25MB/s = 17.6ms
   - 블록의 수 : 200MB / 512B = 409600
   - 파일을 읽는데 걸리는 시간 : 409600×17.6 = 7208960ms = 7208.96s

200개의 트랙(0~199번)을 가진 이동 헤드 디스크의 FIFO 큐에 다음 트랙의 순으로 요청이
들어왔다. FCFS, SSTF, SCAN, C-SCAN, C-LOOK 스케줄링 알고리즘을 사용하여 헤드
의 이동량을 계산하시오. 단, 헤드는 바로 전에 트랙 125의 요청을 끝내고 현재 트랙 143을
처리하고 있다.

> FIFO 큐 : 86, 147, 91, 177, 94, 150, 102, 175, 130

(1) FCFS

- 이동 순서 : 143→86→147→91→177→94→150→102→175→130
- 이동량 : 57 + 61 + 56 + 86 + 83 + 56 + 48 + 73 + 45 = 565

(2) SSTF

- 이동 순서 : 143→147→150→130→102→94→91→86→175→177
- 이동량 : 4 + 3 + 20 + 28 + 8 + 3 + 5 + 89 + 2 = 162

(3) SCAN

- 이동 순서 : 143→147→150→175→177→199→130→102→94→91→86
- 이동량 : 4 + 3 + 25 + 2 + 22 + 69 + 28 + 8 + 3 + 5 = 169

(4) C-SCAN

- 이동 순서 : 143→147→150→175→177→199→0→86→91→94→102→130
- 이동량 : 4 + 3 + 25 + 2 + 22 + 199 + 86 + 5 + 3 + 8 + 28 = 385

(5) C-LOOK

- 이동 순서 : 143→147→150→175→177→86→91→94→102→130
- 이동량 : 4 + 3 + 25 + 2 + 91 + 5 + 3 + 8 + 28 = 169

번호가 0부터 1999인 2000개의 트랙을 갖는 디스크 드라이브가 있다. 헤더는 현재 실린더 145를 처리하고 있고, 바로 전에 120의 요청을 처리하였다. 요청 큐가 FIFO 순으로 (100, 1550, 900, 1700, 950, 150)과 같을 때 물음에 답하시오. 단, 950을 처리하는 동안 실린더 1500과 1000에 대한 요청이 들어온다고 가정한다.

(1) C-LOOK 알고리즘을 사용할 때 헤더의 총 이동거리를 구하시오.
(2) N-step SCAN 알고리즘을 사용할 때 헤더의 총 이동거리를 구하시오.

---

(1) C-LOOK

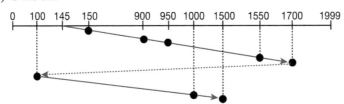

- 헤더의 이동거리 : 1555 + 1600 + 1400 = 4555

(2) N-step SCAN

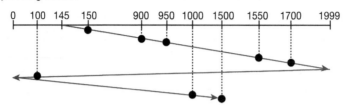

- 헤더의 이동거리 : 1854 + 1999 + 1500 = 5353

다음 조건에 따라 디스크 스케줄링 알고리즘에 대한 물음에 답하시오.

> **조건**
> ① 디스크의 트랙은 0번부터 199번까지 200개이다.
> ② 헤더의 현재 위치는 트랙 100번이고, 바로 전에 105번 트랙 요구를 처리하였다.
> ③ 디스크 대기 큐에는 (110, 20, 80, 150, 140, 190) 트랙이 있다.
> ④ 150번 트랙 요청을 처리하는 동안에 새로운 요청(120, 130, 170)이 들어온다.
> ⑤ 이동 거리가 같은 경우에는 헤더 진행 방향의 트랙을 먼저 처리한다.
> ⑥ 헤더가 트랙의 양쪽 끝까지 이동하는 경우에는 해당 트랙을 포함하여 나타낸다.

(1) SSTF 알고리즘을 사용할 때 헤더의 이동을 처리 순서대로 나열하시오.

(2) SCAN 알고리즘을 사용할 때 헤더의 이동을 처리 순서대로 나열하시오.

(3) C-LOOK 알고리즘을 사용할 때 헤더의 이동을 처리 순서대로 나열하시오.

풀이 (1) 100→110→140→150→170→190→130→120→80→20

(2) 100→80→20→0→110→140→150→170→190→199→130→120

(3) 100→80→20→190→150→140→110→170→130→120

0번에서 199까지 200개의 트랙으로 구성된 디스크가 있다. SCAN과 C-SCAN 스케줄링 알고리즘을 사용하는 경우에 디스크 주소의 변화에 따른 평균 대기시간의 변화를 그래프로 나타내시오.

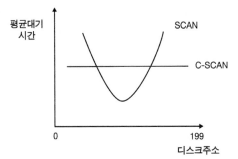

 다음 조건에 따라 디스크 스케줄링 알고리즘에 대한 물음에 답하시오.

> **조건**
> ① 디스크의 트랙은 0번부터 199번까지 200개이다.
> ② 헤더는 0번 방향으로 이동하고 있으며, 현재 위치는 100번 트랙이다.
> ③ 디스크의 대기 큐에 있는 트랙 요청은 (170, 30, 120, 10, 150, 80, 90, 180, 130)이다.
> ④ 헤더가 트랙 0번 또는 199번으로 이동하는 경우에는 요청 처리에 이를 포함하여 나타낸다.

(1) LOOK 알고리즘을 사용할 때 헤더의 이동을 처리 순서대로 나열하시오.

(2) C-SCAN 알고리즘을 사용할 때 헤더의 이동을 처리 순서대로 나열하시오. 단, 헤더가 0번 트랙 방향으로 이동할 때 요청을 처리하며, 150번 트랙의 요청을 처리하는 동안에 새로운 요청(40, 70, 50)이 들어온다고 가정한다.

(1) LOOK : 90→80→30→10→120→130→150→170→180

(2) C-SCAN : 90→80→30→10→0→199→180→170→150→130→120→0→199→70
　　　　　　→50→40

디스크 헤더의 이동 방법과 각 요청에 대한 처리 시간의 공평성(편차) 측면에서 SCAN과 C-SCAN 스케줄링 알고리즘 차이점을 설명하시오. 그리고 이들 알고리즘의 헤더 이동을 줄임으로써 성능 향상이 가능한 방법을 설명하시오.

풀이 ① SCAN 알고리즘에서는 헤드가 디스크의 가장 안쪽과 바깥쪽 트랙(실린더) 방향으로 왕복하면서 이동한 트랙에 있는 요청을 모두 처리한다. 즉, 헤드가 디스크의 한쪽 끝에서 시작하여 다른 끝으로 가는 방향에 있는 모든 요청을 처리한다. 다른 한쪽 끝에 도달하면 역방향으로 이동하면서 오는 방향에 있는 요청을 모두 처리한다.

② C-SCAN 알고리즘에서는 한 방향으로 헤드를 이동하면서 요청을 처리하며, 트랙(실린더)의 끝에 도착하면 처음 시작했던 위치로 되돌아와 처리를 시작한다. 즉, 헤드의 한 방향 이동에서만 요청이 처리되며, 헤드가 반대 방향으로 이동할 때는 요청은 처리되지 않고 끝까지 이동만 한다. C-SCAN 알고리즘에서는 처음 트랙과 마지막 트랙이 맞닿은 형태로 간주한다.

③ C-SCAN 알고리즘은 SCAN 알고리즘보다 각 요청에 걸리는 시간을 좀 더 균등하게 처리함으로써 공평성을 증가시키고 처리 시간의 편차를 줄였다.

④ SCAN과 C-SCAN 알고리즘에서 헤드는 항상 디스크의 양쪽 끝까지 이동한다. 헤드의 이동을 줄이는 방법은 헤드가 각 방향으로 이동하다가 그 방향에서 아무도 기다리는 요청이 없으면 헤드의 이동 방향을 반대로 하는 것이다. 이것을 SCAN과 C-SCAN에 적용한 것이 각각 LOOK과 C-LOOK 알고리즘이다.

디스크 스케줄링 알고리즘에 대한 헤더의 이동을 알아보고자 한다. 〈조건〉을 고려하여 물음에 답하시오.

> **조건**
> ① 디스크의 트랙은 0번부터 199번까지 200개이다.
> ② 헤드의 현재 위치는 70번이고, 직전에 65번 트랙 요청을 처리하였다.
> ③ 디스크 요청은 (55, 120, 10, 85, 80, 70, 30, 150, 170) 트랙이다.
> ④ 회전 지연시간은 평균 회전 지연시간인 10ms를 적용한다.
> ⑤ 탐색시간은 '(30 + 0.1×d)ms'(d 는 헤드의 이동거리)이다.

⑥ 디스크 요청 처리시간에서 전송 시간은 제외한다.

⑦ 디스크 헤드의 이동은 다음과 같이 그림으로 나타낸다.

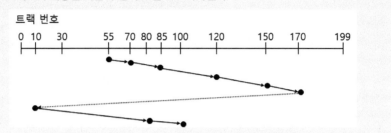

(1) SSTF 알고리즘을 적용할 때 헤드의 이동을 그림으로 나타내시오.

(2) LOOK 알고리즘을 적용할 때 헤드의 이동을 그림으로 나타내시오.

(3) C-LOOK 알고리즘을 적용할 때 헤드의 이동을 그림으로 나타내시오.

(4) SSTF, LOOK, C-LOOK 알고리즘 각각에 대한 디스크 요청 처리시간을 구하시오.

(5) SSTF, LOOK, C-LOOK 알고리즘 중에서 특정 트랙에 대해 다음 특성을 갖는 알고리즘을 선택하고 그 이유를 기술하시오.

　① 기아상태가 발생할 수 있는 알고리즘

　② 모든 트랙에 대해 공평하게 접근하는 알고리즘

　③ 디스크 요청이 가까이에 있는 특정 트랙들에 집중될 때 적합한 알고리즘

풀이 (1)

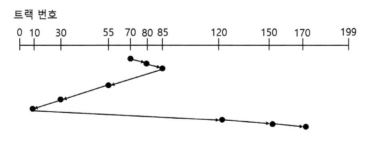

(2)

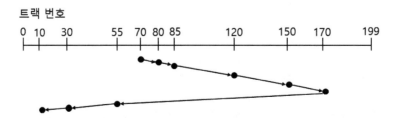

(3)

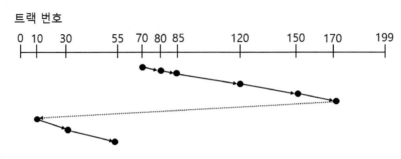

트랙 번호

(4)

   ① SSTF : $90 + (30 + 0.1×250) = 145ms$

     - 헤드 이동 거리 : $15 + 75 + 160 = 250$

     - 회전지연시간 : $10×9 = 90ms$

   ② LOOK : $90 + (30 + 0.1×260) = 146ms$

     - 헤드 이동 거리 : $100 + 160 = 260$

     - 회전지연시간 : $10×9 = 90ms$

   ③ C-LOOK : $90 + (30 + 0.1×305) = 150.5ms$

     - 헤드 이동 거리 : $100 + 160 + 45 = 305$

     - 회전지연시간 : $10×9 = 90ms$

(5)

   ① SSTF : 많은 디스크 요청이 트랙의 중앙 부분에 집중되는 경우에 트랙의 가장 바깥이나 가장 안쪽 부분의 요청은 기아상태에 빠질 수 있다.

   ② LOOK, C-LOOK : LOOK은 트랙의 안쪽과 바깥쪽 양방향으로 순차적으로 이동하면서 요청을 처리하고, C-LOOK은 트랙의 한쪽 방향의 이동에서만 순차적으로 요청을 처리한다. 두 알고리즘은 헤더 이동 방향으로 요청이 없으면 트랙의 끝까지 이동하지 않고 반대 방향으로 이동한다. 따라서 이들은 모든 트랙에 대해 공평하게 접근하는 알고리즘이다. C-LOOK은 일반적으로 먼저 요청한 작업을 먼저 처리하지만 SCAN은 그렇지 않다. 따라서 요청한 작업의 처리 시점 측면에서 C-LOOK이 SCAN보다 공평한 알고리즘이다.

   ③ SSTF : SSTF는 현재 헤더 위치에서 가장 가까운 트랙 요청을 처리한다. 따라서 요청이 가까이에 있는 특정 트랙들에 집중될 때 적합하다.

인공지능/이산수학

※ 인공지능 과목의 평가 영역 및 평가 내용 요소

평가 영역	평가 내용 요소
인공지능의 개요	인공지능의 개요 및 역사
	인공지능 응용 분야
탐색을 통한 문제해결	문제해결 에이전트(탐색에 의한 문제해결, 상태 공간)
	기본적인 탐색기법(깊이 우선 탐색, 너비 우선 탐색, IDS)
	휴리스틱 탐색 기법(휴리스틱, 평가함수, A*)
	게임을 위한 탐색
	제약조건 만족 문제
논리적 에이전트	명제 논리
	술어 논리
	논리 추론
인공지능 응용 사례	기계학습 응용 사례
	지능형 에이전트 응용사례

※ 이산수학 과목의 평가 영역 및 평가 내용 요소

평가 영역	평가 내용 요소
집합, 논리, 증명	집합과 연산
	명제의 합성 및 논리적 동치
	명제논리, 술어 논리
	수학적 귀납법과 재귀식
관계와 함수	관계의 개념과 표현
	관계의 성질, 폐쇄
	동치관계
	부분 순서관계
	함수
그래프	그래프의 용어와 표현
	오일러와 해밀턴 그래프
	동형 그래프, 평면 그래프
	그래프 채색
	경로, 최단거리
트리	트리의 개념과 성질
	이진트리 순회

5.1 **인공지능**

인공지능 교육의 핵심 개념에 해당하는 인식, 표현과 추론, 학습, 사회적 영향, 상호작용을 설명하시오.

풀이 ① 인식 : 컴퓨터는 다양한 센서를 이용해 현실 세계를 인식한다.
② 표현과 추론 : 에이전트는 세상에 대한 표현을 만들고 이를 추론에 사용한다.
③ 학습 : 컴퓨터는 데이터를 통해 스스로 학습한다.
④ 사회적 영향 : 인공지능은 긍정적인 방식과 부정적인 방식으로 사회에 영향을 미칠 수 있다.
⑤ 상호작용 : 지능형 에이전트가 인간과 자연스럽게 상호작용하기 위해서는 많은 종류의 지식이 필요하다.

인공지능에 관련된 전문가시스템, 시멘틱 웹, 기계학습, 딥러닝, 인공신경망을 설명하시오.

풀이 ① 전문가시스템 : 전문지식이 필요한 특정 영역의 문제를 해결하는데 사용되는 컴퓨터 프로그램이다. 전문가시스템에서 가장 중요한 두 부분은 지식베이스와 추론엔진이며, 이 밖에 지식습득 모듈과 설명 모듈을 갖는다.
② 시멘틱 웹 : 기계가 의미를 파악할 수 있는 형태로 작성된 웹을 말한다. 웹에 존재하는 페이지들에 메타데이터(metadata)를 부여하여 복잡한 데이터 집합이었던 웹페이지를 의미와 관련성을 가지는 거대한 데이터베이스로 구축한 것이다.
③ 기계학습 : 인간이나 다른 생물체에 있는 학습능력과 같은 기능을 컴퓨터시스템에 부여하는 것으로 인공지능의 한 분야이다.
④ 딥러닝 : 여러 비선형 변환기법의 조합을 통해 높은 수준의 추상화를 시도하는 기계학습 알고리즘의 집합이다.
⑤ 인공신경망 : 생물학적 신경세포의 정보처리 및 전달 과정을 모방하여 구현한 것이다.

객체지향 시스템의 특성인 캡슐화(encapsulation), 상속성(inheritance), 다형성(polymor-phism)을 간단히 설명하시오.

풀이 ① 캡슐화 : 정보를 은닉하여 외부에서의 영향을 받지 않고 쉽게 재사용할 수 있도록 하며, 내부의 세부 사항을 숨김으로써 단순한 인터페이스를 유지할 수 있다.

② 상속성 : 조상 객체의 특징을 자동으로 자손 객체가 물려받는 기능으로 프로그램 확장 시 쉽게 사용될 수 있고, 변경된 내용이 쉽게 다른 객체로 전달될 수 있다.

③ 다형성 : 객체의 타입에 따라 대응되는 함수의 기능이 달라지는 방식으로 다양한 객체를 보다 일반적인 개념의 객체로 추상화할 수 있어 시스템 확장 등을 쉽게 할 수 있다.

인공지능과 관련된 아래 설명에 대한 물음에 답하시오.

> ㉠은 컴퓨터가 정보자원의 뜻을 이해하고, 논리적 추론까지 할 수 있는 차세대 지능형 웹이다. 즉, 인터넷에서 각종 자원에 대한 정보와 자원 사이의 관계인 의미 정보를 컴퓨터가 처리할 수 있는 형태로 표현하고 컴퓨터가 처리하도록 한다. ㉠이 실현되면 컴퓨터가 자동으로 정보를 처리할 수 있어 컴퓨터 시스템의 생산성과 효율성이 극대화될 수 있다.

(1) ㉠에 들어갈 용어는 무엇인가?
(2) ㉠과 관련된 자원 서술 기술, 지식 서술 기술, 통합 운용 기술을 설명하시오.

풀이 (1) 시멘틱 웹(Semantic Web)

(2) ① 자원 서술 기술

사용자가 XML로 임의의 태그를 지정하여 문서를 구조화할 수 있고, 자원 기술 개념(RDF)을 이용하여 XML로 구조화된 문서에 의미를 지정한다. RDF는 웹에서 데이터를 표현하고 교환하기 위한 표준 모델이다. 이것은 웹상의 사람이나 웹 문서 등 특정 대상이 특정 속성에 대해 특정 값을 가지고 있는 것을 표현할 수 있도록 한다.

② 지식 서술 기술

철학에서 본질과 유형에 관한 이론을 의미하는 용어로 개념의 체계적인 규정을 의미한다. Web Ootology Language(OWL)을 사용하여 특정 도메인에 대한 공유되는 일반적인 이해와 개념, 개념과의 관계를 표현할 수 있다. 특정 주제에 관한 지식 용어들의 집합뿐만 아니라 용어 간의 의미적 연결 관계와 간단한 추론 규칙을 포함한다. 지식표현인 온톨로지(ontology)를 통해 개념을 이해하고 지식처리를 할 수 있다.

③ 통합 운용 기술

에이전트(agent)를 사용하여 인간대신 정보자원을 수집하고 검색하고 추론하는 통합 기술이다.

0~9의 10개 정점으로 이루어진 그래프에서 정점의 연결 상태를 나타내는 링크 정보는 (0, 1), (0, 2), (1, 3), (1, 4), (2, 5), (2, 6), (3, 7), (4, 7), (5, 8), (6, 8)이다. 그래프 탐색에 대한 다음 물음에 답하시오.

(1) 링크 정보를 이용하여 그래프를 그리시오.

(2) 깊이 우선 탐색(DFS)과 너비 우선 탐색(BFS)의 결과를 구하시오. 단, 정점 0에서 탐색을 시작한다.

풀이 (1)

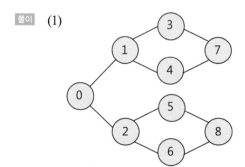

(2) • 깊이 우선 탐색 : 0, 1, 3, 7, 4, 2, 5, 8, 6
   • 너비 우선 탐색 : 0, 1, 2, 3, 4, 5, 6, 7, 8

그래프에 대한 연산인 깊이 우선 탐색(DFS, depth first search)을 적용하여 문제를 해결하고자 한다. 〈조건〉을 고려하여 문제해결 과정에 대한 물음에 답하시오.

조건

① 다음 그림은 네트워크에서 7대 컴퓨터의 연결 상태를 나타낸 것이다.

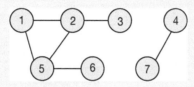

② 한 대의 컴퓨터가 바이러스에 감염되면 이 컴퓨터와 연결된 모든 컴퓨터가 감염된다.

③ 그래프에서 깊이 우선 탐색을 사용하며, 1번 컴퓨터가 바이러스에 감염되었다고 가정한다.

④ com_list는 컴퓨터의 연결 상태를 나타낸 2차원 배열이다. 그리고 com_list(i, j)는 노드 i 와 직접 연결된 노드를 나타낸다.

⑤ degree(i)는 노드 i와 직접 연결된 노드의 개수이다.

⑥ visited(i)는 탐색 과정에서 노드의 방문 여부를 나타낸다. 모든 노드의 초깃값은 False(F) 이고, 방문한 노드는 True(T)가 된다.

(1) 네트워크의 연결 상태를 보고 아래의 com_list와 degree를 완성하시오.

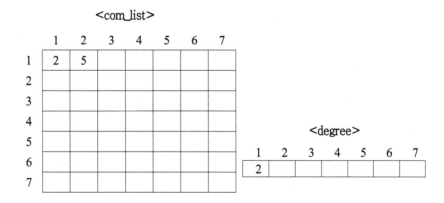

(2) 다음 표는 깊이 우선 탐색 과정을 6개 단계로 구분하여 나타낸 것이다. DFS(i)는 노드 i 에서 깊이 우선 탐색을 수행하는 것이며, count는 1번 노드와 연결된 노드 개수이다. ㉠ 과 ㉡의 그래프를 그리시오.

DFS(1)	DFS(2)	DFS(3)
count = 1	count = 2	count = 2

DFS(2)	DFS(5)	DFS(6)
count = 3	count = ?	count = ?
	㉠	㉡

(3) 아래의 visited를 완성하시오.

1	2	3	4	5	6	7
T						

(4) 1번 컴퓨터로 인해서 감염되는 전체 컴퓨터의 수는 몇 대인가? 감염된 컴퓨터를 나열하시오.

풀이 (1)

	1	2	3	4	5	6	7
1	2	5					
2	1	3	5				
3	2						
4	7						
5	1	2	6				
6	5						
7	4						

1	2	3	4	5	6	7
2	3	1	1	3	1	1

(2)

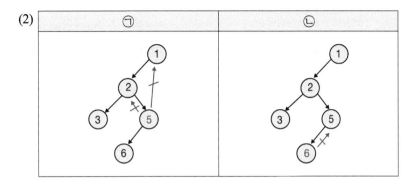

	㉠			㉡	

(3)

1	2	3	4	5	6	7
T	T	T	F	T	T	F

(4) 4대, 감염된 컴퓨터 : 2, 3, 5, 6

다음 그래프를 입력으로 받아 깊이 우선 탐색을 수행하는 파이썬(Python) 프로그램을 작성하였다. 탐색은 정점 0에서 시작하는 것으로 가정하고 물음에 답하시오.

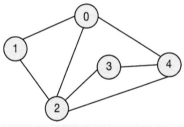

```python
def depth_frist_search(graph, start) :
    visited = []
    temp = []
    stack = [start]
    neighbors = [[] for vertex in vertices]   # 2차원 형태의 배열 생성
    for link in links :
        temp = [link[1]]
        # 스택을 사용하기 위해 새로운 하위 노드를 리스트의 앞쪽에 추가
        neighbors[link[0]] = temp + neighbors[link[0]]
    while stack :
        current = stack.pop()  # 스택에서 노드 꺼냄
        for neighbor in neighbors[current] :      # 인접한 모든 하위 노드에 반복
            if not neighbor in visited+stack :
```

```
            stack.append(neighbor)                # 노드를 스택에 추가
         visited.append(current)
     return visited

vertices = ['0', '1', '2', '3', '4']
links = [(0, 1), (0, 2), (0, 4), (1, 2), (2, 3), (2, 4), (3, 4)]  # 노드 연결 상태
graph = (vertices, links)    # 그래프 정의
print(depth_frist_search(graph, 0))
```

(1) 프로그램의 출력은 무엇인가?

(2) 프로그램을 수행하였을 때 초기화 이후 neighbors에 저장된 내용은 무엇인가?

풀이 (1) [0, 1, 2, 3, 4]

(2) [4, 2, 1], [4, 2], [4, 3], [4], []

프로그램이 실행되는 동안 스택에 저장되는 내용과 visited에 저장되는 노드의 순서는 다음과 같다.

스택						
		1				
		2	2	3		
	0	4	4	4	4	

visited						
		0	1	2	3	4

다음 그래프에 채색(coloring)을 하고자 한다. 아래 물음에 답하시오.

(1) 그래프의 채색 수를 구하시오.

(2) 위의 채색 수에 대한 채색 방법을 설명하시오.

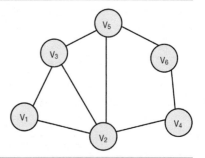

풀이 (1) 그래프의 채색은 그래프에서 서로 인접한 노드들이 같은 색을 갖지 않도록 노드에 색을 나타내는 것이다. 주어진 그래프의 채색 수는 3이다.

채색 예 : 빨간색(v_2), 녹색(v_1, v_4, v_5), 파란색(v_3, v_6)

빨간색(v_2, v_6), 녹색(v_1, v_4, v_5), 파란색(v_3)

(2) $V = \{v_1, v_2, v_3, v_4, v_5, v_6\}$

$V = \{v_2\}$ 임의의 노드 선택, 빨간색 색칠

$V' = v - \{v_2\} = \{v_1, v_3, v_4, v_5, v_6\}$

$u = \{v_1\}$, $S = \{v_1, v_3, v_4, v_5\}$ ← 처음에 선택한 v와 다른 색이어야 하는 노드

: v_1을 녹색으로 색칠

$V' = v' - \{v_1\} = \{v_3, v_4, v_5, v_6\}$

$u = \{v_3\}$: v_3을 파란색으로 색칠

$V' = v' - \{v_3\} = \{v_4, v_5, v_6\}$

$u = \{v_4\}$: v_4을 녹색으로 색칠

$V' = v' - \{v_4\} = \{v_5, v_6\}$

$u = \{v_5\}$: v_5을 녹색으로 색칠

$V' = v' - \{v_5\} = \{v_6\}$

$u = \{v_6\}$: v_6을 빨간색이나 파란색으로 색칠

$V' = v' - \{v_6\} = \{ \ \}$

따라서 그래프는 빨간색(v_2), 녹색(v_1, v_4, v_5), 파란색(v_3, v_6)으로 색칠이 가능하므로 채색 수는 3이 된다.

<참고>

빨강(R), 노랑(Y), 파랑(B) 순으로 한다고 가정하는 경우

v_1 : R, v_2 : R, Y, v_3 : R, Y, B, v_4 : R, v_5 : R, v_6 : R, Y

다음과 같이 5개 영역으로 구분된 그림을 빨강, 파랑, 노랑의 3가지 색을 사용하여 색칠하고자 한다. 물음에 답하시오. 단, 한 영역은 1가지 색으로 칠하며, 이웃하는 영역은 서로 다른 색으로 칠해야 한다.

A	B
	C
D	E

(1) 색칠을 위해 그림을 그래프로 그리시오. 단, 그래프의 노드 이름은 그림에 표기된 영역명 (A, B, C, D, E)로 표기한다.

(2) '깊이 우선 탐색'으로 그래프를 탐색하는 백트래킹(backtracking) 알고리즘을 사용하여 답을 찾아가는 상태 공간 트리(state space tree)를 그리시오. 단, 문자 순서(A→B→C →D→E)로 각 지역을 방문하며, 답을 처음 발견하였을 때 멈춘다.

(3) '너비 우선 탐색'과 비교할 때 '깊이 우선 탐색' 방법의 장단점을 쓰시오.

(4) 백트래킹 알고리즘의 효율성은 노드 방문 순서에 따라 달라진다. 효율적인 노드 방문 순서 결정 방법을 1가지 쓰고, 그 방법이 임의로 방문 순서를 정하는 방법보다 효율적인 이유를 서술하시오.

풀이 (1)

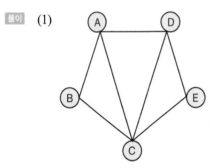

(2) 백트래킹 알고리즘을 사용하여 답을 찾아가는 경우에 트리는 다음과 같이 그려진다.

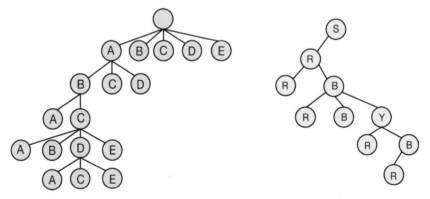

(3) '깊이 우선 탐색' 방법의 장점은 기억 공간 측면에서 효율적이며, 넓은 트리의 탐색에 효과적이다. 단점은 최적(가장 짧은) 경로의 탐색을 보장하지 않으며, 탐색시간이 많이 소요된다.

(4) 효율적인 노드 방문 순서 결정을 위한 방법으로는 분기를 한정시키는 방법이 있다. 이 방법이 효율적인 이유는 분기를 제한하여 시간 낭비를 줄일 수 있기 때문이다.

1~8까지의 숫자가 나열된 3×3의 퍼즐에 있다. 숫자를 인접한 빈칸으로 옮기는 작업을 반복하여 〈시작 배열〉로부터 〈목표 배열〉로 숫자 배열로 바꾸고자 한다. A* 알고리즘을 적용하고, 숫자의 총 이동 횟수를 최소로 해야 한다. 단, A* 알고리즘 적용을 위한 평가함수 f(n)는 다음과 같다고 가정하고 물음에 답하시오.

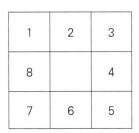

2	8	3
1	6	4
7		5

1	2	3
8		4
7	6	5

<시작 배열>   <목표 배열>

평가함수 : f(n) = g(n) + h(n)

- g(n) : 시작 배열에서 지금까지 움직인 횟수
- h(n) : 목표 배열과 비교할 때 제자리에 있지 않은 퍼즐의 수

(1) 〈시작 배열〉의 평가함수는 무엇인가?

(2) 〈목표 배열〉에 도달하였을 때의 평가함수는 무엇인가?

풀이 A* 알고리즘은 출발 지점에서 목표 지점까지 가는 최적 경로를 찾는 그래프 탐색 알고리즘이다. 이를 적용한 퍼즐의 문제 풀이는 다음과 같다.

(1) <시작 배열>의 경우 현재까지 움직인 횟수는 0이며, <목표 배열>과 비교할 때 제자리에 있지 않은 퍼즐의 수는 4이다. 즉, 평가함수에서 g(n)과 h(n)는 각각 0, 4이다. 따라서 평가함수는 0 + 4 = 4가 된다.

(2) A* 알고리즘을 적용하면 다음과 같은 순서에 따라 평가함수를 구할 수 있다. <목표 배열>에 도달하였을 때 평가함수는 5가 된다.

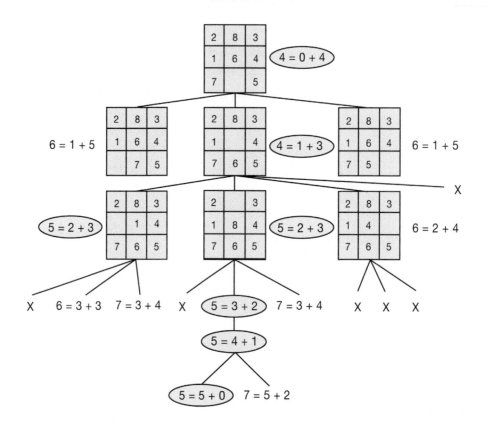

다음 그림은 몬테카를로 트리 탐색(Monte Carlo tree search, MCTS) 알고리즘의 네 단계 중에 첫 번째부터 두 단계를 나타낸 것이다. 그림에서 노드 안의 숫자는 '승수/실행 경기 수'를 나타낸 것이다. 물음에 답하시오.

단계 1	단계 2	단계 3	단계 4
		㉠	㉡

(1) MCTS 알고리즘의 네 단계 이름을 쓰고 각각을 설명하시오.

(2) ㉠, ㉡에 적합한 트리를 그리시오.

풀이 몬테카를로 트리 탐색(Monte Carlo tree search, MCTS)은 의사 결정을 위한 체험적 탐색 알고리즘으로 인공지능 분야에서 많이 사용된다. 알파고에서도 사용된 MCTS는 컴퓨터 바둑, 체스, 실시간 비디오 게임, 포커와 같은 게임에서 사용된다.

MCTS는 랜덤하게 표본을 선택해서 유리한 움직임인지 분석하는 방식으로 탐색하는 것으로, 검색 공간에서 무작위 추출에 기초한 탐색 트리를 확장하는데 중점을 둔다. 트리의 각 노드에는 노드의 현재 가치와 방문횟수 등의 정보가 저장되며, 이를 사용하여 의사 결정을 한다.

(1) MCTS 알고리즘은 다음과 같은 네 단계로 구성된다.

① 선택(Selection) : 루트 노드 R에서 시작하여 연속적인 자식 노드를 선택하여 마디 노드(L)까지 내려간다.

② 확장(Expansion) : 노드 L에서 승패를 내지 못하고 게임이 종료되면, 하나 또는 그 이상의 자식 노드를 생성하고, 그중에서 하나의 노드(C)를 선택한다.

③ 시뮬레이션(Simulation) : 노드 C로부터 무작위의 게임을 실행한다.

④ 역전달(Backpropagation) : 시뮬레이션의 결과를 사용하여 C에서 R까지의 경로에 있는 노드들의 정보를 갱신한다.

(2)

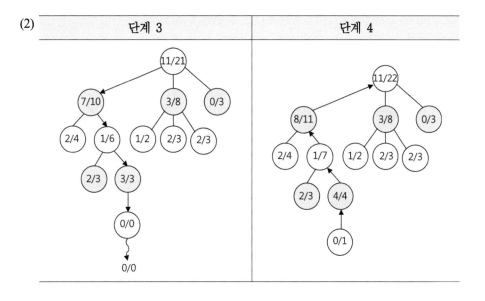

단계 3	단계 4

다음 그림은 탐색 기반의 제약조건 만족 문제(constraint satisfaction problem)의 하나인
4-Queen에 대해 백트래킹 탐색방법을 나타낸 것이다. 물음에 답하시오.

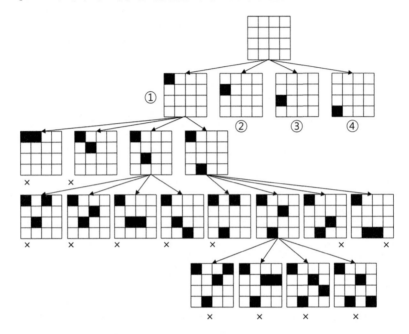

(1) 제약조건 만족 문제를 해결하기 위한 탐색기반 방법인 백트래킹 탐색(backtracking search)
과 제약조건 전파(constraint propagation)를 설명하시오.
(2) 위 그림에서 ③의 하위 탐색에 대한 트리를 그리시오.

풀이   제약조건 만족 문제는 주어진 제약조건을 만족하는 해(solution)를 찾는 문제로 탐색방법
을 사용해 해결할 수 있다. 목표 상태는 제약조건을 모두 만족하는 것이므로 목표 상태를
찾는 것이 문제의 해를 찾는 것이다. 제약조건을 만족하지 못하는 상태는 상태 공간에서
제거하여 탐색 공간을 줄일 수 있다.

백트래킹 탐색의 대표적인 문제인 N-Queen 문제가 있다. 이 문제는 N×N개의 체스판에서
N개의 Queen을 체스판 위에 놓이게 하는 문제이다. 체스판에서 Queen은 같은 행과 열, 대
각선 방향에 대해 공격이 가능하다. 그러므로 이 문제에 대한 해는 자신(Queen)을 보호하
면서 새로운 위치에 Queen을 놓게 하는 것이다.

(1) ① 백트래킹 탐색

DFS를 하는 것처럼 변수에 허용되는 값을 하나씩 대입한다. 모든 가능한 값을 대
입해서 해가 없으면 이전 단계로 돌아가서 이전 단계의 변수에 다른 값을 대입하

고 탐색을 계속한다.

② 제약조건 전파

인접 변수 간의 제약 조건에 따라 각 변수에 허용될 수 없는 값들을 제거하는 방식
이다.

(2)

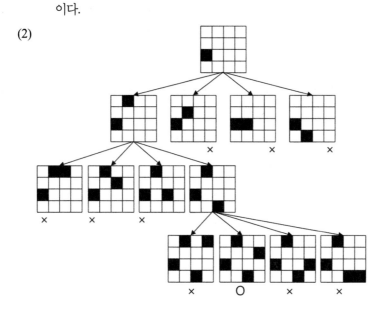

다음 그래프는 여행 경로를 탐색하기 위한 것이다. 그래프의 시작 정점에서 도착 정점까지 최
소 비용을 갖는 경로를 탐색하고자 한다. 여행에 필요한 비용은 거리와 함께 체류 비용을 고
려한 평가함수를 사용한다. 조건과 〈경로 탐색 알고리즘 설명〉을 고려하여 물음에 답하시오.

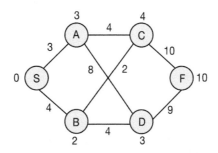

조건

• 그래프에서 간선의 숫자는 거리 비용을 나타낸다.

• 그래프에서 정점에 표시된 숫자는 여행 지역의 체류 비용을 나타낸 것이다.

• 출발지와 도착지는 각각 정점 S와 F이며, 다른 정점은 경유지를 나타낸 것이다.

- 정점 x에 대한 평가함수 f(x)는 다음과 같이 정의한다.

  f(x) = g(x) + h(x)

  평가함수에서 g(x)는 출발 정점 S에서 x까지 탐색 경로에 대한 거리 비용이다. h(x)는 정점 x에 대한 휴리스틱 함수로 도착 정점 F의 체류비용에서 정점 x의 체류비용을 뺀 것이다. 예를 들면, 정점 C의 탐색 경로 S-A-C에 대한 g(C)는 7(3+4)이며, h(C)는 6(10-4)이 된다.

〈경로 탐색 알고리즘 설명〉

- 출발 정점에서 시작하여 하나의 정점을 방문한 경우 이것과 연결된 모든 정점을 방문 가능 정점의 집합에 추가한다. 그리고 추가된 각 정점에 대한 탐색 경로를 수정하고 평가함수를 계산한다.
- 한 정점에 대한 방문이 종료되면 방문 가능 정점의 집합에서 평가함수 값이 최소인 정점을 다음 방문 정점으로 선택한다.
- 최소 평가함수 값을 갖는 선택된 정점은 방문 가능 정점의 집합에서 삭제한다.
- 한 정점의 평가함수가 계산된 상태에서 새로운 정점의 추가에 의한 평가함수 값이 변경된 경우에는 두 값 중에서 작은 것을 평가함수 값으로 설정한다.

(1) 탐색하는 순서대로 정점을 나열하시오.

(2) 최단경로를 구하고, 그 경로에 대한 평가함수 값을 쓰시오.

(3) 탐색 중에 평가함수의 값이 변경되는 정점을 순서대로 쓰시오. 그리고 그 정점에 대해 변경되기 전후의 평가함수 값을 쓰시오.

풀이 (1) S A B C D F

(2) S B C F, 16

(3) C : 13→12, D : 18→15

주어진 그래프에서 각 정점에 휴리스틱 함수를 적용한 결과는 다음과 같다. 이 그래프를 사용하여 출발지 정점 S에서 도착지 정점 F까지 각 정점에 대한 평가함수 값과 방문 순서는 아래와 같다.

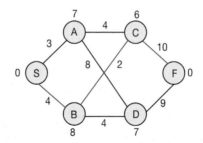

정점	S
f(x)	0

정점	S	A	B	A: 3+7=10	S→A
f(x)	0	10	12	B: 4+8=12	S→B

정점	S	A	B	C	D	C: 3+4+6=13	S→A→C
f(x)	0	10	12	13	18	D: 3+8+7=18	S→A→D

정점	S	A	B	C	D	C: 4+2+6=12	S→B→C
f(x)	0	10	12	13→12	18→15	D: 4+4+7=15	S→B→D

정점	S	A	B	C	D	F	F: 4+2+10+0=16	S→B→C→F
f(x)	0	10	12	12	15	16		

정점	S	A	B	C	D	F	F: 4+4+9+0=17	S→B→D→F
f(x)	0	10	12	12	15	16		

정점	S	A	B	D	C	F	F: 4+2+10+0=16	S→B→C→F
f(x)	0	10	12	12	15	16		

다음은 퍼즐 문제를 해결하기 위한 A* 알고리즘의 의사코드이다. 〈조건〉을 고려하여 물음에 답하시오. [중등교사 임용시험 2023-A-9]

```
Nodes = ∅  // 평가할 노드 집합 Nodes를 공집합으로 초기화함
Checked = ∅  // 평가한 노드 집합 Checked를 초기화함

Nodes에 '시작노드'를 추가함

while (Nodes ≠ ∅) do {
    p = delete_min(Nodes)
    if (p == '목표노드') then return '성공'
    else {
        p의 모든 하위노드 집합 SubNodes를 생성한다.
```

```
  for each n ∈ SubNodes {  // 각 하위노드 n에 대해 수행
    if ((n  Nodes) and (n  Checked)) then {
      n의 평가함수 값 f(n) = g(n) + h(n)을 계산함
      n을 Nodes에 추가함
    }
  }
}
p를 Checked에 추가함
}
return '실패'
```

조건

- 3-퍼즐 문제란 2×2 퍼즐 숫자판에 놓인 3개의 숫자 조각을 인접한 빈 공간으로 상, 하, 좌, 우로 한 칸씩 이동하면서 시작 노드에서 목표노드로 만드는 것이다.
- A* 알고리즘은 초기상태인 시작노드에서 하위노드들을 확장해 가면서 목표노드에 도달하는데, 평가함수 f(n)의 값이 최소인 노드를 우선 확장한다.
- 하위노드란 한 노드에서 숫자 조각을 한 칸 이동하여 생성된 노드이며, 이들 중 이전에 생성된 적이 있는 노드는 문제 해결 과정에서 제외된다.
- 다음은 8-퍼즐과 그 하위노드들을 나타낸 예이다.

2	8	3
1	4	
7	6	5

하위노드 :

2	8	
1	4	3
7	6	5

2	8	3
1		4
7	6	5

2	8	3
1	4	5
7	6	

- 노드 n의 평가함수는 f(n) = g(n) + h(n)으로 정의한다.
- g(n)은 시작노드부터 노드 n까지의 경로 비용이다.
- g(시작노드)는 0이고, 어떤 노드 n에 대하여 g(n의 하위노드) = g(n) + 1이다.
- h(n)은 노드 n에서 목표노드까지의 비용을 예상하는 휴리스틱 값이다. h(n)은 노드 n의 숫자 조각이 목표노드와 동일한 위치에 있지 않은 숫자 조각의 개수로 계산된다.
- delete_min(Nodes) 함수는 집합 Nodes에서 평가함수 값이 최소인 노드를 가져온 후, 해당 노드를 Nodes에서 제거한다.
- 다음은 알고리즘에 적용할 3-퍼즐 문제의 시작노드와 목표노드의 상태이다.

시작 노드

2	1
3	

목표 노드

1	
2	3

(1) 다음 노드 n은 위 알고리즘을 적용하여 시작노드에서 목표노드를 만드는 과정에서 생성된 것이다. 노드 n에 대한 g(n)과 h(n)의 값을 각각 구하시오.

(2) 주어진 알고리즘을 사용하여 시작노드에서 목표노드를 만들었을 때 h(목표노드)와 f(목표노드) 값을 각각 구하시오.

풀이 (1) 2, 1

동일한 위치에 있지 않은 숫자는 1로 1개이다. 따라서 g(n) = 2, h(n) = 1이 된다.

2	1
3	

하위노드 :

2	
3	1

2	1
	3

⇒

	1
2	3

(2) 0, 3

g(목표노드) = 3, h(목표노드) = 0, f(목표노드) = 3 + 0 = 3

2	1
3	

하위노드 :

2	
3	1

2	1
	3

⇒

	1
2	3

⇒

1	
2	3

지능형 에이전트에 관한 다음 물음에 답하시오.

(1) 지능형 에이전트를 정의하시오.
(2) 지능형 에이전트의 성질인 자율성, 사회성, 반응성, 능동성, 시간 연속성, 목표 지향성을 각각 설명하시오.
(3) 지능형 에이전트의 속성인 이동성, 합리성, 적응성, 협동성을 각각 설명하시오.
(4) 지능형 에이전트의 종류를 나열하고 각각을 설명하시오.

풀이 (1) 지능형 에이전트(intelligent agent)는 반복적인 작업을 자동화시켜 주는 프로그램이며, 인터넷에서 사용자의 개입 없이 주기적으로 정보를 수집하거나 특정 서비스를 수행하는 자율적 프로세스이다. 에이전트는 지식베이스와 추론 기능을 가지며 사용자, 자원, 다른 에이전트와 정보를 교환하여 문제를 해결한다. 에이전트는 스스로 환경의 변화를 인지하고 그에 대응하는 행동을 취하며, 경험을 바탕으로 학습하는 기능을 갖는다.

(2) ① 자율성(autonomy)

　　사람이나 다른 사물의 직접적인 간섭 없이 스스로 판단하여 동작하고, 그들의 행동이나 내부 상태에 대한 제어권을 갖는다.

② 사회성(social ability)

　　에이전트 통신언어를 사용하여 사람과 다른 에이전트 간에 상호작용을 할 수 있다.

③ 반응성(reactivity)

　　실세계, 사용자, 다른 에이전트, 인터넷 같은 환경을 인지하고 그 안에서 일어나는 변화에 적절히 반응한다.

④ 능동성(proactivity)

　　단순히 환경에 반응하여 행동하는 것이 아니라 주도권을 가지고 목표 지향적으로 행동한다.

⑤ 시간 연속성(temporal continuity)

　　주어진 입력을 처리하여 결과를 출력하고 끝나는 한 번의 수행 형태가 아니고 연속적으로 반복 수행하는 프로세스이다.

⑥ 목표 지향성(goal-orientedness)

　　복잡한 고수준 작업을 수행하는 것이며, 하나의 작업을 다수의 세분화된 작업으로 나누어 처리되는 형태이다.

(3) ① 이동성(mobility)

　　사용자가 요구한 작업을 처리할 수 있는 다른 컴퓨터로 이동시켜 수행함으로써 효율을 높이고 네트워크 부하를 감소시킨다.

② 합리성(rationality)

　　에이전트가 목표를 달성하기 위해 행동하며, 목표 달성을 방해하는 방향으로는 행동하지 않는다.

③ 적응성(adaptability)

　　사용자의 습관, 작업 방식, 취향에 따라 스스로 적응할 수 있다.

④ 협동성(collaboration)

　　복잡한 작업을 수행하기 위해 다른 에이전트, 자원, 사람과 협력할 수 있다.

(4) ① 학습 에이전트(learning agent)

　　학습 에이전트는 사용자가 웹상에서의 수행하는 행동을 관찰하고 어떤 내용에 관심이 있는지 판단하여 사용자에게 알맞은 내용을 전달한다.

② 사용자 인터페이스 에이전트(user interface agent)

　　사용자 인터페이스 에이전트는 사용자의 원하는 작업을 찾아내서 이들을 네트워크나 응용프로그램 안에서 실행할 수 있도록 이동시켜 준다. 사용자 요구의 모호성을 명확하게 해석하여 프로세스로 보내며, 결과를 사용자에 의해 요구되고 이해되는 형태로 변환시킨다.

③ 데스크톱 에이전트(desktop agent)

데스크톱 에이전트는 PC나 워크스테이션의 운영체제에 상주하면서 국부적으로 실행되는 소프트웨어 에이전트이다. 데스크톱 에이전트는 운영체제 에이전트, 응용프로그램 에이전트, 응용프로그램 환경 에이전트로 분류된다.

④ 인터넷 에이전트(internet agent)

인터넷 에이전트는 서버에 상주하면서 사용자를 대신해서 작업을 수행하기 위해 인터넷의 온라인 정보에 접근하는 프로그램이다. 인터넷 에이전트는 정보제공자와 정보소비자 사이의 정보중개인으로 동작한다.

⑤ 전자상거래 에이전트(electronic commerce agent)

과거의 상거래는 물건을 거래하는 업무 대부분이 사람에 의해 이루어지고 있다. 최근에는 상거래 업무의 일부가 자동화되어 에이전트가 대신하는 전자상거래 에이전트가 활성화되고 있다.

기계학습에 관한 다음 물음에 답하시오.

(1) 기계학습을 정의하시오.
(2) 기계학습과 데이터 마이닝의 차이점을 설명하시오.
(3) 인공신경망(artificial neural network, ANN)을 설명하시오.

풀이 (1) 기계학습은 인공지능의 한 분야로 머신러닝(machine learning)이라고도 하며, 컴퓨터가 코드로 명시하지 않은 동작을 데이터로부터 학습하여 실행할 수 있도록 하는 알고리즘을 개발하는 연구 분야이다. 기계학습의 핵심은 표현(representation)과 일반화(generalization)에 있다. 표현이란 데이터의 평가이며, 일반화는 훈련 이후 새롭게 들어온 데이터에 대한 정확한 처리이다. 다양한 기계학습의 응용이 존재하며, 문자 인식은 가장 잘 알려진 사례이다.

(2) 기계학습과 데이터 마이닝은 같은 방법을 사용하며 많은 부분이 중첩된다. 그러나 기계학습은 훈련 데이터를 통해 학습된 알고 있는 속성을 기반으로 예측에 초점을 두며, 데이터 마이닝은 데이터의 몰랐던 속성을 발견하는 것에 집중하는 차이점이 있다.

(3) 기계학습 알고리즘 중에서 인공신경망(artificial neural network, ANN)은 생물학의 신경망에서 영감을 얻은 통계학적 학습 알고리즘이다. 시냅스의 결합으로 네트워크를 형성한 인공 뉴런이 학습을 통해 문제 해결 능력이 배양된다. 인공신경망은 일반적으로 규칙기반 프로그래밍으로 풀기 어려운 컴퓨터 비전이나 음성 인식과 같은 다양한 범위의 문제를 해결하는데 이용된다.

다음 프로그램은 알파-베타 가지치기(Alpha-Beta Pruning) 개념을 적용한 mini-max 알고리즘을 의사코드로 나타낸 것이다. 아래 게임 트리와 〈조건〉을 고려하여 물음에 답하시오. [중등교사 임용시험 2022-A-11]

```
alpha_beta(node, p_value) {
  if (node is te_node) return (ev_value of node) ;
  if (node is mx_node) {
    value = -∞ ;
    for (every ch_node of node) {
      ch_value = alpha_beta(ch_node, value) ;
      if (value < ch_value) value = ch_value ;
      if (        ㉠        ) break ;
    }
    return value ;
  } else {
    value = +∞ ;
      ┌─────────────────────┐
      │          ㉮          │
      └─────────────────────┘
    return value ;
  }
}
```

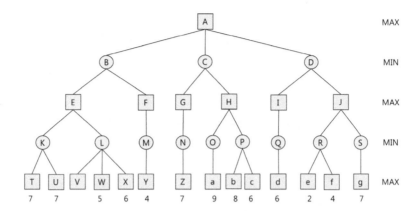

조건

① 알고리즘에서 ch_node, te_node, mx_node, ev_value는 각각 자식노드, 단말노드, 최댓값 노드, 평가함수 값을 의미한다.

② 알고리즘에서 최댓값 노드(/최솟값 노드)의 평가함수 값을 구할 때 현재까지 찾아낸 가장 큰(/작은) 평가함수 값을 그 노드의 알파(/베타) 값이라 한다.

③ 알파 가지치기는 최솟값 노드 X의 평가함수 값을 구하는 과정에서 부모노드 Y의 알파 값보다 작거나 같은 평가함수 값을 갖는 자식노드 Z가 발견될 때 일어난다. 이 경우 Z 이후에 탐색하려 했던 X의 나머지 자식노드 모두를 가지치기하여 평가함수 값의 계산 대상에서 제외한다.

(1) 가지치기가 일어나도록 ㉠의 내용을 쓰시오.

(2) 위의 코드에 있는 변수들을 사용하여 ㉮에 들어갈 코드를 작성하시오.

(3) 조건을 참조하여 베타 가지치기를 정의하시오.

(4) 트리에서 노드 W와 X가 가지치기 되기 위한 조건을 노드 V의 평가함수 값(Eval_V)을 사용하여 식으로 나타내시오.

(5) 트리에서 일어나는 모든 가지치기의 이름을 쓰고 해당 가지치기로 인해 평가함수 값 계산에서 제외되는 노드들을 나열하시오. 단, 노드 V에 의한 가지치기는 제외한다.

(6) 각 노드에 평가함수 값을 넣어 트리를 완성하시오. 단, 가지치기 된 노드는 평가함수 값을 넣지 않는다.

풀이 (1) p_value <= value

최댓값 노드에서 자식 노드의 값이 부모 노드의 값보다 더 크거나 같으면 베타 가지치기가 일어난다.

(2) 최솟값 노드에서 자식 노드의 값이 부모 노드의 값보다 더 작거나 같으면 알파 가지치기가 일어난다.

```
for (every ch_node of node) {
    ch_value = alpha_beta(ch_node, value) ;
    if (value > ch_value) value = ch_value ;
    if (p_value >= value) break ;
}
```

(3)

베타 가지치기는 최댓값 노드 X의 평가함수 값을 구하는 과정에서 부모노드 Y의 베타 값보다 크거나 같은 평가함수 값을 갖는 자식노드 Z가 발견될 때 일어난다. 이 경우 Z 이후에 탐색하려 했던 X의 나머지 자식노드 모두를 가지치기하여 평가함수 값의 계산 대상에서 제외한다.

(4) $Eval\_V \leq 7$

노드 U에 의해 노드 E의 최댓값이 7이므로 노드 V의 평가함수 값이 7보다 작거나 같은 값이 되어야 하며, 이때 알파 가지치기가 일어난다.

(5) 알파 가지치기 : J, R, S, e, f, g

베타 가지치기 : P, b, c

노드 Z에 의해 C의 평가함수 값은 7이 되며, a에 의해 H 값이 9가 된다. H는 최댓값 노드이므로 P의 값에 따라 9보다 크거나 같은 값이 된다. 따라서 C가 최솟값 노드이므로 7로 확정되며 P에 대한 평가함수 값을 구할 필요가 없다. 이것은 최댓값 노드에서 일어나는 베타 가지치기가 된다.

(6)

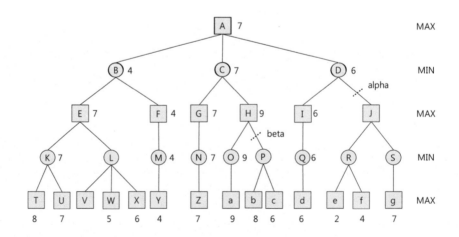

5.2 이산수학

다음 합성명제가 동치임을 논리적 동치를 사용하여 증명하시오.

(1) $\neg(p \lor (\neg p \land q)) \equiv \neg p \land \neg q$

(2) $(p \lor q) \land (\neg p \lor r) \to (q \lor r) \equiv T$

풀이　(1) $\neg(p \lor (\neg p \land q))$

$\equiv \neg p \land (p \lor \neg q)$

$\equiv (\neg p \land p) \lor (p \land \neg q)$

$\equiv T \lor (p \land \neg q)$

$\equiv \neg p \land \neg q$

(2) $(p \lor q) \land (\neg p \lor r) \to (q \lor r)$

$\equiv \neg[(p \lor q) \land (\neg p \lor r)] \lor (q \lor r)$

$\equiv (\neg p \lor \neg q) \lor (p \land r) \lor (q \lor r)$

$\equiv [(\neg p \lor \neg q) \land q] \lor (p \land \neg r) \lor r$

$\equiv [(\neg p \lor q) \land (\neg q \lor q)] \lor [(p \lor r) \land (r \lor \neg r)]$

$\equiv (\neg p \lor q) \land T) \lor [(p \lor r) \land T]$

$\equiv (\neg p \lor q) \lor (p \lor r)$

$\equiv \neg p \lor p \lor q \lor r$

$\equiv T \lor (q \lor r)$

$\equiv T$

P(x) : $x^2 - x = 0$, Q(x) : $x + 2 > 2x$로 가정한다. $\forall x \in Z$일 때 다음의 진리값을 구하시오.

(1) $\exists x P(x)$

(2) $\forall x Q(x)$

풀이　(1) x = 1일 때 0이므로 True이다.

(2) x = 3일 때 5 > 6가 성립하지 않으므로 False이다.

X = {x | x ∈ X}, Y = {y | y ∈ Z}일 때 명제 P(x, y) : x + y = x − y에 대한 다음 명제 함수의 진리값을 구하시오.

(1) ∃x∀yP(x, y)

(2) ∃x∃yP(x, y)

풀이 (1) ∃x∀yP(x, y)는 성립하는 값이 없으므로 False이다.

(2) ∃x∃yP(x, y)는 x = 0, y = 0일 때 성립하므로 True이다.

집합 A = {x | −1 ≤ x ≤ 1, x ∈ X}, B = {a, b}일 때 다음을 구하시오.

(1) A×B

(2) | P(P(A×B)) |

풀이 (1) A×B = {(−1, a), (0, a), (1, a), (−1, b), (0, b), (1, b)}

(2) | P(P(A×B)) | = 2^{64}

행렬 A, B의 전치행렬을 각각 구하고, 대칭행렬인지 판단하시오.

$$A = \begin{bmatrix} 1 & 0 & -2 & 6 \\ -3 & 5 & 2 & -4 \\ 0 & 4 & 4 & 8 \\ 9 & -1 & 3 & 7 \end{bmatrix} \qquad B = \begin{bmatrix} 1 & 2 & 3 & 4 \\ 2 & 4 & 6 & 8 \\ 3 & 6 & 9 & 12 \\ 4 & 8 & 12 & 16 \end{bmatrix}$$

풀이 • 전치행렬

$$A^T = \begin{bmatrix} 1 & -3 & 0 & 9 \\ 0 & 5 & 4 & -1 \\ -2 & 2 & 4 & 3 \\ 6 & -4 & 8 & 7 \end{bmatrix} \qquad B^T = \begin{bmatrix} 1 & 2 & 3 & 4 \\ 2 & 4 & 6 & 8 \\ 3 & 6 & 9 & 12 \\ 4 & 8 & 12 & 16 \end{bmatrix}$$

• 행렬 A는 A[a_{ij}]와 A^T[a_{ji}]가 같지 않기 때문에 대칭행렬이 아니다. 행렬 B는 B[a_{ij}]와 B^T[a_{ji}]가 성립하므로 대칭행렬이다.

집합(Set) S와 관계(Relation) R이 다음과 같을 때 반사(reflexive), 비반사(irreflexive), 대칭(symmetric), 비대칭(antisymmetric), 추이(transitive) 관계가 성립되는지 판단하시오.

(1) S = {1, 2, 3, 4, 5, 6}, R = {(a, b)∈S×S | a는 b의 약수}

(2) S = {a, b, c, d}, $M_R = \begin{pmatrix} 1 & 1 & 1 & 1 \\ 0 & 1 & 0 & 1 \\ 0 & 1 & 1 & 0 \\ 0 & 0 & 0 & 1 \end{pmatrix}$

풀이 (1) R = {(1, 1), (1, 2), (1, 3), (1, 4), (1, 5), (1, 6), (2, 2), (2, 4), (2, 6), (3, 3), (3, 6), (4, 4), (5, 5), (6, 6)}

　• 반사 관계임, 비반사 관계가 아님, 대칭 관계가 아님, 반대칭 관계임, 추이 관계임

(2) R = {(a, a), (a, b), (a, c), (a, d), (b, b), (b, d), (c, b), (c, c), (d, d)}

　• 반사 관계임, 비반사 관계가 아님, 대칭 관계가 아님, 반대칭 관계임, 추이 관계가 아님

S = {1, 2, 4, 8}에서 관계(Relation) R = {(a, b) | a ≤ b, ∀a, b∈S}일 때 이 관계를 모든 순서쌍의 집합, 관계 행렬, 방향 그래프로 각각 나타내시오.

풀이 R = {(1, 1), (1, 2), (1, 4), (1, 8), (2, 2), (2, 4), (2, 8), (4, 4), (4, 8), (8, 8)}

• 모든 순서쌍의 집합

　R = {(1, 1), (1, 2), (1, 4), (1, 8), (2, 2), (2, 4), (2, 8), (4, 4), (4, 8), (8, 8)}

• 관계 행렬

$$M = \begin{bmatrix} 1 & 1 & 1 & 1 \\ 0 & 1 & 1 & 1 \\ 0 & 0 & 1 & 1 \\ 0 & 0 & 0 & 1 \end{bmatrix}$$

• 방향 그래프

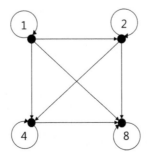

S = {1, 2, 3, 4}이고, S에 대한 관계(Relation) R이 다음과 같다. 물음에 답하시오.

R = {(1, 2), (2, 3), (2, 4), (3, 1), (3, 4)}

(1) R을 관계 행렬(relation matrix)로 표현하시오.
(2) 이행적 패쇄(transitive closure) (R^*)를 구하시오.

풀이 (1)
$$R = \begin{bmatrix} 0 & 1 & 0 & 0 \\ 0 & 0 & 1 & 1 \\ 1 & 0 & 0 & 1 \\ 0 & 0 & 0 & 0 \end{bmatrix}$$

(2)
$$M_{S1} = \begin{bmatrix} 0 & 1 & 0 & 0 \\ 0 & 0 & 1 & 1 \\ 1 & 0 & 0 & 1 \\ 0 & 0 & 0 & 0 \end{bmatrix} \quad M_{S1}^2 = M_{S1} \odot M_{S1} = \begin{bmatrix} 0 & 1 & 0 & 0 \\ 0 & 0 & 1 & 1 \\ 1 & 0 & 0 & 1 \\ 0 & 0 & 0 & 0 \end{bmatrix} \odot \begin{bmatrix} 0 & 1 & 0 & 0 \\ 0 & 0 & 1 & 1 \\ 1 & 0 & 0 & 1 \\ 0 & 0 & 0 & 0 \end{bmatrix} = \begin{bmatrix} 0 & 0 & 1 & 1 \\ 1 & 0 & 0 & 1 \\ 0 & 1 & 0 & 0 \\ 0 & 0 & 0 & 0 \end{bmatrix}$$

정수 집합 Z에 대하여 관계(Relation) R이 다음과 같을 때 R이 동치관계(equivalence relation)임을 증명하시오.

R = {(x, y) | (x − y)가 4의 배수, x∈Z, y∈Z}

풀이 R = {(1, 1), (2, 2), (3, 3), (4, 4), (5, 1), (6, 2), (7, 3), (8, 4), (9, 5), (10, 6)}

동치관계가 성립되기 위해서는 반사(reflexive), 대칭(symmetric), 추이(transitive) 관계를 만족해야 한다. R이 아래와 같이 반사, 대칭, 추이 관계를 만족하므로 동치관계가 성립된다.

- 반사 관계
  a∈S이고, ∀a에 대해 aRa∈R이어야 한다. a − a = 0, 0은 모든 수의 배수이므로 반사 관계가 성립한다.
- 대칭 관계
  a, b∈S이고, ∀a, b에 대해 aRb이면 bRa이 되어야 한다. a − b = $4k_1$일 때, b − a = − (a − b) = $-4k_1$이므로 대칭 관계가 성립한다.
- 추이 관계
  a, b, c∈S이고, ∀a, b, c에 대해 aRb이면서 bRc라면 aRc가 성립되어야 한다. a − b = $4k_1$, b − c = $4k_2$라 할 때 (a − b) = $4k_1$, (b − c) = $4k_2$이다. 이들 두 식을 더하면 a − c = $4(k_1 + k_2)$이므로 4의 배수이다. 따라서 추이 관계가 성립된다.

명제 논리(propositional logic)와 술어 논리(predicate logic)를 설명하시오.

풀이 ① 명제 논리

명제의 내용에는 들어 있지 않고 명제와 명제와의 관계를 논하는 것을 명제 논리라고 한다. 따라서 명제 논리는 몇 가지 명제 변수 사이에 성립하는 일반적 논리 법칙이다. 논리합, 논리곱, 합의, 등가 및 부정의 5가지 논리 기호를 사용하여 논리식을 구성하고 명제를 형식화한다.

② 술어 논리

함수 논리 또는 양화의 논리라고도 하며, 보통 명제 논리보다 한 단계 위에 놓인다. 명제 논리에서의 명제는 단위로 취급되어 그 내부구조 속으로 들어간 분석은 불가능하다. 술어 논리는 명제 논리와 달리 주어진 명제가 논리적으로 타당한가 아닌가를 유한 회의 절차로서는 결정할 수 없다. 그러나 논리적으로 타당한 명제를 모두 도출해내려는 어떤 공리체계는 존재한다.

논의영역 D가 D = {x | 0 ⟨ x ≤ 4, x는 양의 정수}이고, 명제 P(x)가 $x^2 ⟨ 10$일 때 다음 명제의 진리값(참/거짓)을 구하시오.

(1) $\forall x P(x)$

(2) $\exists x P(x)$

풀이 주어진 조건에 따르면 논의영역은 D = {1, 2, 3, 4}가 된다.

(1) $\forall x P(x)$가 참이 되려면 논의영역 D에 포함되는 모든 원소에 대해 P(x)가 참이어야 한다. 즉, P(1), P(2), P(3), P(4)가 모두 참이어야 명제 $\forall x P(x)$는 참이 된다. P(1) = 1 < 10, P(2) = 2^2 = 4 < 10, P(3) = 3^2 = 9 < 10으로 참이지만 P(4) = 4^2 = 16 < 10으로 거짓이다. 그러므로 $\forall x P(x)$는 거짓이다.

(2) $\exists x P(x)$가 참이 되려면 논의영역 D에 포함되는 원소 중에서 하나라도 참이 되면 된다. P(1) = 1 < 10, P(2) = 2^2 = 4 < 10, P(3) = 3^2 = 9 < 10으로 세 개의 원소가 참이다. 그러므로 비록 P(4) = 4^2 = 16 < 10으로 거짓이라고 해도 $\exists x P(x)$는 참이 된다.

다음은 집합 A = {a, b, c, d}에 대해 관계를 나타낸 것이다. 각 관계가 반사관계인지 비반사 관계인지 판단하시오.

(1) R1 = {(a, a), (a, d), (b, c), (c, c), (c, a), (d, b), (d, d)}
(2) R2 = {(a, a), (a, d), (b, b), (c, c), (d, b), (d, a), (d, d)}
(3) R3 = {(a, a), (a, d), (b, b), (c, c), (d, d)}
(4) R4 = {(a, d), (b, d), (c, a), (d, b)}
(5) R5 = {(a, b)}

풀이 반사 관계는 모든 a∈A에 대해 (a, a)∈R인 관계를 의미한다. 비반사 관계는 모든 a∈A에 대해 (a, a)∉R인 관계를 의미한다. 따라서 R2, R3는 반사 관계이며, R4, R5는 비반사 관계에 해당한다. 그리고 R1은 반사 관계도 아니고 비반사 관계도 아니다.

집합 A = {a, b, c, d}에 대해 다음의 관계를 보고 대칭 관계인지 반대칭 관계인지 구분하시오.

(1) R1 = {(a, d), (b, b), (b, c), (c, b), (d, a)}
(2) R2 = {(a, a), (b, b), (c, d)}

풀이 • 대칭 관계 : 어떤 a, b∈A에 대해 (a, b)∈R이면 (b, a)∈R인 관계이다.
• 반대칭 관계 : 어떤 a, b∈A에 대해 (a, b)∈R일 때 (b, a)∈R이면 a = b인 관계이다.

(1) (a, d)∈R1일 때, a ≠ d면서 (d, a)∈R1이다. (b, b)∈R1은 b = b이고 (b, b)∈R1이다. (b, c)∈R1일 때, b ≠ c면서 (c, b)∈R1이다. 따라서 R1은 대칭 관계이지만, 반대칭 관계가 아니다.

(2) (a, a)∈R2는 a = a이고 (a, a)∈R2이다. (b, b)∈R2는 b = b이고 (b, b)∈R2이다. (c, d)∈R2일 때 c ≠ d이고 (d, c)∉R2이다. 따라서 R2는 대칭 관계는 아니지만 반대칭 관계이다.

다음 그래프에서 a에서 시작하는 오일러 그래프를 구하시오.

풀이 a-c-b-d-a 또는 a-d-b-c-a

• 오일러 그래프 : 오일러 회로를 포함하는 그래프인 $G=(V, E)$이다.

• 오일러 경로 : 그래프 $G=(V, E)$의 모든 변을 한 번씩 지나는 경로이다.

• 오일러 회로(순환) : 그래프 $G=(V, E)$의 꼭짓점 v에서 시작해 모든 변을 한 번씩 지나 v로 돌아오는 회로이다.

다음 그래프에서 a에서 시작하는 해밀턴 경로와 해밀턴 회로를 구하시오.

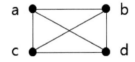

풀이 해밀턴 경로 : a-c-d-b, 해밀턴 회로 : a-c-d-b-a

• 해밀턴 그래프 : 해밀턴 회로를 포함하는 그래프인 $G=(V, E)$이다.

• 해밀턴 경로 : 그래프 $G=(V, E)$의 모든 꼭짓점을 한 번씩 지나는 경로이다.

• 해밀턴 회로(순환) : 그래프 $G=(V, E)$의 꼭짓점 v에서 시작해 모든 꼭짓점을 한 번씩 지나 v로 돌아오는 회로이다.

다음 두 개의 그래프에 대한 물음에 답하시오.

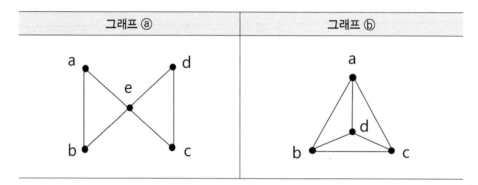

그래프 ⓐ	그래프 ⓑ

(1) 그래프 ⓐ를 사용하여 오일러 경로, 오일러 회로, 오일러 그래프를 설명하시오.

(2) 그래프 ⓑ를 사용하여 해밀턴 경로, 해밀턴 회로, 해밀턴 그래프를 설명하시오.

(3) 오일러 그래프와 해밀턴 그래프의 판단 방법을 설명하시오.

풀이 그래프에서 경로는 같은 변을 중복해서 지나지 않고 한 정점에서 다른 정점으로 이동할 때 지나온 정점을 순서대로 나열한 것이다. 그래프에서 회로는 한 정점에서 출발하여 원래 정점으로 돌아오는 경로이다.

(1) ① 오일러 경로(Euler trail) : 모든 간선을 한 번씩만 지나는 경로이다.

② 오일러 회로 : 오일러 경로가 회로(순환)인 것이다. 즉 모든 간선을 한 번씩 지나 시작점으로 돌아오는 것이다. 예를 들면, 그래프 ⓐ에서 a-b-e-d-c-e-a가 여기에 해당된다.

③ 오일러 그래프 : 오일러 회로를 포함하는 그래프이다. 그래프 ⓐ는 오일러 그래프이다.

(2) ① 해밀턴 경로(Hamiltonian path) : 정점을 한 번씩만 통과하여 모든 정점을 지나는 경로이다.

② 해밀턴 회로 : 해밀턴 경로에서 경로가 회로(순환)인 것이다. 예를 들면, 그래프 ⓑ에서 a-b-d-c-a가 여기에 해당된다.

③ 해밀턴 그래프 : 해밀턴 회로를 갖는 그래프이다. 그래프 ⓑ는 해밀턴 그래프이다.

(3) ① 오일러 그래프 판단 : 그래프의 모든 정점의 차수가 짝수이면 오일러 그래프이다. 차수가 홀수인 정점의 수가 0, 2이면 오일러 경로를 갖는다.

② 해밀턴 그래프 판단 : 꼭짓점의 개수가 3 이상의 자연수 n이고, 모든 꼭짓점의 차수가 n/2보다 큰 그래프이다.

다음 5개 그래프 A~E에 대한 물음에 답하시오.

(1) 오일러 그래프에 해당하는 것을 모두 고르시오.

(2) 해밀턴 그래프에 해당하는 것을 모두 고르시오.

(3) 정규 그래프에 해당하는 것을 모두 고르시오.

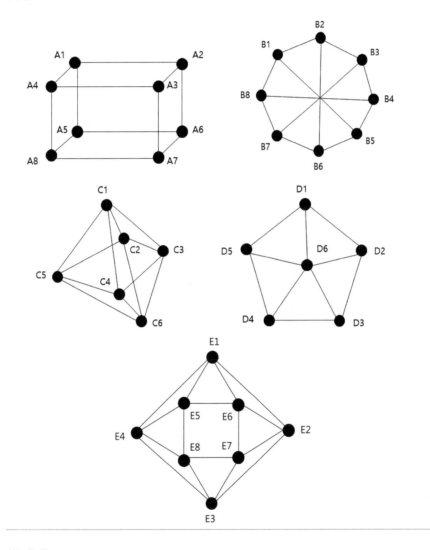

풀이

(1) C, E

(2) A, B, C, D, E

(3) A, B, C, E

정규 그래프(regular graph)는 모든 정점의 차수가 같은 그래프로, 모든 정점의 차수가
k인 그래프 G를 k-정규 그래프라고 한다.

다음과 같이 5개의 영역으로 구분된 그림에서 이웃한 영역을 서로 다른 색으로 칠하고자 한다. 물음에 답하시오.

①	②
	③
④	⑤

(1) 색칠을 하기 위한 그래프를 그리시오. 단, 그래프의 노드 이름은 영역에 표기된 숫자를 사용한다.

(2) '깊이 우선 탐색'으로 그래프를 탐색하는 백트래킹 알고리즘을 사용하여 상태 공간 트리를 그리시오. 단, ①→②→③→④→⑤ 순서로 영역을 방문하며, 답을 처음 발견하였을 때 멈춘다. 상태 공간 트리에서 노드 이름은 R, B, Y 등을 사용한다.

(3) 사용되는 색깔의 최소 개수를 구하시오.

(4) DFS를 사용할 때의 장단점을 BFS와 비교하여 설명하시오.

풀이 (1)   (2)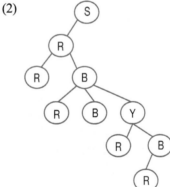

(3) 3개 (R, B, Y)

(4) DFS의 장점은 기억공간을 효율적으로 사용할 수 있다는 것이며, 단점은 최적(최단거리)을 보장하지 않는다는 것이다.

다음 트리에 알파벳을 넣어서 전위순회(preorder traversal), 중위순회(inorder traversal), 후위순회(postorder traversal)의 결과가 IGDFEHABC가 되도록 각 순회 방법에 대한 트리를 각각 나타내시오.

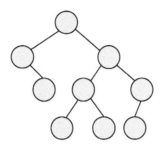

풀이

<전위순회>	<중위순회>	<후위순회>

참고문헌

1. 비버챌린지 Ⅱ, 한국비버챌린지 지음, 생능출판, 2019
2. 컴퓨터 구조론, 개정5판, 김종현 저, 생능출판사, 2019
3. 컴퓨터 시스템 구조, 김종상 역, 프로텍미디어, 2017
4. 디지털 논리회로, 개정3판, 임석구 외1 공저, 한빛아카데미, 2015
5. 디지털 논리회로, 김종현 저, 생능출판, 2016
6. 운영체제 9판, 조유근 외2 공역, 교보문고, 2018
7. 운영체제, 구현회 저, 한빛미디어, 2016
8. 정보 · 컴퓨터 중등교사 임용고사 문제집, 강오한 외2, 예스민, 2007
9. 정보 · 컴퓨터 중등 임용고사 기출문항, 한국교육과정평가원 자료실, 평가원 홈페이지
10. 정보 · 컴퓨터 전공 A, 강오한 저, 21세기사, 2021

저자 약력

강오한(ohkang@anu.ac.kr)

- 경북대학교 전자계열 전산학 학사
- 한국과학기술원 전산학과 석사, 박사
- ㈜큐닉스컴퓨터 선임/책임 연구원
- 현. 안동대학교 컴퓨터교육과 교수

〈개정증보판〉 정보 · 컴퓨터 전공 B

1판 1쇄 발행 2021년 06월 25일
개정 1판 1쇄 발행 2023년 03월 15일
개정 1판 2쇄 발행 2024년 08월 23일
저   자 강오한
발 행 인 이범만
발 행 처 **21세기사** (제406-2004-00015호)
경기도 파주시 산남로 72-16 (10882)
Tel. 031-942-7861   Fax. 031-942-7864
E-mail : 21cbook@naver.com
Home-page : www.21cbook.co.kr
ISBN 978-89-8468-994-7
정가 32,000원